Gegenwartsliteratur in Mitteleuropa.
Kulturwissenschaftliche und
komparatistische Studien

Herausgegeben von
Anna Majkiewicz und Agata Mirecka

Band 5

2023
Harrassowitz Verlag · Wiesbaden

Störfall
Peter Weiss

Herausgegeben von
Michael Hofmann und Agata Mirecka

2023
Harrassowitz Verlag · Wiesbaden

Gedruckt mit finanzieller Unterstützung
der Pädagogischen Universität Krakau in Polen.

Umschlagabbildung:
Das Aquarell *Nadzieja [Die Hoffnung]* (watercolor on paper, 24 x 34 cm, 2023),
© Justyna Talik, https://www.justynatalik.pl/.

Wissenschaftlicher Beirat:
Prof. Dr. Zoltán Kulcsár-Szabó – Eötvös-Loránd-Universität Budapest, Ungarn
Prof. Dr. Lothar von Laak – Universität Paderborn, Deutschland
Prof. Dr. Paul Martin Langner – Pädagogische Universität Krakau, Polen
Prof. Dr. Anna Majkiewicz – Jan-Dlugosz Universität Tschenstochau, Polen
Prof. Dr. Sonja Novak – Josip-Juraj-Strossmayer Universität Osijek, Kroatien
Prof. Dr. Jelena Spreicer – Universität Zagreb, Kroatien

Bibliografische Information der Deutschen Nationalbibliothek
Die Deutsche Nationalbibliothek verzeichnet diese Publikation in der Deutschen
Nationalbibliografie; detaillierte bibliografische Daten sind im Internet
über https://dnb.de/ abrufbar.

Bibliographic information published by the Deutsche Nationalbibliothek
The Deutsche Nationalbibliothek lists this publication in the Deutsche
Nationalbibliografie; detailed bibliographic data are available on the internet
at https://dnb.de/.

Informationen zum Verlagsprogramm finden Sie unter
https://www.harrassowitz-verlag.de/

© Otto Harrassowitz GmbH & Co. KG, Wiesbaden 2023
Das Werk einschließlich aller seiner Teile ist urheberrechtlich geschützt.
Jede Verwertung außerhalb der engen Grenzen des Urheberrechtsgesetzes ist ohne
Zustimmung des Verlages unzulässig und strafbar. Das gilt insbesondere
für Vervielfältigungen jeder Art, Übersetzungen, Mikroverfilmungen und
für die Einspeicherung in elektronische Systeme.
Gedruckt auf alterungsbeständigem Papier.
Druck und Verarbeitung: Primerate, Budapest
Printed in Hungary
ISSN 2749-7119   eISSN 2749-7127
ISBN 978-3-447-12011-1   eISBN 978-3-447-39393-5

Inhalt

Vorwort VII

Michael Hofmann
Störung durch Exilanten Paul Celan und Peter Weiss und der ‚Normalismus'
der Nachkriegszeit 1

Arnd Beise
Zu den Störungen des überwiegend einvernehmlichen Verhältnisses von
Peter Weiss mit der DDR-Kulturpolitik seit 1965 17

Monika Tokarzewska
Walter Benjamin und Peter Weiss Geschichte, Politik und Störfälle um 1970 31

Zbigniew Feliszewski
Peter Weiss' und Konrad Swinarskis *Marat/Sade* (1964)
Aspekte einer wirkungsvollen Kooperation 49

Artur Pełka
Peter Weiss' *Marat/Sade* und seine (polnische) Rezeption 61

Gerhard Friedrich
Peter Weiss in Italien: Wirkungsgeschichte von Dantes *Divina Commedia* 73

Julia Lind
Weibliches Dokumentartheater? She She Pop in der Tradition des
Dokumentarischen Theaters nach Peter Weiss 83

Agata Mirecka
Die ‚Störung der Abläufe' und die Einbindung solcher Störung ins System
der postmodernen Gesellschaft. *Der neue Prozess* von Peter Weiss 95

Karol Sauerland
Peter Weiss' Störfälle autobiographisch betrachtet 109

Autorinnen- und Autorenverzeichnis 125

Vorwort

Peter Weiss war einer der bedeutendsten deutschsprachigen Schriftsteller des 20. Jahrhunderts. Von der zeitgenössischen Literaturwissenschaft oft übersehen oder verdrängt, gehört er heute zum kulturellen Fundament des letzten Jahrhunderts. Die Internationale Peter Weiss Gesellschaft pflegt das Andenken an den Künstler, behandelt das Werk des Autors als Forschungsmaterial und bringt regelmäßig Forschende verschiedener Disziplinen und Kunstschaffende zu Peter Weiss gewidmeten Tagungen zusammen. Der zu früh verstorbene Dr. Hans Christian Stillmark von der Universität Potsdam war ein langjähriger Erforscher des literarischen Schaffens von Peter Weiss. Auf seine Initiative hin wurde im Frühjahr 2022 in Potsdam in Zusammenarbeit mit der Internationalen Peter Weiss Gesellschaft und der Pädagogischen Universität Krakau, mit der er mehrere Jahre zusammenarbeitete, eine wissenschaftliche Tagung zum Werk von Peter Weiss veranstaltet.

Dieser Band enthält alle Aspekte, die auf der Konferenz angesprochen und diskutiert wurden. Wissenschaftlerinnen und Wissenschaftler aus Deutschland, Polen, Italien und der Schweiz tauschten sich über das Leben und Werk von Peter Weiss aus und reflektierten den Störfall-Aspekt sowie seine Bedeutung in seinem Zusammenhang. Damit ist die Forschung über Peter Weiss wieder lebendig geworden. Der Inhalt des Bandes zeugt vom Reichtum des Lebens und der Arbeit von Peter Weiss; die Vielfalt der behandelten Themen und Fragestellungen verdeutlicht die Bedeutung seiner Rolle als Schriftsteller.

Peter Weiss als Literat in Verbindung mit Paul Celan sowie der ‚Normalismus' der Nachkriegszeit werden hier von Michael Hofmann untersucht. Die Perspektiven der Störung- und Normalismus-Konzepte lassen aus kulturwissenschaftlicher Perspektive den Prozess beobachten, wie Weiss und Celan an den Rand der Kulturszene der Nachkriegszeit gedrängt und dadurch marginalisiert wurden. Beide lebten im Exil und wurden während ihrer Besuche in Deutschland wegen ihrer radikalen Positionen als Fremde wahrgenommen.

Die Brüche im Verhältnis Peter Weiss' zur DDR-Politik untersucht Arnd Beise. In seinem Text skizziert er die schwierige Wechselwirkung zwischen dem in Westdeutschland schreibenden Autor und den Kulturpolitikern Ostdeutschlands. An der Wende von den 1960er zu den 1970er Jahren erlebte Weiss eine Krise, die zum Durchbruch in seinem Verständnis der politischen Einbindung der Kunst führte. Die Gegenüberstellung dessen mit der Geschichtstheorie von Walter Benjamin macht sichtbar, dass diese Erfahrung Weiss' zu der Erweiterung des Wirklichkeitsbegriffs in seinen Texten beitrug. So betont Monika Tokarzewska in ihrem Beitrag, dass daraus die Unausweichlichkeit des Konflikts zwischen der tatsächlichen politischen Kunst und institutionalisierter Macht resultiert.

Den Schwerpunkt dieser Veröffentlichung bildet das bekannteste Drama von Peter Weiss aus dem Jahre 1964 *Marat/Sade*, in dem der Autor am Beispiel der Französischen Revolution die Bedeutung und die sozialen Aspekte der Revolution erfasst. Zwei polnische Germanisten, Zbigniew Feliszewski und Artur Pełka, konzentrieren sich auf die

Rezeption des Dramas in Polen, die Rolle von Konrad Swinarski und die Bedeutung des Kulturtransfers in diesem Zusammenhang. Einerseits soll die Arbeit an dem Stück im Kontext der Theater- und Geschichtsauffassung der beiden Künstler nachgezeichnet und der Kulturtransfer beleuchtet werden; andererseits tritt *Marat/Sade* als fester Bestandteil des Repertoires des polnischen Theaters und als Erfolgsdrama in Polen – mit besonderer Berücksichtigung der Inszenierung von Maja Kleczewska am Warschauer Nationaltheater 2009 zum Vorschein.

Gerhard Friedrich bringt italienische Aspekte der künstlerischen Wirkung von Peter Weiss in die Diskussion. In seinem Beitrag wird veranschaulicht, wie Weiss' Werk durch den sozialen und politischen Kontext in Italien beeinflusst war und so als direkter Beleg für die Rezeption der Shoa analysiert werden kann. Der Bezug zu Dantes *Divina Commedia* ist hier auch von Belang.

Die Ästhetik und die Prinzipien des dokumentarischen Theaters Peter Weiss' finden in der heutigen Performancekunst des Theaters ihren Platz. Julia Lind erwägt die Bedeutung der Methoden Weiss' in der heutigen Performance. She She Pop kombinieren authentisches und dokumentarisches Material, experimentieren mit innovativen Formen und nehmen mit subjektiven Ansätzen am politischen Diskurs teil. Obwohl Unterschiede zwischen Weiss' Kunst und der von She She Pop sichtbar sind, finden sich inhaltliche und ästhetische Bezüge zwischen ihnen. Während Weiss politisch komplexe Themen wie die Shoah, den Kolonialismus und den Vietnamkrieg mit einer analytischen Perspektive auf der Basis realer Dokumente bearbeitet, stellt She She Pop gesellschaftliche Themen wie Familie, Generationenkonflikt, Emanzipation und Wohlstandsverteilung vor dem Hintergrund eigener autobiographischer Erfahrungen dar. In diesem Sinne kann dieses Theater als weibliches Dokumentartheater bezeichnet werden.

Über eine Störung der Abläufe in der postmodernen Gesellschaft schreibt Agata Mirecka, indem sie das Drama *Der neue Prozess* untersucht und die Methode, wie revolutionäre Ziele, die eine neue Ordnung einführen, am Beispiel des Unternehmenslebens realisiert werden, zum Thema macht.

Der Band schließt mit einem autobiographischen Aspekt, der von dem Germanisten und Schriftsteller Karol Sauerland anhand seiner persönlichen Erfahrungen in Polen und in andren Ländern ausgeführt wird. Die polnische Übersetzung des Dramas *Marat de Sade*, seine Inszenierung von Artur Swinarski sowie der politische Kontext der *Ästhetik des Widestands* und konkrete familiäre Bezüge zu Zeitgenossen von Peter Weiss bilden die thematische Achse seines Beitrags.

Der Band ist zugleich ein herzliches Gedenken an Dr. Hans Christian Stillmark, der kurz vor seinem Tod, Anfang August 2021, an Agata Mirecka geschrieben hat: „Weißt du, die Idee, das Thema, die Beteiligten --- all das habe ich mir ausgedacht und wenn ich Glück habe, erlebe ich es auch noch. Ich werde mich anstrengen und die ganze Sache begleiten. Wenn meine Hilfe nötig wird, werde ich sie geben. Ich freue mich, wenn das, was ich mir vorgestellt habe, dann Wirklichkeit wird."

Michael Hofmann und Agata Mirecka
Paderborn–Kraków, im März 2023

Zum Gedenken an Dr. Hans Christian Stillmark

Störung durch Exilanten
Paul Celan und Peter Weiss und der ‚Normalismus' der Nachkriegszeit

Michael Hofmann
Universität Paderborn

Writers in Exile as Intruders. Paul Celan and Peter Weiss and the "Normalism" of the Post-War Period

Abstract: The article refers to cultural studies perspectives on the concepts of "disturbance" and *normalism* and shows how Paul Celan and Peter Weiss were marginalised in the post-war cultural scene, but especially in Gruppe 47, because on the one hand they refused to keep silent about the Shoah, and on the other hand they advocated radical political engagement. Celan and Weiss remained in exile and had the experience that they were always perceived as foreign bodies when they visited Germany. From today's perspective, however, it is precisely these two authors who remained in exile who provided important impulses for the renewal of German-language literature, without this being recognised by their contemporaries in the manner it deserved.

Keywords: disorder, normalism, post-war period, German-language literature after 1945.

Paul Celan und Peter Weiss gehören aus heutiger Sicht zu den profiliertesten Autoren der deutschsprachigen Nachkriegsliteratur, denen es darum ging, nach dem extremen Einschnitt der Shoah neue Konzepte eines literarischen Sprechens zu entwickeln, das eine Verdrängung des Geschehens und damit auch eine Verdrängung von Schuld und Verantwortung überwinden konnte. Dieser heute kanonisch gewordene Anspruch stieß aber auf eine Gesellschaft, die auf der Suche nach einer neuen Normalität war, die Vergangenheit zu verdrängen suchte und unbequeme Mahner und Zeugen als störend empfand. So erlebten Paul Celan und Peter Weiss bei ihren temporären Wiederbegegnungen mit Deutschland eine Art zweites Exil, indem ihnen klargemacht wurde, dass ihre Stimmen und ihre Erfahrungen im „Normalismus"¹ der Nachkriegsgesellschaft unerwünscht waren. Während aber solche Erfahrungen im gesellschaftlichen Mainstream der 1950er und 1960er Jahre erwartbar erscheinen konnten, musste es beiden Autoren aber um so gravierender erscheinen, wenn sie auch bei der sich neu bildenden kritischen Elite von Autorinnen und Autoren als Eindringlinge und Störenfriede wirkten. Die von Hans Werner Richter initiierte und immer wieder moderierte Gruppe 47 verstand sich als Sprachrohr einer neuen Generation, die nach der NS-Zeit einen Neuanfang der deutschen Literatur in die Wege leiten wollte und sich von den Schreibweisen und Einstellungen der NS-Vergangenheit distanzierte. Es wurde in den letzten Jahrzehnten aber bereits mehrfach darauf verwiesen, dass eben diese Gruppe 47 ein äußerst distanziertes Verhältnis zu den Autorinnen und Autoren des Exils hatte und dass jüdische Stimmen in ihr sehr wenig Gehör fanden.² Diesem Phänomen widmet sich der vorliegende Beitrag, indem er mit dem kulturwissenschaftlichen Konzept der Störung arbeitet und herausstellt, wie und warum Paul Celan und Peter Weiss als Störer der Nachkriegsgesellschaft, aber auch der sich bildenden neuen Literatur gelten konnten, wie sie diese Ausgrenzung erlebten und wie sie sich auf ihr Werk auswirkte und sich in ihm manifestierte. Indem Paul Celan und Peter Weiss störend auf die deutsche Gesellschaft und die Gruppe 47 wirkten, stellten sie einen neuen Konsens und ein neues Verständnis von Normalität in Frage und verwiesen auf Komplexe der Verdrängung und der Ignoranz, die in dem vermeintlichen Neuanfang der Gesellschaft und der Literatur verborgen waren. So konnte mittel- und langfristig die Störung durch Paul Celan und Peter Weiss zu einer Erweiterung und Differenzierung des literarischen Feldes und des literarischen Diskurses beitragen, wobei dieser positive Effekt aber mit existentiellen und politischen Verstörungen verbunden war, deren Ausmaß kaum zu unterschätzen ist.

Wir gehen also von dem Konzept der „Störung" in kulturwissenschaftlicher Perspektive aus und zeigen, dass die deutsche Gesellschaft der Nachkriegszeit und auch die Gruppe 47 ein Modell des kulturellen Gedächtnisses präferierten und praktizierten, bei dem nach einer Formulierung der postkolonialen Theoretikerin Gayatri Spivak das „Sprechen der Subalternen"³ keine Rolle spielte und die ‚progressiven' Autoren (in der großen Mehrzahl männlich) implizit den Anspruch erhoben, auch für die ermordeten Juden, die Exilanten und die Protagonisten des Widerstands zu sprechen. Mit Jürgen Link können wir von einem „Normalismus"⁴ der deutschen Nachkriegsgesellschaft und der Gruppe 47

---

1   Vgl. J. Link, Versuch über den Normalismus. Wie Normalität produziert wird, Westdeutscher Verlag, Opladen 1996.
2   Vgl. insbesondere K. Briegleb, Missachtung und Tabu. Eine Streitschrift über die Frage: „Wie antisemitisch war die Gruppe 47?", Philo, Berlin 2003. Im Gegensatz zu Briegleb würde ich nicht von „Antisemitismus" sprechen, sehr wohl aber von einem Ausschluss jüdischer (und politisch radikaler) Stimmen aus dem linksliberalen Konsens der Gruppe 47.
3   Vgl. G. Spivak, Can the Subaltern speak? Postkolonialität und subalterne Artikulation, übers. von A. Joskowicz und S. Nowotny; Einleitung Hito Steyerl, Turia & Kant, Wien 2007. Celan und Weiss waren sicher keine „Subalternen" im Sinne der Postkolonialen Studien; ihnen wurde aber als Juden und Exilanten die Sprecherpositionen nach Auschwitz von dem hegemonialen Diskurs der Gruppe 47 radikal in Frage gestellt.
4   Vgl. Anm. 1.

sprechen, der den Kontakt mit den Zeugen der Traumata der NS-Zeit vermeiden und den Betroffenen einen nur begrenzten Platz in dem öffentlichen Diskurs zubilligen wollte. Philosemitismus, hegemoniales Bewusstsein und das Beharren auf der Diskurshoheit entwickelten sich zu einem problematischen Gemisch, mit dem die Autoren des Exils und damit die Zeugen der jüdischen Erfahrungen an die Seite gestellt werden sollten. Indem sie aber dennoch das Wort ergriffen, wurden sie als Störer ausgegrenzt und erlitten Erfahrungen von Erniedrigung und Missachtung.

Diese Ausgrenzung zeigt sich bei Paul Celan massiv bei dem Treffen der Gruppe 47 an der Ostsee 1952 und exemplarisch in einer Rezension von Günter Blöcker aus dem Jahre 1959. Indem Celans Schreibweise und die jüdischen Bezüge in seinem Werk als fremd ausgegrenzt wurden, reproduzierten sich für ihn Mechanismen der Exklusion, die in der NS-Zeit wirkmächtig gewesen waren. Ich möchte zeigen, dass Celan in seinem berühmten Gedicht *Psalm* diese Erfahrung der Ausgrenzung und der Aberkennung einer Sprecherposition artikuliert und sich gegen den Konformismus der neuen deutschen Literatur wendet.

Bei Peter Weiss zeigt sich in dem posthum erschienenen Drama *Inferno* die Rückkehr des Exilanten als Störfall und in dem Auschwitz-Drama *Die Ermittlung* werden die jüdischen Zeugen zu Störern einer neuen Normalität und das Lachen der Angeklagten zeigt die erneute Ausgrenzung der Opfer eben im Namen einer hochproblematischen neuen Normalität. Das Treffen der Gruppe 47 in Princeton 1966 bewirkt dann eine traumatische Erfahrung bei Peter Weiss, als sein Protest gegen den Vietnam-Krieg, den er als eine Konsequenz aus der Auschwitz-Erfahrung versteht, von Günter Grass als Störung einer neuen deutsch-amerikanischen Harmonie und damit einer der neuen Normalität nach Auschwitz verstanden wird.

Carsten Gansel und Norman Ächtler verweisen in kulturwissenschaftlicher und systemtheoretischer Perspektive darauf, dass es ein dialektisches Verhältnis von „Störung" und „Stabilisierung" gibt und dass echte oder vermeintliche Störungen unabdingbar für die Fortentwicklung und Evolution von Systemen und Strukturen sind:

> Eine kultur- und gesellschaftswissenschaftliche Theorie der Störung kommt ohne die Verbindung von Systemstörung und Systemstabilisierung folglich nicht aus. In diesem Kontext fasst die Kategorie der ‚Störung' Phänomene, die als auslösende Faktoren individuellen wie gesellschaftlichen Entwicklungs- beziehungsweise Wandlungs-prozessen vorausgehen, indem sie
>
> 1. einen reibungslosen Kommunikationsprozess behindern, und das auf eine Weise, dass
> 2. die Bedingungen von Kommunikation – ihre Medialität, ihre diskursiven Regeln – evident und zum Gegenstand selbstreflexiver systemischer Introspektion werden, also
> 3. Anlass bieten für Akte erneuerter und erneuernder Selbstverständigung und damit
> 4. die Dynamisierung und Flexibilisierung von Sinngrenzen notwendig halten.
>
> Systemische Stabilität ist zu verstehen als Resultat kontinuierlicher semiologischer bzw. diskursiver Korrektur- oder Anpassungsleistungen sozial interagierender En-

titäten gegenüber Störungen aller Art. Insofern ist ‚Störung' auch als ein Medium gesellschaftlicher (Selbst-)Verständigung zu verstehen.⁵

So kann in einer übergeordneten Perspektive zwar von der systemstabilisierenden Funktion einer Störung gesprochen werden. Dabei ist jedoch zu berücksichtigen, dass die Ausgrenzung als „Störer" gerade bei Autoren, die eine Exilerfahrung haben und/oder deren Verwandte und Freunde Opfer der Shoah waren, eine Retraumatisierung auslöste, die negative Folgen für das Selbstbildnis als Autor, aber auch für die Stellung im literarischen Feld der Zeit hatte.

Im Hinblick auf die Aufarbeitung der NS-Vergangenheit in der deutschsprachigen Literatur und auf die Rolle der Gruppe 47 ist ein weiterer Effekt der intendierten Unterbindung von Störungen zu konstatieren, der in einer Art Einebnung der Darstellung extremer Erfahrungen liegt. So erläutert Norman Ächtler, wie die Darstellung von Kriegsverbrechen und antisemitischen Gewalttaten im Literatursystem der jungen Bundesrepublik eingeordnet und damit letztlich verharmlost wurden:

> Auf der Grundlage des hier verfolgten störungstheoretischen Ansatzes lässt sich die These zuspitzen: Zahlreiche Autoren thematisierten in ihren Texten zwar Kriegsverbrechen; insofern erfüllen die *Werke* bis zu einem gewissen Grad die soziale Beobachterfunktion, die die Systemtheorie ihnen im Sinn eines „Sichtbarmachen[s] des Unsichtbaren" zuschreibt. Die verschiedenen Handlungsebenen des *Literatursystems* der frühen Bundesrepublik, insbesondere die an der Grenze zwischen Literatur und Öffentlichkeit angesiedelte Literaturkritik, überblendeten diese heiklen Aufdeckungen aber durch verschiedene entstörende Anschlusskommunikationen, die sich wie „Filter" über die Textinhalte legten, bevor sie diese für weitere Anschlusskommunikationen ‚freigaben'.⁶

Ächtlers Analyse wichtiger ‚Kriegsromane' verdeutlicht die

> <...> kommunikativen Abwehrmechanismen des Literatursystems <und demonstriert,> wie ein wichtiges soziales Subsystem der bundesrepublikanischen Gesellschaft mit derartigen Irritationen entstörend umzugehen verstand. Präferierte Lesarten, Selbstzensur, öffentliches Verschweigen oder kritische Verrisse trugen sicherlich in erheblichem Maße dazu bei, dass unerwünschte, ‚störende' Facetten der Kriegsromane – und das heißt: unerwünschte Aspekte der jüngsten deutschen Vergangenheit – zugunsten eines ‚stabilen Gesellschaftszustands' einer kollektiven Ignoranz und mittelfristig dem kulturellen Vergessen anheimfielen.⁷

---

5   C. Gansel, N. Ächtler (Hrsg.), Das ‚Prinzip Störung' in den Geistes- und Sozialwissenschaften, de Gruyter, Berlin/Boston 2013, S. 13.
6   Ebd., S. 60-61.
7   Ebd.

Analysiert man diese Konstellation mit den Überlegungen Aleida Assmanns zur Entwicklung des kulturellen Gedächtnisses in der Bundesrepublik,[8] so lässt sich zeigen, dass die Konfrontation der Gruppe 47 mit Celan und Weiss eine Phase des Übergangs markiert, mit der die Auswirkungen des „Zivilisationsbruchs"[9] auf das kulturelle Gedächtnis reflektiert werden sollten. Es ging nach Assmann um die Überwindung eines homogenen kulturellen Gedächtnisses, das auf eine Gemeinschaft (,Nation') bezogen war, die als homogen konstruiert wurde.[10] Die Autoren der Gruppe 47 hatten als Hitler-Jungen, Wehrmachtssoldaten und (im Falle von Grass) als Mitglied der Waffen-SS noch an einem heroischen Gedächtnis partizipiert, bei dem das Gedächtnis des Kollektivs anhand herausragender Taten bzw. Haltungen herausgehobener Einzelner symbolisiert wurde. Die Krise des homogenen und heroischen Gedächtnisses durch die Erfahrungen des Nationalsozialismus sollte zwar sehr wohl von der neuen deutschen Literatur reflektiert werden, aber in dem impliziten Verständnis der Gruppe 47 eher von innen als von außen. Wenn wir im Blick auf diese Debattenkonstellation einen Bezug zu aktuellen Diskussionen herstellen wollen, so könnte man formulieren: Es ging um das Ver-lernen des hegemonialen Bewusstseins und die Aufmerksamkeit auf das Sprechen der Subalternen (Gayatri Spivak[11]). Zwar waren Autoren wie Celan und Weiss nicht ,subaltern' in dem Sinne, dass ihnen Mittel zur Artikulation ihrer Positionen gefehlt hätten; ihre Stimmen und ihre Inhalte wurden aber – wie zu zeigen sein wird – als fremd und illegitim ausgegrenzt. Demgegenüber hätte ein an Assmanns Konzept des postheroischen Gedächtnisses ausgerichtetes Selbstverständnis deutscher Literatur nach 1945 anerkennen müssen, dass in diesem Gedächtnis an die Stelle von Siegern und Verlierern Täter und Opfer traten und dass die Stimmen der Opfer und ihrer Nachfahren eine privilegierte Position verdient gehabt hätten. Im Blick auf die Gruppe 47 stellte sich also die Frage: Wie funktioniert ein reformierter Diskurs und damit ein postheroisches Gedächtnis? Dabei ist nicht zu bestreiten, dass etwa Günter Grass mit der *Blechtrommel* und der *Danziger Trilogie* insgesamt beachtliche Schritte im Blick auf ein postheroisches Gedächtnis der Literatur zurückgelegt hatte und auch Alfred Andersch hatte sich der NS-Vergangenheit in mehreren Werken gestellt. Dennoch bleibt das Problem, dass hier deutsche Autoren den Anspruch erhoben, ,im Namen der Opfer' zu sprechen. So begegnen uns im Phänomen des Philosemitismus der schwache bedauernswerte Jude (der Spielzeughändler Markus in der *Blechtrommel*), die schöne Jüdin (in Anderschs Roman *Sansibar oder der letzte Grund*) und das Sprechen im Namen der Juden (in Anderschs *Efraim*). Die Störung durch Celan, so kann man rekapitulieren, bestand darin, dass hier der überlebende Jude ,als Jude' sprach und das Selbstverständnis der neuen deutschen Literatur damit radikal in Frage stellte.

---

8 Vgl. A. Assmann, Der lange Schatten der Vergangenheit. Erinnerungskultur und Geschichtspolitik, Beck, München 2006. 3. Auflage 2016, vor allem S. 62–116.
9 Vgl. D. Diner (Hrsg.), Zivilisationsbruch. Denken nach Auschwitz, Fischer, Frankfurt am Main 1988.
10 Vgl. A. Assmann, Schatten der Vergangenheit (Anm. 8), S. 183–204.
11 Vgl. G. Spivak, An Aesthetic Education in the Era of Globalization, Harvard University Press, Cambridge/Massachusetts, London 2013.

Celan und Weiss begegneten insofern zunächst einem *Normalismus* der deutschen Nachkriegsgesellschaft, bei dem es um eine Neutralisierung der Shoah und eine Rehabilitierung der Täter sowie um eine neue Homogenisierung der Gesellschaft ging. Sie begegneten dann aber auch der Gruppe 47 und in ihr einem links-liberalen ‚Normalismus'. Hier trafen sie auf eine abstrakte Opposition gegen Nationalsozialismus und *Restauration*, aber nicht auf eine Infragestellung der jeweils eigenen Vergangenheit der Beteiligten (Hitler-Jugend, Wehrmacht, Waffen-SS). Daraus resultierte eine Abwehr des Jüdischen und der Exilanten als Verweigerung der Sprecherposition. Die Marginalisierten der Shoah und des Exils sollen sich von dem Diskurs der deutschen liberalen Avantgarde vertreten lassen und diese nicht verunsichern. Die Zugehörigkeit zur Gruppe 47 implizierte die Opposition gegen Faschismus und Restauration und immunisierte die Gruppe gegen Versuche, das Selbstverständnis der linksliberalen Avantgarde in Frage zu stellen.

Betrachtet man vor diesem Hintergrund Texte und Äußerungen führender Mitglieder der Gruppe 47, so kann man eine Relativierung von Schuld und eine Menge an Empathie vor allem gegenüber den jüdischen Opfern erkennen.

So hatte Alfred Andersch bereits in der Zeitschrift für Kriegsgefangene *Der Ruf* erklärt, die deutschen Kriegsgefangenen sollten zusammen mit den überlebenden Gegnern des Nationalsozialismus das ‚neue Europa' errichten; dies bedeute einen Ausweg aus dem „zerstörten Ameisenhaufen Europa" durch einen „Brückenschlag zwischen den alliierten Soldaten, den Männern des europäischen Widerstands und den deutschen Frontsoldaten, zwischen den politischen KZ-Häftlingen und den ehemaligen Hitlerjungen (sie sind es schon längst nicht mehr!)"[12] Hier erkennt man eine Verdrängung deutscher Schuld und die Konstruktion einer Avantgarde aus ehemaligen Tätern und Opfern, die eine Heterogenität des Sprechens nach dem NS nicht anerkannt und sogar ein heroisches Gedächtnis im Blick auf die deutschen Wehrmachtssoldaten zu bewahren suchte: „das junge Deutschland stand für eine falsche Sache. Aber es stand" (Andersch)[13].

Hans Werner Richter, der Organisator der Gruppe 47, konstruierte in dem Roman *Sie fielen aus Gottes Hand* (1951): aus deutschen Kriegsgefangenen, jüdischen ‚displaced persons' und anderen eine homogene Gruppe von aus den konventionellen Ordnungen Herausgefallenen und trug damit dazu bei, die epochale Differenz von Tätern und Opfern zu verwischen.[14]

Und Martin Walser beschreibt noch 1998 in dem literarisch anspruchsvollen Roman *Ein springender Brunnen* eine glückliche deutsche Jugend in der NS-Zeit; in welcher der heimkommende jüdische Klassenkamerad als Störer erscheint. In allen drei Fällen geht es darum, dass die Sprecherposition bei den nicht-jüdischen Deutschen verbleibt und sie das Monopol über den NS-Diskurs bewahren.

---

12 Zitiert nach W. Emmerich, Nahe Fremde. Paul Celan und die Deutschen, Wallstein, Göttingen 2020, S. 86.
13 Ebd., S. 85.
14 Vgl. M. Hofmann, Im Zwielicht des Erlebnisses. Neuanfang und Abwehr von Verantwortung im Nachkrieg. Zu Hans Werner Richter, in: Literarischer Antisemitismus nach Auschwitz, hrsg. v. K.-M. Bogdal, K. Holz, M. N. Lorenz, Metzler, Stuttgart 2007, S. 147–158.

Störungen I: Paul Celan

Besonders denkwürdig erscheint aus heutiger Sicht die Lesung Paul Celans bei der Gruppe 47 in Niendorf an der Ostsee (Mai 1952). In einem Bericht von Walter Jens heißt es:

> Als Celan zum ersten Mal auftrat, da sagte man: „Das kann doch kaum jemand hören!" Er las sehr pathetisch. Wir haben darüber gelacht. „Der liest ja wie Göbbels!" sagte einer. <...> Die „Todesfuge" war ja ein Reinfall in der Gruppe! Das war eine völlig andere Welt, da kamen die Neorealisten nicht mit, die sozusagen mit diesem Programm großgeworden waren.[15]

Noch 1976 schiebt Jens die Ausgrenzung des jüdischen Dichters auf literarästhetische Differenzen (‚Neorealisten'). In dem Bericht fällt aber die ans Beliebige grenzende Abwertung und Exklusion des ‚Fremden' auf, die einen Überlebenden der Shoah, dessen Familie von den Nationalsozialisten ermordet worden war, ins Mark treffen musste. Hans Werner Richter soll Celans pathetischen Vortragsstil als „Singsang wie in der Synagoge"[16] bezeichnet haben – eine schockierende Entgleisung, mit der das Fremdsein des Jüdischen sieben Jahre nach dem Ende der nationalsozialistischen Gewaltherrschaft bekräftigt und zementiert wurde. Der wahrlich Betroffene charakterisiert den Habitus der Gruppe als „Obergefreitehafte<s>-nach-Entfernung-des-Vorgesetzten"[17] und spielt damit in zutreffender Weise auf die militärische Vergangenheit der Anwesenden an. Dass Celan ein paar Jahr später in Paris Grass bei der Arbeit an der *Blechtrommel* unterstützte, ist als Ausdruck ungewöhnlich wohlwollender Großzügigkeit zu bewerten – und wäre wohl in Kenntnis von Grass' SS-Mitgliedschaft unterblieben.

Wolfgang Emmerich charakterisiert diesen Habitus der Gruppe 47 als „Abwehr des irritierend Fremden, Verdrängung, dass man mit diesem irritierend Fremden als Soldat tagtäglich zu tun hatte, und Einrichtung in einer Festung von eingeübten Verhaltensweisen, die mit Hilfe derer, die sich nach den gleichen Mechanismen reproduzieren, immer wieder bestätigt werden"[18]. Und:

> Der Erlebnisgrund der Autoren der Gruppe 47 war die unbewältigte Vergangenheit <...>. Der Mord an den Juden war als literarisches Thema und erst recht in den Diskussionen nach den Lesungen in der Gruppe (fast) ein Tabu, und ebenso gab es keine Anstrengungen, mit schreibenden jüdischen Kolleginnen und Kollegen *als Juden, die die Shoah überlebt hatten*, ins Gespräch zu kommen.[19]

Im Blick auf spätere Texte auch von Peter Weiss ist besonders zu berücksichtigen, dass Lachen als Abwehrreaktion dient, als Ventil gegenüber der Störung einer neuen Normali-

---

15 J. Walter im Rückblick 1976, zitiert nach W. Emmerich, Nahe Fremde, S. 84.
16 Ebd.
17 Ebd.
18 Ebd., S. 85.
19 Ebd., S. 85–86.

tät, wobei das Lachen hier kein Mit-Lachen in einer empathischen Weise ist, sondern das Be-Lachen eines Außenseiters, dessen Status mit dem Lachen zementiert wird.

Eine weitere Spielart extremer Ausgrenzung musste Paul Celan mit Günter Blöckers Rezension zu *Sprachgitter* im Tagesspiegel vom 11. Oktober 1959 erleben. Blöcker erklärt, dass Celans Lyrik „nur selten einem Objekt gegenübersteht. In der Regel einwickelt sie ihr verbales Filigran wie Spinnfäden gewissermaßen aus den Sprachdrüsen selbst. Celans Metaphernfülle ist durchweg weder der Wirklichkeit abgewonnen, noch dient sie ihr."[20] Was der Rezensent unter ‚Wirklichkeit' versteht, ist offensichtlich die mühsam aufrecht erhaltene und auf Verdrängung von Schuld und Verantwortung beruhende Normalität der späten 1950er Jahre. Indem Celan Ästhetizismus vorgeworfen wird, zeigt sich ähnlich wie bei der oben zitierten späteren Äußerung von Walter Jens eine Verschiebung des Diskurses, der aus dem politischen Gedächtnis-Diskurs ausbricht und im Bereich der literarischen Bewertung Scheingefechte austrägt, die auch mit rassistischen Untertönen arbeiten, wenn es von Celans Sprache heißt:

> Ihr Mangel an dinghafter Sinnlichkeit wird auch durch Musikalität nicht unbedingt wettgemacht. Zwar arbeitet der Autor gern mit musikalischen Begriffen: die vielgerühmte ‚Todesfuge' aus ‚Mohn und Gedächtnis' oder, im vorliegenden Band, die ‚Engführung'. Doch das sind eher kontrapunktische Exerzitien auf dem Notenpapier oder auf stummen Tasten – Augenmusik, optische Partituren, die nicht voll zum Klang entbunden sind.[21]

Einerseits spricht Blöcker dem jüdischen Dichter zynischerweise Welthaltigkeit ab, andererseits wirft er ihm vor, das Kommunikative der Sprache zu vernachlässigen. Dass die Erfahrung der Shoah und ihr Nachleben sich dem gewöhnlichen Sprechen entziehen und dass Celan deshalb um der Realität willen auf avantgardistische Sprechweisen zurückgreift, kommt dem Rezensenten entweder nicht in den Sinn oder er verdrängt es und erklärt stattdessen, Celan habe

> der deutschen Sprache gegenüber einer größeren Freiheit als die meisten seiner dichtenden Kollegen. Das mag an seiner Herkunft liegen. Der Kommunikationscharakter der Sprache hemmt und belastet ihn weniger als andere. Freilich wird er gerade dadurch oftmals verführt im Leeren zu agieren.[22]

Indem Blöcker die Shoah als Gegenstand von Celans lyrischem Sprechen verdrängt, erschient diese ihm als gegenstandslos. Dabei verkennt er Celans poetologisches Problem: Das Unsagbare des Jahrhundertverbrechens kann nicht direkt angesprochen werden, sondern muss über Chiffren und Rätselbilder evoziert werden. Indem der Rezensent diesen Mechanismus verkennt, nimmt er das Fremdartige von Celans Sprache nicht als des-

---

20 Ebd., S. 116.
21 Ebd.
22 Ebd.

sen verzweifelten Versuch, sich dem Grauen zu stellen, wahr, sondern nutzt es zur Exklusion des jüdischen Dichters aus der scheinbar unproblematisch kommunizierenden, sich mit scheinbar eindeutig zu bestimmenden Gegenständen beschäftigenden Nachkriegs-Diskursgemeinschaft.

Aus heutiger Perspektive kann Celans Gedicht *Psalm* aus dem Jahre 1961 auch als Kommentar zu diesen Anwürfen und Ausgrenzungen gelesen werden.

> Paul Celan: *Psalm* (1961)
>
> > Niemand knetet uns wieder aus Erde und Lehm,
> > niemand bespricht unseren Staub.
> > Niemand.
> >
> > Gelobt seist du, Niemand.
> > Dir zulieb wollen
> > wir blühn.
> > Dir
> > entgegen.
> >
> > Ein Nichts
> > waren wir, sind wir, werden
> > wir bleiben, blühend:
> > die Nichts-, die
> > Niemandsrose.
> >
> > Mit
> > dem Griffel seelenhell,
> > dem Staubfaden himmelswüst,
> > der Krone rot
> > vom Purpurwort, das wir sangen
> > über, o über
> > dem Dorn.[23]

Das ‚Wir', das hier spricht, sind nicht wie bei Richter alle irgendwie aus der Bahn geworfenen vermeintlich tragischen Individuen des 20. Jahrhunderts, sondern eindeutig die ermordeten Juden, über die und in deren Namen nur in einer paradoxen Weise gesprochen werden kann. Paradoxes Sprechen impliziert hier einen performativen Widerspruch, denn indem gesagt wird: „niemand bespricht unseren Staub", wird indirekt genau dies vollzogen. Im Blick auf die deutsche Öffentlichkeit und den deutschen Literaturbetrieb auch der Gruppe 47 kann man von der Verweigerung einer Annäherung an ein Gedächt-

---

23 P. Celan, Ausgewählte Gedichte. Zwei Reden, hrsg. v. B. Allemann, Suhrkamp, Frankfurt am Main 1968.

nis der Shoah sprechen und das Gedicht des Juden Celan übernimmt eben dieses verweigerte Sprechen. In Bezug zu Niendorf 1952 kann man festhalten, dass das „Besprechen des Staubs" im Geiste einer neuen Normalität lächerlich gemacht, und im Blick auf die Rezension 1959, dass dieses „Besprechen des Staubs" als Ästhetizismus kritisiert wurde. Im paradoxen Bild „Niemandsrose" und in dem Streben nach ihr manifestiert sich die Energie, die sich aus der kontrafaktischen Imagination einer Annäherung an ein Gedächtnis der Shoah ergibt. Das vermeintlich esoterische Sprechen ist an historische Konkretion gebunden und prangert indirekt die Verweigerung eines Diskurses an, der deutsche Kontinuität radikal in Frage stellt.

Störung II: Peter Weiss

Das posthum erschienene Drama *Inferno* stellt die Rückkehr des Exilanten als Störfall dar. Im Auschwitz-Drama *Die Ermittlung* erscheinen die jüdischen Zeugen als Störer einer neuen Normalität und das Lachen der Angeklagten dient der Ausgrenzung der Störer im Bewusstsein einer konsolidierten Täter-Gemeinschaft. Das Treffen der Gruppe 47 in Princeton 1967 zeigt Differenzen zwischen jüdischen Autoren und (insbesondere) Günter Grass über den Umgang mit dem Vietnam-Krieg und es demonstriert Günter Grass' resoluten und respektlosen Umgang mit ‚Störern'.

Das posthum veröffentlichte Drama *Inferno* (ca. 1964) aus dem *Divina Commedia*-Komplex inszeniert das ungebrochene Selbstbewusstsein der Daheimgebliebenen: Der Dichter Dante kehrt aus dem Exil zurück, kann sich aber nicht in die neue Ordnung ‚seines' Landes einfügen. Er soll Auszeichnungen bekommen, wenn er den Neuaufbau der Ordnung nicht stört. Viele ehemalige Freunde sind im Land geblieben und haben mit der diktatorischen Ordnung kollaboriert. Die Figur Geryon steht für den Intellektuellen der inneren Emigration und Kollaboration und für die Kontinuität des post-diktatorischen Zustands. Die Selbstreflexion Weiss' (die er dem deutschen Publikum zu seinen Lebzeiten nicht vorlegte) bezieht sich auf die Unzugehörigkeit des Exilanten in der deutschen Nachkriegsgesellschaft und auf die Unmöglichkeit einer definitiven Rückkehr nach Deutschland, weil die Gesellschaft der Restauration Dante/Weiss als Störer sieht. So erklärt der arrivierte Nachkriegs-Intellektuelle Geryon dem heimgekehrten Dante:

> Du siehst in mir Geryon
> deinen Halbbruder
> der durch die günstigere Herkunft seines Vaters
> dem Weg der übrigen Familie nicht zu folgen brauchte
> Den Tag an dem ich blieb kann ich nur loben
> denn während ihr zerstreut wurdet in alle Winde
> und in der Fremde eure Kräfte nutzlos aufriebt
> konnte ich mich ungestört im Dienste
> an der Wissenschaft entwickeln.
> <...>

> Bald stieg ich auf Grund meiner Erfindungen
> zu höchsten Stellungen
> und was ich dort an technischer Erneuerung erproben durfte
> das lässt sich heute
> da wir die Idiotie der Vielfalt in den Feindschaften
> beseitigt haben
> und uns vereint auf einen einzigen Gegner konzentrieren
> mit bisher ungeahnten Finanzierungsmengen
> zur absoluten Vollendung bringen[24]

Weiss diskutiert den Antikommunismus als eine Ideologie, die in der Nachfolge des Antisemitismus steht, und er hat persönlich als Konsequenz aus den Geschehnissen der Shoah mit einer Annäherung an den Kommunismus und einer Kritik an der Politik der USA besonders in Vietnam reagiert. Aber vor seinem Vietnam-Engagement steht das bereits mehrfach erwähnte Dokumentardrama *Die Ermittlung*, bei dem in dem hier relevanten Kontext eben das Lachen der Angeklagten, das an das Lachen der Zeugen von Celans Lesung an der Ostsee erinnert, im Zentrum steht. Das Dokumentardrama arbeitet mit Texten aus dem Frankfurter Auschwitz-Prozess und es zeigt eindringlich die Sprachlosigkeit und Traumatisierung der jüdischen Zeugen. Die Angeklagten befinden sich wieder in hohen Stellungen, wodurch eine Kontinuität zwischen NS-Zeit und Nachkriegs-BRD angedeutet wird. Die Diskurshoheit, so gibt Weiss seine Eindrücke von dem Prozess wieder, liegt immer noch bei den ehemaligen Tätern. So zeigt etwa Bühnenanweisung: Zustimmendes Lachen der Angeklagten" im *Gesang vom Unterscharführer Stark*"[25], dass die überlebenden Zeugen als Störer der restaurierten Nachkriegsordnung gelten und dass sie als Außenseiter verlacht und damit erneut zu Opfern gemacht werden.

Eine andere Form von Ausgrenzung erlebte Peter Weiss bei einem Zusammenprall mit Günter Grass beim Treffen der Gruppe 47 in Princeton im Jahre 1966. Der Konflikt in Princeton entzündete sich daran, dass Erich Fried und Peter Weiss ihre Absicht erklärten, sich in den USA an Demonstrationen gegen den Vietnam-Krieg zu beteiligen. In seinen Notizbüchern schreibt Peter Weiss dazu:

> Der Zusammenstoß im Hotelzimmer. Ich hätte mich in amerikanische Angelegenheiten nicht einzumischen. Mißbrauche die Gastfreundschaft. Und überhaupt: was ich denn für ein Recht hätte, auf diese Weise politisch Stellung zu nehmen. Hätte auch über deutsche Fragen schon viel zuviel gesagt. Wo ich denn während des Kriegs gewesen wäre. -- 20 Jahre waren an ihnen abgelaufen wie Regenwasser.[26]

---

24 P. Weiss, Inferno. Stück und Materialien, mit einem Nachwort hrsg. v. C. Weiß, Suhrkamp, Frankfurt am Main 2003, S. 101.
25 P. Weiss, Die Ermittlung, in: P.W.; Stücke I, S. 259–449, hier S. 370.
26 P. Weiss, Notizbücher 1960–1971, Suhrkamp, Frankfurt am Main 1982, S. 491–492. Vgl. J. Magenau, Princeton 66. Die abenteuerliche Reise der Gruppe 47, Klett-Cotta, Stuttgart 2015, S. 153–154.

Die Intervention Grass' geht von der Prämisse aus, dass die Teilnahme an Protesten gegen den Vietnam-Krieg einen Missbrauch des Gastrechts durch die eingeladenen Autoren bedeute. Außerdem (und entscheidend) meinte er, Weiss habe kein Recht, als Deutscher zu sprechen, da er Deutschland vor dem Krieg verlassen habe und deshalb die Erfahrungen der Deutschen nicht nachvollziehen könne. Die Reaktion Weiss' liegt in einer starken Erschütterung; Weiss sieht eine Exklusion aus dem deutschen Diskurs durch den ehemaligen deutschen Soldaten Grass. Grass bestätigt die homogenisierende Tendenz der Diskurspolitik der Gruppe 47, die sich hier nicht wie bei Celan explizit gegen den Juden, sondern gegen den radikalen politisch engagierten Exilanten richtet, dessen Position als Störung empfunden wird. Der Störer Weiss ist traumatisiert nicht nur durch den Mainstream der deutschen Gesellschaft, sondern auch durch die liberale Avantgarde. Weiss' Erfahrung der Exklusion aus dem homogenisierenden linksliberalen Diskurs lässt sich analog zu Celans Erfahrungen in Niendorf 1952 interpretieren.

Die Analogien zu Celan liegen in Weiss' Entsetzen über die Restauration in (West-)Deutschland und in einer existentiellen Verunsicherung angesichts der Konstanz der NS-Eliten. Weiss problematisiert die Rolle der Mitläufer und der Restauration der Kultur. Er entscheidet sich für ein radikales politisches Engagement als Konsequenz aus den Erfahrungen des Nationalsozialismus, wie sich aus dem Ende des Textes über den Auschwitz-Besuch *Meine Ortschaft* (veröffentlicht 1965) ergibt: „Jetzt steht er ‹Weiss› nur in einer untergegangenen Welt. Hier kann er nichts mehr tun. Eine Weise herrscht die äußerste Stille. Dann weiß er, es ist noch nicht zuende".[27] Weiss' Engagement für Vietnam und Angola/Mozambique wird von ihm somit als Konsequenz aus den NS-Erfahrungen verstanden. Dabei ergaben sich auch im Verhältnis Hans Magnus Enzensbergers zu Weiss Differenzen, die aber auf der Basis eines gemeinsamen radikalen Engagements, wenn auch mit einer ironischen Distanz Enzensbergers ausgetragen wurden.[28] Im Streit zwischen Grass und Weiss zeigt sich demgegenüber, dass sich die linksliberale Avantgarde der radikalen Selbstreflexion der deutschen Tätergesellschaft, aber auch der damals sogenannten ‚Ersten Welt' verweigert.

Ausgangspunkt der beschriebenen Konflikte und Differenzen war, wie dargelegt, ein problematischer homogenisierender Diskurs der linksliberalen Avantgarde der Gruppe 47. In Bezug auf Celan zeigte sich der Anspruch auf stellvertretendes Sprechen für die Juden als Opfer der Shoah und eine Verteidigung bundesdeutscher „Normalität" gegen den pointiert jüdischen Sprecher. In Bezug auf Weiss erkannten wir den Anspruch auf stellvertretendes Sprechen für die Opfer von Imperialismus und Neokolonialismus. Celan und Weiss übten explizit Kritik an der bundesdeutschen Normalität und bewirkten dadurch eine Störung eines homogenisierenden Diskurses.

Wenn wir diesen Konflikt aus heutiger Perspektive aktualisierend betrachten, so können wir eine kritische Perspektive auf Globalisierung und Migration einnehmen und eine

---

27 P. Weiss, Meine Ortschaft, in: P.Weiss: Rapporte, Suhrkamp, Frankfurt am Main 1967, S. 113–124, hier S. 124.
28 Vgl. M. Hofmann, „Und Vietnam und": Interkulturelle und postkoloniale Perspektiven im Werk von Peter Weiss, in: Peter Weiss erinnernd – Ansichten und Einsichten, hrsg. v. H.-C. Stillmark, Weidler, Berlin 2020, S. 127–144, vor allem S. 129–132.

Reflexion auf die Sprecherposition der ‚Subalternen' anstellen und auf die Notwendigkeit, ein hegemoniales Bewusstsein selbstkritisch in Frage zu stellen, das bewusst oder unbewusst eine Homogenisierung des Diskurses verteidigt und gegenüber den Marginalisierten exklusiv wirkt. Für aktuelle Diskussionen um eine postmigrantische Gesellschaft erkennen wir die Notwendigkeit der Öffnung des Diskurses gegenüber den Sprechenden der (Post-) Migration (im Kontext von Arbeitsmigration, Flucht, politischem Asyl und globaler Ungleichheit). Dabei erleben wir eine Wiederkehr der schönen Jüdin als schöne Orientalin (Martin Mosebach: *Die Türkin* <1999>) und wir beobachten den Ausschluss von postmigrantischen Positionen aus dem hegemonialen literarischen Diskurs.

Abschließend soll gezeigt werden, wie Iris Radisch, die Feuilleton-Chefin der ZEIT, mit dem ‚Störfall' Fatma Aydemir umging. Waren es im Kontext der Gruppe 47 jüdische Exilanten, deren Integration in den herrschenden Diskurs und den Literaturbetrieb hintertrieben werden sollte, so geht es jetzt um eine Ausgrenzung postmigrantischer Autor_innen. Radisch schreibt über den Roman *Dschinns* (2022):

> Das sind so die Ansagen. Wobei der superharte Fäkalsprech für das soziale Kolorit sorgt – so redet man, wenn man *young* und *angry* ist und sich ausgegrenzt und verfolgt fühlt in dieser trostlosen Karikatur von einem Land mit seinem „ewig grauen Himmel" und den „ewig traurigen Gesichtern" und seiner Luft, „die ständig nach Blechbüchse schmeckt". Es mag ehrenwerte außerliterarische Gründe geben, diesen stereotypen politaktivistischen Jargon zu einem ‚Wunderwerk an Präzision und Einfühlung' zu erklären. Literatur, auch überzeugende engagierte Literatur, die immer auch einen Sinn für Form und die gesellschaftliche Dialektik hat, klingt definitiv anders. <...> Alles lässt sich einspannen im Dienst eines politischen Romans, der dazu bereit ist, literarische Komplexität für die Eindeutigkeit einer makellosen Gesinnung zu opfern.[29]

Literarästhetische Argumente ersetzen wie bei Blöckers Rezension aus dem Jahre 1959 die gesellschaftlich-politische Argumentation und wo Blöcker Weltlosigkeit diagnostizierte, kann die Sprecherin der deutschen Mehrheitsgesellschaft in Kritik an Rassismus und Ausgrenzung nur eine „trostlose Karikatur" erkennen. In einem fiktiven Brief an die Figur Hüseyin, den allzu früh an einem Herzinfarkt verstorbenen Migranten und ehemaligen ‚Gastarbeiter' aus Aydemirs Roman, bringt Merit Hofmann im *Neuen Deutschland* eine Kontinuität von Ausgrenzung auf den Punkt, die jede historische Selbstreflexion vermissen lässt:

> Was du zum Glück auch nicht miterleben musst, ist, wie Iris Radisch in der ZEIT deine Schöpferin Fatma Aydemir, so wie man zeitlebens deine Familie ausgegrenzt hat, aus der Hochkultur verweist, da Themen aus ihrer Taz-Kolumne „Red Flag" und dem von ihr herausgegebenen Sammelband „Eure Heimat ist unser Albtraum" auch im Roman aufscheinen. Die Feuilletonchefin rümpft die Nase über

---

29 DIE ZEIT 9/27.2.2022.

den ‚Fäkalsprech' und den ‚politaktivistischen Jargon', mit dem manche Figuren ihre Rassismuserfahrungen der 90er Jahre in diesem ‚verfickten Land' voller ‚alter Freizeit-Nazis' in Worte fassen. <...> Gatekeeperin Radisch meint offenbar, dass bestimmte Perspektiven, die einer Feuilletonchefin fremd sind, und womöglich auch kämpferische junge Autorinnen nichts im eigenen Hoheitsgebiet zu suchen haben. <...> Wenn die Geschichte deiner Familie, Hüseyin, den Betrieb zu solchen Selbstentlarvungen treibt, spricht das für Qualität, ja, auch für literarische.[30]

Wenn wir zurückblicken auf die kulturwissenschaftlich-systemtheoretische Reflexion der Dialektik von Störung und Sytemstabilisierung, so könnten wir erwarten, dass auch Radischs unbedachte Ausgrenzungspolemik nur den Schwanengesang eines national-homogenen Kulturverständnisses bedeutet. Wenn wir aber die Traumata und Verletzungen betrachten, die Celan und Weiss als ‚Störer' bundesdeutscher Normalität erlitten, so können wir nur hoffen, dass der aktuelle Prozess schneller abläuft und eine neue Normalität der Heterogenität und Vielfalt des deutschen literarischen Diskurses erreicht wird. Die Besinnung auf den problematischen Umgang mit den Störfällen Paul Celan und Peter Weiss könnte vielleicht dazu beitragen, im heutigen Kontext Mechanismen von Ausgrenzung und Exklusion schneller zu überwinden.

Literatur

Assmann Aleida, *Der lange Schatten der Vergangenheit. Erinnerungskultur und Geschichtspolitik*, Beck, München 2006.
Brieglieb Klaus, *Missachtung und Tabu. Eine Streitschrift über die Frage: „Wie antisemitisch war die Gruppe 47?"*, Philo, Berlin 2003.
Celan Paul, *Ausgewählte Gedichte. Zwei Reden*, hrsg. v. B. Allemann, Suhrkamp, Frankfurt am Main 1968.
DIE ZEIT 9/27.2.2022.
Diner Dan (Hrsg.), *Zivilisationsbruch. Denken nach Auschwitz*, Fischer, Frankfurt am Main 1988.
Emmerich Wolfgang, *Nahe Fremde. Paul Celan und die Deutschen*, Wallstein, Göttingen 2020.
Gansel Carsten, Ächtler Norman (Hrsg.), *Das ‚Prinzip Störung' in den Geistes- und Sozialwissenschaften*, de Gruyter, Berlin/Boston 2013.
Hofmann Michael, *„Und Vietnam und": Interkulturelle und postkoloniale Perspektiven im Werk von Peter Weiss*, in: *Peter Weiss erinnernd – Ansichten und Einsichten*, hrsg. v. H.-C. Stillmark, Weidler, Berlin 2020.
Hofmann Michael, *Im Zwielicht des Erlebnisses. Neuanfang und Abwehr von Verantwortung im Nachkrieg. Zu Hans Werner Richter*, in: *Literarischer Antisemitismus nach Auschwitz*, hrsg. v. K.-M. Bogdal, K. Holz, M. N. Lorenz, Metzler, Stuttgart 2007.
Hofmann Michael, Neues Deutschland 1.4.2022.
Link Jürgen, *Versuch über den Normalismus. Wie Normalität produziert wird*, Westdeutscher Verlag, Opladen 1996.
Spivak Gayatri, *An Aesthetic Education in the Era of Globalization*, Harvard University Press, Cambridge/Massachusetts, London 2013.

---

30 M. Hofmann, Neues Deutschland 1.4.2022.

Spivak Gayatri, *Can the Subaltern speak? Postkolonialität und subalterne Artikulation*, übers. von A. Joskowicz und S. Nowotny; Einleitung Hito Steyerl, Turia & Kant, Wien 2007.

Weiss Peter, *Die Ermittlung*, in: Weiss Peter, *Stücke I*.

Weiss Peter, *Inferno. Stück und Materialien*, mit einem Nachwort hrsg. v. C. Weiß, Suhrkamp, Frankfurt am Main 2003.

Weiss Peter, *Meine Ortschaft*, in: P.Weiss: *Rapporte*, Suhrkamp, Frankfurt am Main 1967.

Weiss Peter, *Notizbücher 1960–1971*, Suhrkamp, Frankfurt am Main 1982.

Zu den Störungen des überwiegend einvernehmlichen Verhältnisses von Peter Weiss mit der DDR-Kulturpolitik seit 1965

Arnd Beise
(Université de Fribourg, Schweiz)

On the disruptions of Peter Weiss's mainly consensual relationship with GDR cultural politics since 1965

Abstract: From 1965 on, Peter Weiss was one of the writers, publishing in West Germany, most courted by the cultural politicians of the GDR. The essay traces the difficult relationship between Weiss and these cultural politicians. It is striking that both sides reacted stubbornly rather than acting, and that coincidences determined the relationship more than an in-depth ideological discourse.

Keywords: GDR, cultural politics, comprehension, dissidence.

‚Hätschelkind der Partei'

Heiner Müller (1929–1995) erinnerte sich zehn Jahre nach dem Tod von Peter Weiss (1916–1982) und zwei Jahre nach dem Ableben der Deutschen Demokratischen Republik (DDR), dass bei ostdeutschen Premieren von Weiss-Stücken stets auch die kulturpolitische Prominenz dabei war: „Das war politische Pflicht." Weiss sei „das Hätschelkind der Partei" gewesen[1].

‚Hätschelkinder der Partei' seien „,verwöhnte, vor anderen bevorzugte' [...] Künstler",[2] erklärt Dudens *Universalwörterbuch* mit Blick auf die von Müller angesprochene, politisch kontrollierte Kunstlandschaft der DDR. War Weiss tatsächlich ein verwöhnter Autor gewesen, den die Kulturpolitiker in Ostdeutschland anderen oder eigenen Künstlern gegenüber bevorzugten?

---

[1] H. Müller, Krieg ohne Schlacht. Leben in zwei Diktaturen. Eine Autobiographie, Kiepenheuer & Witsch, Köln 1994, S. 222-223.
[2] Deutsches Universalwörterbuch, hrsg. v. der Dudenredaktion, 4., neu bearbeitete und erweiterte Auflage, Dudenverlag, Mannheim u.a. 2001, S. 720 (Hervorhebung des Originals).

Weiss genoss gegenüber anderen Schriftstellern aus dem Westen seit 1965 eine bevorzugte Position, insofern er durch ein offensives Bekenntnis zum Sozialismus die Aufmerksamkeit der ostdeutschen Kulturpolitiker in besonderem Grad an sich band. Weil diese Aufmerksamkeit auch Drangsal mit sich brachte, kann man aber nicht sagen, dass Weiss durchgehend verwöhnt wurde. Aber eine gewisse Bevorzugung, die bei DDR-Autoren auch Eifersucht erwecken mochte, ist nicht zu verkennen.

Nicht Kommunist, aber Sozialist

Der Ursprung der nicht unproblematischen Beziehung zwischen Weiss und der DDR war die spontane Wortmeldung im Deutschen Nationaltheater zu Weimar während des Internationalen Schriftstellertreffens im Mai 1965. Weiss hatte damals erklärt, dass für Autoren, die „in der westlichen Welt arbeiten, [...] die Verbreitung der Wahrheit, von der Brecht spricht, mit großen Schwierigkeiten verbunden" sei:

> Zunächst müssen wir die erste Schwierigkeit überwinden, die Wahrheit überhaupt aufzufinden, und wenn wir sie gefunden haben, müssen wir als Partisanen arbeiten, um die Wahrheit zu verbreiten.[3]

In Westdeutschland wurde Weiss daraufhin als ‚Partisanen-Peter' verspottet;[4] im Osten beeilte sich Karl-Eduard von Schnitzler (1918–2001) in einer televisionär aufgezeichneten Gesprächsrunde mit Anna Seghers (1900–1983), Pablo Neruda (1904–1973), Marcos Ana (1920–2016), Georgi M. Markow (1911–1991), Alvah Bessie (1904–1985) und Peter Weiss noch während des Schriftstellertreffens nachzufragen und klarzustellen: „Sind Sie Kommunist?" Weiss: „Ich bin nicht Kommunist, nein." Schnitzler: „Nein. Eben!"[5]

Vorbehalten auf beiden Seiten des Eisernen Vorhangs zum Trotz avancierte Peter Weiss ab 1965 bald zu dem „am meisten beredeten Dramatiker", wie die Zeitschrift *Theater heute* vermerkt, ja im Ausland zum bekanntesten deutschsprachigen Dramatiker seit Brecht überhaupt.[6]

Für die DDR war Weiss damit der interessanteste deutschsprachige Autor aus dem Westen geworden. Möglicherweise konnte man aus dem Sympathisanten einen Parteigän-

---

3   Internationales Schriftstellertreffen Berlin und Weimar 14.–22. Mai 1965. Protokoll, hrsg. v. Deutschen Schriftstellerverband Berlin, Aufbau-Verlag, Berlin/Weimar 1965, S. 64.
4   H. Scholz, Partisanen-Peter, in: Der Tagesspiegel, Berlin (West), 3.9.1965; wiederabgedruckt in: C. Weiß, Auschwitz in der geteilten Welt. Peter Weiss und die „Ermittlung" im Kalten Krieg, Teil 2, Röhrig Universitätsverlag, St. Ingbert 2000, S. 221–222.
5   https://www.ardmediathek.de/video/reportagen-und-berichte-des-fernsehfunks/internationale-autoren-im-gespraech/ard/Y3JpZDovL2hyLW9ubGluZS8xNTA4ODY, Minute 27:27–27:30.
6   Theater heute 9 (1968), H. 6, S. 5. Vgl. Le Monde, 20.1.1972; G. Mandel, in: The Militant, 20.2.1970: „Peter Weiss, Germany's greatest playwright, who became famous with Marat/Sade", zitiert nach: G. Schütz, Peter Weiss und Paris. Prolegomena zu einer Biografie. Band 2 (1967–1982), Röhrig Universitätsverlag, St. Ingbert 2011, S. 292 und S. 231.

ger machen?⁷ Hoffnung darauf erregten besonders Weiss' *10 Arbeitspunkte eines Autors in der geteilten Welt*, die er im September 1965 in *Dagens Nyheter* und im *Neuen Deutschland* publizierte und in denen er sich zu den „Richtlinien des Sozialismus" bekannte.⁸ Vielleicht war der Autor, der sich in Schnitzlers Sendung zwar nicht als ‚Kommunist', aber immerhin als ‚Sozialist' bekannte, zu gebrauchen?

Allerdings drängten einige Linke im Westen – Erich Fried (1921–1988) schrieb deswegen am 8. November 1965 an Weiss –, sich nicht nur allgemein und abstrakt für einen „freie[n] und undogmatische[n] Meinungsaustausch" „im östlichen Block" auszusprechen,⁹ sondern „konkret" für diejenigen sich einzusetzen, die daran gehindert wurden, an diesem Meinungsaustausch teilzunehmen; namentlich vor allem für Wolf Biermann (* 1936), aber auch für Peter Huchel (1903–1981), Stefan Heym (1913–2001) und Robert Havemann (1910–1982).¹⁰

Weiss ließ sich drängen und sprach die Causa Biermann angeblich schon anlässlich einer Podiumsdiskussion zur *Ermittlung* in Ost-Berlin am 22. November 1965 gegenüber dem Politbüro-Mitglied Kurt Hager (1912–1998) und dem Kulturfunktionär Alexander Abusch (1902–1982) an.¹¹

Auf jeden Fall reagierte er auf einen Angriff von Klaus Höpcke (* 1933) gegen Biermann im *Neuen Deutschland* am 5. Dezember 1965 mit einer Solidaritätserklärung „für" Biermann,¹² die am 17. Dezember 1965 in der Wochenzeitung *Die Zeit* erschien, nicht aber im *Neuen Deutschland*, wohin er sie auch gesandt hatte. Stattdessen antwortete Kurt Hager darauf – keineswegs nur „indirekt",¹³ wie Weiss später behauptete – in seinem Referat während des 11. Plenums des ZK der SED am 17. Dezember 1965, wo die notwendige Einschränkung „der freien Meinungsäußerung" damit begründet wird, dass genau diese „Losung [...] nicht selten zur Untergrabung des Sozialismus verkündet wurde".¹⁴

Peter Huchels Nachfolger als Chefredakteur von *Sinn und Form*, Wilhelm Girnus (1906–1985),¹⁵ ließ man dann einen *Brief an Peter Weiss* schreiben, der am 20. Dezember 1965 im *Neuen Deutschland* erschien und in dem nicht viel Neues stand. Biermann mache sich mit seiner „bissigen Kritik"¹⁶ an den Zuständen in der DDR zum Handlanger jener Kräfte, die Auschwitz ermöglichten („die *alten* Reaktionäre, die *alten* Juden- und Kommunistenhasser"), womit er „seinem von den Urhebern des Grauens ermordeten Vater

---

7   M. Rector, Der zensierte Sympathisant. Zur selektiven Rezeption von Peter Weiss in der DDR, in: Studia Germanica Posnaniensia 22 (1995), S. 139–163, hier S. 153.
8   P. Weiss, Rapporte 2, Suhrkamp Verlag, Frankfurt/M. 1971, S. 22.
9   Ebd., S. 23.
10 C. Weiß, Auschwitz in der geteilten Welt, Teil 1, S. 321 und S. 391, sowie Teil 2, S. 834; vgl. W. Schmidt, Peter Weiss. Leben eines kritischen Intellektuellen, Suhrkamp Verlag, Berlin 2020, S. 126–127.
11 P. Weiss, Notizbücher 1960–1971, Suhrkamp Verlag, Frankfurt a.M. 1982, S. 396.
12 P. Weiss, Rapporte 2, S. 24.
13 Ebd.
14 C. Weiß, Auschwitz in der geteilten Welt, Teil 2, S. 913.
15 Girnus trat den Posten im November 1963 an. Nach dem Abgang von Huchel Ende 1962 versah Bodo Uhse vorübergehend die Chefredaktion. Girnus blieb Chefredakteur bis 1981.
16 P. Weiss, Rapporte 2, S. 25.

unter der Fahne des ‚wahren Sozialismus' noch postum in den Rücken" falle.[17] Girnus bedauerte, dass Weiss mit niemandem „von uns"[18] gesprochen habe, bevor er seine „Solidarität mit Biermann"[19] erklärte.

Weiss schrieb gleich nach Weihnachten eine Antwort, in der er unter anderem den zynischen Vorwurf, dass Biermann seinem antifaschistischen Vater in den Rücken falle, „beschämend" nannte;[20] eine *Antwort*, die nicht im *Neuen Deutschland* erschien. Stattdessen lud Girnus Weiss nach Ost-Berlin in seine private Wohnung ein, um die Meinungsverschiedenheiten im persönlichen Gespräch zu klären. Das Gespräch fand in Absprache mit Kurt Hager und Erich Honecker (1912–1994) am 14. Januar 1966 statt, doch gab es keine Klärung. Der ebenfalls anwesende Hermann Axen (1916–1992), Chefredakteur des *Neuen Deutschland*, hielt in seinem Bericht über das Gespräch fest, es sei nicht möglich gewesen, Weiss von seiner Idee abzubringen, gerade im Sozialismus müsse völlige Meinungsfreiheit herrschen; es sei nicht möglich gewesen, „in diesem Gespräch Weiss vom Subjektivismus und dem kleinbürgerlichen Individualismus seiner Auffassungen zu lösen".[21]

Immerhin vereinbarte man, dass Weiss' *Antwort* auf Girnus' *Brief*, weder im *Neuen Deutschland* noch in einer westlichen Zeitung gedruckt werden sollte.[22] Und damit ließ man die Sache beiderseits auf sich beruhen.

Okkupation der ČSSR

Weiss schrieb weiter in den Augen der ostdeutschen Kulturfunktionäre brauchbare Sachen: den *Gesang vom Lusitanischen Popanz* und den *Viet Nam Diskurs* zum Beispiel; letzterer wurde nicht nur im Volkstheater Rostock gespielt, wo fast alle Weiss-Stücke seit dem *Marat/Sade* ihre Erstaufführung in der DDR erlebten, sondern zum Beispiel auch in Ost-Berlin am *Berliner Ensemble*, wo *Marat/Sade* noch als „konterrevolutionär" abgelehnt worden war.[23] In seinen politischen Stellungnahmen ging es um Vietnam, wo Weiss zuverlässig vor allem gegen die USA anschrieb, oder um das Vorbild Che Guevara (1928–1967). Das war nicht zu beanstanden.

---

17 C. Weiß, Auschwitz in der geteilten Welt, Teil 2, S. 917 (Hervorhebungen des Originals).
18 Ebd., S. 919.
19 P. Weiss: Mit Entsetzen sehe ich…, in: Die Zeit, 17.12.1965, S. 7; zitiert nach: C. Weiß, Auschwitz in der geteilten Welt, Teil 2, S. 906.
20 P. Weiss, Rapporte 2, S. 33. Schon Höpcke hatte in dem im Auftrag des Sekretariats des ZK der SED verfassten Artikel fürs *Neue Deutschland*, der am 5.12.1965 erschienen war, den Vorwurf des Verrats am Vater artikuliert, siehe Weiß, Auschwitz in der geteilten Welt, Teil 1, S. 320.
21 Auch W. Girnus verfasste einen Bericht; beide Berichte finden sich ebd., S. 325–329.
22 Daran hielt sich Weiss bis zur Trotzki-Affäre. Dann nahm er die *Antwort* in einen Sammelband mit Essays und Stellungnahmen (P. Weiss, Rapporte 2, S. 24–34) auf.
23 A. Beise, Kunst und Wissenschaft im Dialog: die Universität im Theater. Peter Weiss, Manfred Haiduk und das Volkstheater unter Hanns Anselm Perten, in: Positionen der Germanistik in der DDR. Personen – Forschungsfelder – Organisationsformen, hrsg. v. J. Cölln und F.-J. Holznagel, De Gruyter, Berlin/New York 2013, S. 120–140, hier S. 122.

Dann aber kam 1968 die gewaltsame Erstickung des sogenannten Prager Frühlings mittels sowjetischer Panzer. In den frühen Morgenstunden des 21. August 1968 wurde das Feuer auf Demonstranten in Prag eröffnet. Am selben Tag noch schrieb Weiss einen am nächsten Tag publizierten Kommentar zu den Ereignissen, in dem „diese Gewalttat" als „im Widerspruch zum Recht des tschechoslowakischen Volks" erklärt wird, „selbst über sein sozialistisches Gesellschaftssystem zu bestimmen". Gerade als Sozialisten müssten „wir uns", so Weiss in dem Artikel, „gegen die Verletzung des Völkerrechts durch die Sowjetunion wenden."[24]

Eine Woche nach dem Beginn des sowjetischen Einmarschs hielt er in einem Brief an die westdeutsche Zeitschrift *konkret* weiterhin fest, dass entgegen seiner zwischenzeitlich gehegten Hoffnung auf Seiten der Sowjetunion von „sozialistischen Leitgedanken" nichts mehr zu erkennen sei:

> Nicht nur wurden alle Grundlagen eines freiheitlichen Sozialismus diskreditiert, es wurde gehandelt ausschließlich nach Richtlinien, die wir seit dem stalinistischen Regime verdammen.[25]

Das Schlimmste daran sei, „dass fortschrittliche Sozialisten in einen Zweifrontenkrieg geraten; gegen den amerikanischen Imperialismus, und gegen die zentralisierte Großmachtpolitik Moskaus."[26]

Das war für die Funktionäre in der DDR eindeutig zu viel Kritik am real existierenden Sozialismus. Nunmehr antwortete Alfred Kurella (1895–1975) im *Neuen Deutschland* am 29. August 1968 auf Peter Weiss. Seine Antwort wurde als so wertvoll erachtet, dass sie im Dezember-Heft der Zeitschrift *Neue Deutsche Literatur*, übrigens parallel zum ersten ostdeutschen Druck der Komödie *Wie dem Herrn Mockinpott das Leiden ausgetrieben wird*,[27] erneut publiziert wurde.

Kurella konzedierte zunächst einmal, dass Weiss sich nicht so weit verirrt habe, wie jene westdeutschen Kollegen, die in einer gemeinsamen Erklärung „reaktionäre, antikommunistische Positionen" bezogen hätten. Aber auch er sei unter „dem Trommelfeuer aller antisozialistischen und antisowjetischen Sender und Presseorgane" zu „Fehlurteilen" gelangt. Es seien „Klischeevorstellungen, die ihm den Blick verstellten". So spreche er in einem RIAS-Interview von einem „Angriff der Sowjetunion", wo es sich doch lediglich um eine „militärische Absicherung des Bruderlandes gegen die inneren und äußeren antisozialistischen und konterrevolutionären Machenschaften handelt". Er spreche von einem „Rückfall in den stalinistischen Machtbereich", wo es sich lediglich um die „gemeinsam beschlossene Sicherung" früherer Parteitagsbeschlüsse handle. Er behaupte, dass diese „Hilfsaktion der sozialistischen Länder" letztlich den USA nützen würde, wo es doch in Wirklichkeit „das Hauptziel dieser Aktion" war, den USA den „Weg in

---

24 In: Dagens Nyheter, 22.8.1968; zitiert nach: W. Schmidt, Peter Weiss, S. 240.
25 Ebd., S. 243.
26 Ebd.
27 P. Weiss, Wie dem Herrn Mockinpott das Leiden ausgetrieben wird, in: Neue Deutsche Literatur 16 (1968), H. 12, S. 88–118.

die ČSSR zu verbarrikadieren". Und schließlich behaupte er, die Zukunft werde von den „Bewegungen" abhängen, „die aus der dritten Welt kommen", wo doch gerade die „vereinte Aktion der europäischen sozialistischen Staaten den USA und ihren NATO-Verbündeten eine schwere Niederlage beigebracht und damit einen Sieg errungen" hätten, der „den Bewegungen in der sogenannten dritten Welt neue Bewegungsfreiheit in ihrem Kampf gegen den Imperialismus" verschaffe. Letztlich sei Weiss' Argumentation die „der kleinbürgerlichen Ideologen einer radikalistischen Linken" und man könne nur hoffen, dass er möglichst bald erkenne, dass es auch in der Tschechoslowakei wie in Ungarn 1956 darum ginge, dass durch die bewaffneten Kräfte „an der Spitze der Arbeiterbewegung schnell die Einbrüche der Konterrevolution liquidiert und das Land auf den Weg einer gesunden sozialistischen Vorwärtsbewegung geführt" würde.[28]

Peter Weiss reagierte öffentlich nicht auf diese Zurechtweisung. Allerdings notierte er sich im Dezember 1968 die Adresse und Telefonnummer Kurellas, möglicherweise gab es ein Treffen am 13. Dezember, doch ist darüber nichts bekannt.[29] In seinem Jahresrückblick spricht Weiss Silvester 1968 von einer „Krisenzeit" und nennt als größte „Chocks und negative Einflüsse": Ärger mit seiner Tochter „Randi, das missglückte Stück Diskurs […] der Einmarsch in die CSSR, das immer wiederkehrende Krankheitsgefühl."[30]

Trotzki-Affäre

Währenddessen arbeitete Weiss schon angestrengt an seinem Stück *Trotzki im Exil*, in dem er sich rückblickend auf die Anfänge der Sowjetunion in den 1920er und 1930er Jahren über die „historische Entwicklung der Weltrevolution" klar zu werden versuchte und den Genossen im Osten ein „Diskussionsangebot zur Verständigung unter Gleichgesinnten"[31] über mögliche fehlerhafte Entwicklungen im real existierenden Sozialismus machen wollte.

In der DDR ahnte man davon nichts. Trotz der „Kritik an der Besetzung der ČSSR" war Weiss „für die Kulturfunktionäre der DDR immer noch oder schon wieder eine ‚Persona gratissima'", schrieb Werner Schmidt nicht zu Unrecht.[32]

Im April fragte Wilhelm Girnus brieflich an, ob Weiss eine Würdigung der historischen Bedeutung und Leistung des „ersten sozialistischen Staates auf deutschem Boden" verfassen könne zum zwanzigsten Geburtstag der Republik im Oktober 1969. Weiss antworte Anfang Juni, das sei nicht einfach, er sei zwar der DDR prinzipiell wohlgeson-

---

28 A. Kurella, Zwischen Desinformation und Denkklischees, in: Ebd., S. 178–180.
29 P. Weiss, Die Notizbücher. Kritische Gesamtausgabe, hrsg. v. J. Schutte in Zusammenarbeit mit W. Amthor und J. Willner, 2., verbesserte und erweiterte Auflage, Röhrig Universitätsverlag 2012, S. 2987 und S. 3024.
30 Ebd., S. 3020.
31 U. Kaufmann, Zwei Beiträge zum „Lenin-Jahr" (1970), in: Ästhetik Revolte Widerstand. Ergänzungsband, hrsg. v. der Internationalen Peter Weiss-Gesellschaft, Selbstverlag, Luzern/Mannenberg 1990, S. 345–350, hier S. 349.
32 W. Schmidt, Peter Weiss, S. 257 (Hervorhebung des Originals).

nen, beurteile aber bekanntlich einige „Erscheinungen im kulturellen Leben" der DDR kritisch.[33]

Unterdessen arbeitete er weiter am Trotzki-Stück, wovon er seine Rostocker Freunde Manfred Haiduk (* 1929) und Hanns Anselm Perten (1917–1985) Ende Mai 1969 unterrichtete. Diese sandten am 11. Juni „tief bestürzt" ein Telegramm an Weiss: wie er nur „im Hinblick auf den 100. Geburtstag Lenins unter welchem Aspekt auch immer die antisowjetische trotzkistische Ideologie" exhumieren könne? Das werde „unseren gemeinsamen revolutionären Ideen Schaden zufügen."[34] Perten sandte zur Warnung eine Rede von Leonid Breschnew (1906–1982) hinterher, in der dieser scharf vor jeglichen Abweichungen von der offiziellen Parteilinie warnte.

Die Behörden in der DDR erlangten von dem Trotzki-Stück allerdings erst durch die Pressemitteilung[35] des Suhrkamp Verlags über Weiss' neues Drama Kenntnis.[36] Offiziell reagierte man darauf nicht. Insgeheim verschaffte man sich Zugang zu dem Theatermanuskript.[37] So wie man im Westen 1965 davon überzeugt war, dass mit Peter Weiss „ein vielgenannter Schriftsteller deutscher Zunge zu den Kommunisten übergewechselt" sei,[38] so war man im DDR-Ministerium für Staatssicherheit davon überzeugt, dass es „dem Gegner gelungen" sei, Weiss „umzufunktionieren'."[39] Perten wurde nach Stockholm geschickt, um Weiss von seinem Vorhaben abzubringen, was ihm aber nicht gelang.[40]

Weiss konnte bei der Feier zum zwanzigsten Jahrestag der Staatsgründung im Kulturministerium der DDR im Oktober 1969 nicht dabei sein. Bei dieser Gelegenheit wollte er mit den Genossen angeblich über das Trotzki-Stück sprechen. Stattdessen schrieb er am 28. Oktober einen langen Brief an Kulturminister Klaus Gysi (1912–1999), den dieser aber nicht beantwortete. Weiss betonte darin noch einmal, dass es ihm mit diesem Stück nicht darum ginge, den Sozialismus anzugreifen, sondern im Gegenteil zu stärken, indem er die „Vielschichtigkeit, die Schwierigkeiten und Widersprüche innerhalb der kommunistischen Weltbewegung zur Sprache" bringe:

> Dass das Ziel nicht weitere Splitterung sein soll, sondern das Wiederfinden der Einigung [...] davon gehen wir aus. Doch ein solches gegenseitiges Verständnis können wir nur erreichen, wenn wir vollkommene Offenheit wagen.[41]

---

33 Ebd., S. 257–258.
34 Ebd., S. 259–260.
35 S. Unseld/P. Weiss, Der Briefwechsel, hrsg. v. R. Gerlach, Suhrkamp Verlag, Frankfurt a.M. 2007, S. 713.
36 W. Schmidt, Peter Weiss, S. 260–261.
37 M. Haiduk/P. Weiss, Diesseits und jenseits der Grenze. Der Briefwechsel 1965–1982, hrsg. v. R. Gerlach und J. Schutte, Röhrig Universitätsverlag, St. Ingbert 2010, S. 67.
38 In: Die Welt, 18.9.1965, zitiert nach: G. Schütz, Peter Weiss und Paris, S. 157.
39 F. Starke, Mal Freund, mal Verräter. Der Schriftsteller Peter Weiss in den Akten der DDR-Staatssicherheit, in: Peter Weiss erinnernd – Ansichten und Einsichten, hrsg. v. H.-Ch. Stillmark, Weidler Buchverlag, Berlin 2020, S. 83–96, hier S. 86.
40 M. Braun, Peter Weiss und das Rostocker Volkstheater oder „Die Ostsee muss ein Meer des Friedens sein", in: Ebd., S. 67–81, hier S. 72–73.
41 M. Haiduk/P. Weiss, Diesseits und jenseits der Grenze, S. 70–73, hier S. 72–73.

Seitens der offiziellen Stellen der DDR schwieg man. Kurt Hager informierte erst am 27. Januar 1970 das Politbüro der SED, dass Weiss dem Genossen Gysi im vorangegangenen Oktober eine Diskussion über das Stück angeboten habe. Doch dafür sei es nach der Uraufführung zu spät; offensichtlich habe Weiss „die Ratschläge unserer Genossen missachtet."⁴² Dann brauche man auch nicht mehr miteinander zu sprechen.

Noch im September 1969 hatte man Weiss zur Zwanzigjahrfeier der Akademie der Künste im April 1970 eingeladen. Diese Einladung nahm man umgehend wieder zurück. Diese Feier stehe „unter der Losung ‚Die Akademie ehrt Lenin'", teilte man brieflich mit, und es sei daher klar, dass „wir [...] nicht mit Ihrer Anwesenheit rechnen."⁴³

Weiss teilte mit, er würde gern in die Akademie kommen und über das Stück diskutieren, doch Alexander Abusch entschied letztlich: „Auf das Schreiben von Peter Weiss soll nicht geantwortet werden. [...] Wir lassen uns von Peter Weiss keine Diskussion über den Trotzkismus aufzwingen".⁴⁴

Kurz vor der Uraufführung am 20. Januar 1970 hatte Manfred Haiduk an Weiss geschrieben:

> im Gegensatz zu Dir bin ich fest davon überzeugt, daß unsere gemeinsamen Gegner das Stück für ihre Zwecke ausnutzen werden. Du wirst sehen, daß Du – ohne es zu wollen – an die Spitze der antikommunistischen und antileninistischen Propaganda rücken wirst. Ich befürchte auch, daß nach der Premiere die Westpresse in Interviews Dich auf Positionen bringen wird, die uns schaden und Dir nicht nützen. Ich sage es Dir ganz offen, daß ich mehrfach mit Besorgnis beobachtet hatte, wie Dich Reporter „aufs Kreuz legten". Erinnert sei nur an Euer Interview mit den Spiegelreportern über Eure Vietnamreise. Und ich befürchte, daß sich jetzt in der Presse noch Schlimmeres wiederholen wird.⁴⁵

Doch nichts dergleichen geschah. *Trotzki im Exil* fiel auf dem Theater durch. Die meisten Kritiker bemängelten das lediglich in Düsseldorf und Hannover inszenierte Stück ästhetisch. Eine „Bühnenbelanglosigkeit" wurde es genannt.⁴⁶ Marcel Reich-Ranicki (1920–2013) watschte Autor und Theater ab: „Wie schlecht muß eigentlich das Stück eines prominenten Autors sein, damit es das Düsseldorfer Schauspielhaus ablehnt?"⁴⁷ Keineswegs diente das Stück den Antikommunisten als Waffe; Reich-Ranicki wusste auch, warum:

---

42 W. Schmidt, Peter Weiss, S. 265.
43 Ebd., S. 277–278; auch in: S. Unseld/P. Weiss, Der Briefwechsel, S. 742.
44 Aktenvermerk des damaligen Direktors der Deutschen Akademie der Künste, Karl Hossinger (1904–1985), vom 27.4.1970 über ein Gespräch mit Alexander Abusch am 23.4.1970, zitiert nach: https://sinn-und-form.de/?kat_id=4&tabelle=bio&name=Weiss&vorname=Peter (Zugriff am 8.8.2022); vgl. W. Schmidt, Peter Weiss, S. 278.
45 M. Haiduk/P. Weiss, Diesseits und jenseits der Grenze, S. 68.
46 In: Christ und Welt, 23.1.1970; zitiert nach: S. Unseld/P. Weiss, Der Briefwechsel, S. 733.
47 In: Die Zeit, 30.1.1970; zitiert nach: Ebd., S. 734.

> Eine sich auf diese Ebene begebende Auseinandersetzung mit dem Kommunismus macht, befürchte ich, jede ernste Diskussion unmöglich und fügt Schaden zu – nicht dem Kommunismus etwa, wohl aber dem politischen Theater in der Bundesrepublik.[48]

In Ost-Berlin konnte man sich also beruhigt zurücklehnen. Ich nehme an, man hätte die Sache gern ausgesessen und erst einmal abgewartet, was der Autor als nächstes liefert. Es sollte „Gras über die Geschichte wachsen."[49]

Doch dann mischte sich der „große Bruder"[50] ein. In Moskau erschien in der *Literaturnaja Gaseta* des sowjetischen Schriftstellerverbands am 31. März 1970 eine Abrechnung mit dem Stück aus der Feder des Weiss-Übersetzers Lew Ginsburg (1921–1980) in Form eines *Offenen Briefs*, auf den Weiss ebenfalls öffentlich antwortete, nämlich am 13. April 1970 in der *Süddeutschen Zeitung* (die zuerst gefragte *Frankfurter Allgemeine Zeitung* hatte den Abdruck abgelehnt).

Und das – und nur dass der Zwist öffentlich wurde – zwang jetzt die Genossen in Ost-Berlin zu handeln. Denn Weiss' *Offener Brief* an Ginsburg war zu 90% identisch mit dem Schreiben, das er an die Akademie der Künste geschickt hatte, nachdem er ausgeladen worden war.[51] Dieser Brief war aber bis dato nicht öffentlich geworden, so konnte man ihn zunächst ignorieren. Die Veröffentlichung war also das, was unverzeihlich war. Dass Manfred Haiduks Habilitationsschrift über den Dramatiker Peter Weiss dann knapp drei Jahre zurückgehalten wurde, lag auch nur an dem *Offenen Brief* in der *Süddeutschen Zeitung* und nicht am Trotzki-Stück.[52]

Seitens der Partei wurde der Kontakt mit Weiss abgebrochen, der Schriftsteller zur unerwünschten Person erklärt und im April 1970 ein Einreiseverbot verfügt, das gut anderthalb Jahre in Kraft blieb.[53] Weiss stürzte dieser Bruch „politisch in ein Vakuum", wie er später formulierte.[54] In seinem tagebuchartigen Selbstverständigungsbuch *Rekonvaleszenz*, das Weiss zwischen August 1970 und Januar 1971 schrieb und bis Mitte 1972 und zum Teil erneut 1981 überarbeitete, zeigte er sich über den „Hochmut", die „Anmaßung", „Härte und Unbeweglichkeit" der ostdeutschen „Funktionäre", die ihm wie „Ignoranten" erschienen, erschüttert.[55]

---

48 M. Reich-Ranicki: Die zerredete Revolution. Peter Weiss: „Trotzki im Exil", in: Ders.: Lauter Verrisse. Mit einem einleitenden Essay, R. Piper & Co. Verlag, München 1970, S. 147–151, hier S. 151.
49 M. Haiduk/P. Weiss, Diesseits und jenseits der Grenze, S. 253.
50 Ebd., S. 274.
51 S. Unseld/P. Weiss, Der Briefwechsel, S. 742; die gekürzte Fassung aus der Süddeutschen Zeitung ist wiederabgedruckt in: Über Peter Weiss, hrsg. v. V. Canaris, Suhrkamp Verlag, Frankfurt a.M. 1970, S. 141–150; die vollständige Fassung ist abgedruckt in: P. Weiss, Rapporte 2, S. 105–131.
52 M. Haiduk/P. Weiss, Diesseits und jenseits der Grenze, S. 253 und S. 256.
53 F. Starke, Mal Freund, mal Verräter, S. 90. Im Oktober 1971 erreichte der Präsident der Akademie der Künste der DDR, Konrad Wolf (1925–1982) die Aufhebung des Verbots, womit die Normalisierung der Beziehungen zwischen Weiss und den Kulturfunktionären in der DDR eingeleitet wurde.
54 P. Weiss, Notizbücher 1971–1980, Suhrkamp Verlag, Frankfurt a.M. 1981, S. 25.
55 P. Weiss, Rekonvaleszenz, Frankfurt a.M. 1991, S. 73–75; vgl. P. Weiss, Notizbücher 1961–1971, S. 816–820.

‚Wiederaufnahme'

Peter Weiss hatte 1970 und 1971 das Drama *Hölderlin* geschrieben und mit diesem Stück in der BRD einen beachtlichen Theatererfolg erzielt. Daran wollte man in der DDR nun auch wieder teilhaben, so dass es galt, die ‚Mißhelligkeiten' wegen des Trotzki-Stücks, wie Weiss das nannte, „zu beseitigen".[56]

Man bat Weiss, Selbstkritik zu üben und „das Stück und die Buchfassung zurückzuziehn."[57] Sein Verleger Siegfried Unseld (1924–2002) stärkte ihm aber den Rücken,[58] und Weiss beharrte gegenüber Kurt Hager und Alexander Abusch, die sich immerhin schon im Oktober 1971 auf ein Gespräch zur Wiederaufnahme der Beziehungen einließen, darauf, dass er „keinen Anlaß" sehe, sich „der offiziellen Tabu-Erklärung anzuschließen."[59]

Wie also sollte die Blockade überwunden werden? Hanns Anselm Perten, der gewiefte Praktiker vom Rostocker Theater, stellte mit Weiss ein paar „taktische Erwägungen" an,[60] woraufhin dieser am 6. Dezember 1971 einen Brief an Alexander Abusch schrieb:

> Beim Schreiben meines Hölderlin-Stücks beging ich den grossen Fehler, einige wichtige sozialistische Schriften über die gesellschaftsbestimmende Rolle der deutschen Klassiker – vor allem auch Ihr grundlegendes Werk über Schiller, sowie Ihre Aufsätze über Hölderlin, Hegel und Fichte – nicht in mein Vorstudium einzubeziehen. Dieses Versäumnis trug zu einer Einseitigkeit in der Ausformung der wichtigen Gegenfiguren zu Hölderlin im Stück bei.[61]

Das Klassikerbild wurde entsprechend ein wenig poliert; der *Hölderlin* in Rostock einstudiert. Kurt Hager und Alexander Abusch kamen zur Premiere am 16. Juni 1973. Kurt Hager verstieg sich bei der Premierenfeier in Rostock sogar zu der Vermutung, dass *Hölderlin* „in wenigen Jahren zum klassischen Bestand der deutschen Dramatik gehören werde".[62] Damit war Weiss' „Wiederaufnahme offiziell bestätigt".[63]

---

56 Ebd., S. 24.
57 W. Schmidt, Peter Weiss, S. 303.
58 S. Unseld: Chronik. Band 2: 1971, hrsg. v. U. Anders, R. Fellinger und K. Karduck, Suhrkamp Verlag, Berlin 2014, S. 338.
59 P. Weiss, Notizbücher 1971–1980, S. 26.
60 W. Schmidt, Peter Weiss, S. 305 (mit Bezug auf einen Brief Pertens vom 26.1.1972).
61 Zitiert nach: M. Braun, Peter Weiss und das Rostocker Volkstheater, S. 77.
62 So kolportierte die Ostsee-Zeitung am 19.6.1973; zitiert nach: M. Braun, Peter Weiss und das Rostocker Volkstheater, S. 79.
63 P. Weiss, Notizbücher 1971–1980, S. 220.

Fazit

Schaut man sich das Verhältnis zwischen der ostdeutschen Kulturpolitik und Peter Weiss in den Jahren 1965 bis 1971 insgesamt an, so wird man feststellen müssen, dass beide Seiten eigentlich, statt zu agieren, fast immer nur reagierten, was eigentümlich genug ist. Keine der beiden Seiten hatte an einem dauerhaften Zerwürfnis Interesse.

Dem Autor schmeichelte die große Bedeutung, die die ostdeutschen Kulturpolitiker der Literatur im Allgemeinen und seinen Texten speziell zumaßen. Außerdem glaubte er seit 1965, mit marxistischen Theoremen „eine Art Universal-Erkenntnis-Schlüssel" zu besitzen,[64] den er nicht mehr abgeben wollte; und er glaubte, dass der Sozialismus die „einzig entwicklungsfähige Gesellschaftsordnung"[65] sei: „Er ist die einzige Alternative. Sein Gegner ist eine Welt des Todes."[66] Freilich bezog sich Weiss immer auf die sozialistische Idee – zu der er bis zuletzt wahrscheinlich wirklich eine „mönchische Haltung" bewahrte, wie Heiner Müller einmal sagte[67] – und nicht auf die „defiziente" Umsetzung der Idee in „geschichtliche Wirklichkeit".[68]

Den ostdeutschen Kulturpolitikern gefiel es, dass der weltberühmte Dramatiker den Sozialismus für „das einzige System" hielt, „das sich entwickeln wird", und dies auch gern und oft sagte.[69] Was sie an Peter Weiss aber störte, war, dass er beständig künstlerische und politische Freiheit vermengte und deren Bedingungszusammenhang in ihren Augen verkannte. Mit Sozialismus verbinde er die „Ausdrucksfreiheit der Kunst, weil ich im Sozialismus überhaupt erst die Voraussetzung sehe für eine wirklich freie Kunst", schrieb Weiss 1965.[70] Sozialismus als Voraussetzung für eine freie Kunst: Das war nicht ganz die Sicht der Parteipolitiker in der DDR auf das Verhältnis zwischen Kunst und Kommunismus. Kunst habe vielmehr „als Waffe im Klassenkampf" zu dienen, meinte Kurt Hager auf dem schon erwähnten 11. Plenum des ZK der SED 1965.[71] Wilhelm Girnus sekundierte damals, die „Angelegenheit Wolf Biermann" sei „doch gar keine literarische, sondern eine rein politische Frage".[72] Und in politischen Fragen könne es nicht um absolute Freiheit gehen, wie es Weiss forderte[73]. Kurt Hager erinnerte auf dem Plenum 1965 an das „schöne Lied" von Louis Fürnberg (1909–1957): *Die Partei, die Partei, die hat immer recht*, und dies gelte „für die Vergangenheit, und das gilt für die Gegenwart und die Zukunft".[74]

---

64 M. Rector, Der zensierte Sympathisant, S. 146.
65 P. Weiss, Rapporte 2, S. 26.
66 Peter Weiss im Gespräch, hrsg. v. R. Gerlach und M. Richter, Suhrkamp Verlag, Frankfurt a.M. 1986, S. 60.
67 H. Müller, Krieg ohne Schlacht, S. 224.
68 M. Rector, Der zensierte Sympathisant, S. 146.
69 Peter Weiss im Gespräch, S. 78.
70 P. Weiss, Rapporte 2, S. 28.
71 C. Weiß, Auschwitz in der geteilten Welt, Teil 2, S. 913.
72 Ebd., S. 916.
73 Vgl. P. Weiss, Rapporte 2, 30: „Wir können nicht für die Freiheit des Worts eintreten, ohne diese Freiheit auch dort zu fordern, wo sie absolut zu finden sein müßte: im Sozialismus."
74 C. Weiß, Auschwitz in der geteilten Welt, Teil 2, S. 914.

Dagegen zu protestieren, war Weiss aber ein intrinsisches Bedürfnis. Staatliche Bevormundung der Kunst oder der politischen Meinungsbildung dürfe es nicht mehr geben, das hätten Faschismus und Stalinismus ihn gelehrt.[75] Und ist eine „Gesellschaft stark und ihrer selbst sicher", was der Sozialismus doch sein könnte, dann könne die „geistige Freiheit"[76] auch absolut sein. Weiss war sich 1967 zum Beispiel erklärtermaßen sicher,

> daß die sozialistischen Staaten heute stark genug sind [...], um auch den Mut zu haben, einen zentralen kulturellen Konflikt offen zu behandeln, alle brennenden Fragestellungen aufzunehmen, und keine ihrer Aspekte zu verleugnen.[77]

Genau diese Stärke und Sicherheit hatten die Parteifunktionäre jedoch nie. Überall witterten sie Machenschaften und Verrat, stets hatten sie den Eindruck, der Klassenfeind warte nur auf die erstbeste Gelegenheit, den Sozialismus zu liquidieren. „Angriffe" auf „die kulturpolitische Führungstätigkeit der Partei" galten als prinzipiell ‚antisozialistisch'.[78]

Dass der um 1970 zugespitzte Konflikt zwischen Weiss, der „die Forderung nach Wahrheitsfindung höher" stellte „als zeitbedingte parteipolitische Rücksichtnahmen",[79] und den Funktionären in der DDR letztlich relativ rasch beigelegt werden konnte, hatte am Ende jedoch nur parteipolitische Gründe. Im Mai 1971 war Walter Ulbricht (1893–1973) zum Rücktritt gedrängt, im Juni auf dem achten Parteitag der SED Erich Honecker zum Nachfolger gewählt worden. Und dieser – 1965 noch ein Scharfmacher gegen die Kunstfreiheit – begann seine Ära mit einer kulturpolitischen Tauwetterperiode, die er mit der bekannten Feststellung einleitete:

> Wenn man von der festen Position des Sozialismus ausgeht, kann es meines Erachtens auf dem Gebiet von Kunst und Literatur keine Tabus geben. Das betrifft sowohl die Fragen der inhaltlichen Gestaltung als auch des Stils [...].[80]

Es ist Allgemeinwissen, dass schon kurz darauf die programmatische Erklärung Honeckers nicht mehr galt. Und doch war es derselbe Honecker, der rund ein Jahrzehnt später gegen den Widerstand anderer Parteifunktionäre entschied, dass *Die Ästhetik des Widerstands* in der DDR unzensiert gedruckt werden solle.[81]

Wahrscheinlich war Weiss doch ein „Hätschelkind der Partei", mindestens einiger Mitglieder, gewesen, wenn auch ein bisschen anders und etwas komplizierter, als sich das die dissidentischen DDR-Autoren in den 1970er und 1980er Jahren vorstellten.

---

75 Vgl. zur „Dirigierung der Kunst" z. B.: P. Weiss, Rapporte 2, S. 29 u. S. 80.
76 Ebd., S. 76.
77 Ebd., S. 78.
78 H. Koch, Unser Standpunkt, in: Weimarer Beiträge 16 (1970), H. 3, S. 5–9, hier S. 7.
79 P. Weiss, Rapporte 2, S. 106.
80 E. Honecker in einer Rede vor dem 4. ZK-Plenum vom Dezember 1971, zitiert nach: W. Emmerich, Kleine Literaturgeschichte der DDR. 1945–1988. Erweiterte Ausgabe, Luchterhand Literaturverlag, Frankfurt a.M. 1989, S. 243.
81 M. Haiduk/P. Weiss, Diesseits und jenseits der Grenze, S. 267 und S. 272.

Literatur

Beise Arnd, *Kunst und Wissenschaft im Dialog: Die Universität im Theater. Peter Weiss, Manfred Haiduk und das Volkstheater unter Hanns Anselm Perten*, in: *Positionen der Germanistik in der DDR. Personen – Forschungsfelder – Organisationsformen*, hrsg. v. Jan Cölln und Franz-Josef Holznagel, De Gruyter, Berlin/New York 2013, S. 120–140.

Braun Matthias, *Peter Weiss und das Rostocker Volkstheater oder „Die Ostsee muss ein Meer des Friedens sein"*, in: *Peter Weiss erinnernd – Ansichten und Einsichten*, hrsg. v. Hans-Christian Stillmark, Weidler Buchverlag, Berlin 2020, S. 67–81.

Deutsches Universalwörterbuch, hrsg. v. der Dudenredaktion, 4., neu bearbeitete und erweiterte Auflage, Dudenverlag, Mannheim u.a. 2001.

Emmerich Wolfgang, *Kleine Literaturgeschichte der DDR. 1945–1988. Erweiterte Ausgabe*, Luchterhand Literaturverlag, Frankfurt a.M. 1989.

Gesprächsrunde mit bekannten Autoren anlässlich des Internationalen Schriftstellertreffens, moderiert von Karl-Eduard von Schnitzler, Leipzig 19.5.1965, https://www.ardmediathek.de/video/reportagen-und-berichte-des-fernsehfunks/internationale-autoren-im-gespraech/ard/Y3JpZ-DovL2hyLW9ubGluZS8xNTA4ODY (Zugriff am 8.8.2022).

Haiduk Manfred/Weiss Peter, *Diesseits und jenseits der Grenze. Der Briefwechsel 1965–1982*, hrsg. v. Rainer Gerlach und Jürgen Schutte, Röhrig Universitätsverlag, St. Ingbert 2010.

Internationales Schriftstellertreffen Berlin und Weimar 14.–22. Mai 1965. Protokoll, hrsg. v. Deutschen Schriftstellerverband Berlin, Aufbau-Verlag, Berlin/Weimar 1965.

Kaufmann Ulrich: *Zwei Beiträge zum „Lenin-Jahr" (1970)*, in: *Ästhetik Revolte Widerstand. Ergänzungsband*, hrsg. v. der Internationalen Peter Weiss-Gesellschaft, Selbstverlag, Luzern/Mannenberg 1990, S. 345–350.

Koch Hans, *Unser Standpunkt*, in: *Weimarer Beiträge* 16, 1970, H. 3, S. 5–9.

Kurella Alfred, *Zwischen Desinformation und Denkklischees*, in: *Neue Deutsche Literatur* 16, 1968, H. 12, S. 178–180.

Müller Heiner, *Krieg ohne Schlacht. Leben in zwei Diktaturen. Eine Autobiographie*, erweiterte Neuausgabe mit einem Dossier von Dokumenten des Ministeriums für Staatssicherheit der ehemaligen DDR, Kiepenheuer & Witsch, Köln 1994.

Peter Weiss im Gespräch, hrsg. v. Rainer Gerlach und Matthias Richter, Suhrkamp Verlag, Frankfurt a.M. 1986.

Plavius Heinz, *Zwischen Protest und Anpassung. Westdeutsche Literatur, Theorie, Funktion*, Mitteldeutscher Verlag, Halle/S. 1970.

Rector Martin, *Der zensierte Sympathisant. Zur selektiven Rezeption von Peter Weiss in der DDR*, in: *Studia Germanica Posnaniensia* 22, 1995, S. 139–163.

Schmidt Werner, *Peter Weiss. Leben eines kritischen Intellektuellen*, Suhrkamp Verlag, Berlin 2020.

Schütz Günter, *Peter Weiss und Paris. Prolegomena zu einer Biografie. Band 2 (1967–1982)*, Röhrig Universitätsverlag, St. Ingbert 2011.

Starke Frank, *Mal Freund, mal Verräter. Der Schriftsteller Peter Weiss in den Akten der DDR-Staatssicherheit*, in: *Peter Weiss erinnernd – Ansichten und Einsichten*, hrsg. v. Hans-Christian Stillmark, Weidler Buchverlag, Berlin 2020, S. 83–96.

Über Peter Weiss, hrsg. v. Volker Canaris, Suhrkamp Verlag, Frankfurt a.M. 1970.

Unseld Siegfried/Weiss, Peter, *Der Briefwechsel*, hrsg. v. Rainer Gerlach, Suhrkamp Verlag, Frankfurt a.M. 2007.

Unseld Siegfried: *Chronik. Band 2: 1971*, hrsg. v. Ulrike Anders, Raimund Fellinger und Katharina Karduck, Suhrkamp Verlag, Berlin 2014.

Weiß Christoph, *Auschwitz in der geteilten Welt. Peter Weiss und die „Ermittlung" im Kalten Krieg*, 2 Teile, Röhrig Universitätsverlag, St. Ingbert 2000.

Weiss Peter, *Die Notizbücher. Kritische Gesamtausgabe*, hrsg. v. Jürgen Schutte in Zusammenarbeit mit Wiebke Amthor und Jenny Willner, 2., verbesserte und erweiterte Auflage, Röhrig Universitätsverlag, St. Ingbert 2012.

Weiss Peter, *Notizbücher 1960–1971*, Suhrkamp Verlag, Frankfurt a.M. 1982.

Weiss Peter, *Notizbücher 1971–1981*, Suhrkamp Verlag, Frankfurt a.M. 1981.

Weiss Peter, *Rapporte 2*, Suhrkamp Verlag, Frankfurt/M. 1971.

Weiss Peter, *Rekonvaleszenz*, Suhrkamp Verlag, Frankfurt a.M. 1991.

Weiss Peter, *Wie dem Herrn Mockinpott das Leiden ausgetrieben wird*, in: *Neue Deutsche Literatur* 16, 1968, H. 12, S. 88–118.

Walter Benjamin und Peter Weiss
Geschichte, Politik und Störfälle um 1970

Monika Tokarzewska
(Uniwersytet Mikołaja Kopernika w Toruniu)

Walter Benjamin und Peter Weiss. History, Politics and Disruptions around 1970

Abstract: At the turn of the sixties and seventies of the twentieth century, Peter Weiss worked on historical dramas about Trotsky and Hölderlin. At the same time, the notes provided insight into the crisis experienced by the writer and the breakthrough in his understanding of the political involvement of art that was looming on the horizon. Reading this breakthrough using Walter Benjamin's theory of history shows that the crisis resulted in an expansion of the concept of reality in Weiss's texts. The consequence of this change is the awareness of the inevitability of the conflict between indeed political art and institutionalized power.

Keywords: Peter Weiss, Walter Benjamin, The notebooks, On the concept of History.

*Es lebe das Unwirkliche, dem ich so oft
meine Gegnerschaft angesagt habe [...].*[1]

Benjamin und Weiss: eine (Wahl)verwandtschaft?

Allem Anschein nach befinden sich bei Peter Weiss nahezu keine Spuren von einer Lektüre Walter Benjamins, zumindest auf den ersten Blick keine, die über eine bloße stichwortartige hinausgehen würden. In der Ästhetik des Widerstands gibt es zwei Passagen, in denen Benjamins Name auftaucht.[2] Er ist hier allerdings ein Name von vielen, ein für das Aufblühen der Kultur zur Zeit der Weimarer Republik bzw. in der Zwischenkriegszeit repräsentatives Stichwort ohne individualisierte Züge. Als ein Name von mehreren wird Benjamin an einigen wenigen Stellen der *Notizbücher* erwähnt. Hier erscheint er in

---

[1] P. Weiss, Die Notizbücher, Kritische Gesamtausgabe, hrsg. v. Jürgen Schutte in Zusammenarbeit mit Wiebke Amthor und Jenny Willner, Directmedia, Berlin 2006 [CD-Rom, Digitale Bibliothek 149], S. 11732 (Eintrag vom 5.9.1970).
[2] P. Weiss, Ästhetik des Widerstands, Suhrkamp, Frankfurt am Main 2016, S. 845 und 961.

Gesellschaft von Bloch, Musil, Joyce, Tucholsky, Joseph Roth.³ Was in diesen sehr sparsamen Aufzeichnungen allerdings auffällt, ist der Bezug auf den Freitod Benjamins sowie der stets im Hintergrund präsente Gedanke an: „Kultur, verschmachtete in Lagern u. Kerkerzellen".⁴

Und doch mag eine geringe Zahl an Bezügen verwundern; schließlich stieg Ende der 1960er und in den 1970er Jahren Benjamins Stern rasch auf, er wurde zunehmend zum Ansprechpartner in Sachen Geschichte, Revolution und Gegenwartskritik, sowie nicht zuletzt Bezugsautor bei den Diskussionen über die Wechselwirkungen zwischen Kunst und Politik. Bereits ein Blick auf die Dynamik der literarhistorisch-sozialen Prozesse seit den späten 1960er Jahren lässt die Namen Peter Weiss und Walter Benjamin in gewisser Beziehung zueinander sehen. Benjamin, der zunächst nach seinem tragischen Tod im September 1940 auf der misslungenen Flucht aus dem von den Deutschen besetzten Europa in die USA weitestgehend in Vergessenheit geraten war, wurde seit den 1960er Jahren immer intensiver rezipiert. Dieser Aufstieg verdankte sich nicht zuletzt dem Ferment, den der Generationenwechsel in der Bundesrepublik und die Studentenrevolte mit sich brachten. Benjamin erweckte Interesse als ‚historischer Materialist', als Theoretiker der Revolution und der Medien, man erblickte in ihm einen Befürworter einer engagierten Haltung Kunst und Geschichte gegenüber. Es sind auch die Jahre, in denen Peter Weiss, Emigrant in Schweden, zunehmend an Bekanntheit in den beiden deutschen Staaten gewann und sich, nach seiner ersten, experimentell-hermetischen Schaffensphase, immer entschiedener als engagierter, linker Schriftsteller verstand und positionierte.⁵ Die Herausforderung einer gefühlten Nähe zwischen Weiss und Benjamin lässt sich jedoch nicht allein auf solche sozial- und kulturgeschichtlichen Faktoren reduzieren. Sie lebt mehr oder weniger latent in der Forschung weiter, was davon zeugt, dass es sich hier um ein Phänomen langlebigerer Natur handelt. Die sich aus dieser thematischen Konstellation, die auch für Weiss' Schaffen und für sein Kunstverständnis prägend ist, ergebende potenzielle Nähe der beiden Autoren, von denen der jüngere den älteren nicht wirklich zur Kenntnis genommen zu haben scheint, ist der Weiss-Forschung zwar nicht entgangen,

---

3   Siehe: P. Weiss, Die Notizbücher, S. 8243, S. 8244 und S. 8801. Ich danke Arnd Beise *für den Hinweis auf diese Bezüge und für das interessante Gespräch darüber. Dank der kritischen Digitalausgabe* kann festgestellt werden, dass es doch so nicht stimmt, „dass die über 9500 Seiten umfassenden handschriftlichen Notizbücher von Weiss keine einzige Erwähnung Benjamins erhalten [...]." (J. Willner, Archaeopteryx und Angelus. Organisches Leben im Rückblick. Darwin, Freud, Benjamin – Weiss, in: Peter Weiss Jahrbuch 27, 2018, S. 105–142, hier S. 127. Willner zitiert hier bezüglich Weiss und Benjamin Jürgen Schutte (J. Schutte, Pergamon und der Engel der Geschichte. ‚Die Ästhetik des Widerstands' lesen, in: Das Argument 58, 2016, S. 179–190, hier S. 186).
4   P. Weiss, Die Notizbücher, S. 10097. (Buch 46, Einträge zwischen 24.4.1980–10.9.1980.)
5   Der Spur einer Gemeinsamkeit historischer Erfahrungen beider folgend, könnte man auch Weiss' Äußerungen anführen, die davon zeugen, dass er sich in der Auseinandersetzung mit den zwanziger und dreißiger Jahren des 20. Jahrhunderts, d.h. mit der Wirkungszeit Benjamins, einen Schlüssel zur eigenen Gegenwart versprach. So äußert er Haiduk gegenüber: „Um die Gegenwart zu verstehen (unter anderem Sowjetunion – China, Europa – zurückgebliebene, ehemals kolonialisierte Länder usw), muss die Zeit der 20er und 30er Jahre verdeutlicht werden." (P. Weiss, Briefe an Manfred Haiduk 1966–1982, S. 9. Brief vom 31. Mai 1969. Hervorhebungen im Original.)

doch die Frage nach Weiss und Benjamin stellt für sie eher ein Randthema dar. Vor allem konzentrieren sich so gut wie alle existierenden komparatistischen Interpretationsversuche, in denen Weiss und Benjamin in den Blick genommen werden, auf *Die Ästhetik des Widerstands*.[6]

Aktualität: Benjamins Begriff der Geschichte

Der letzte uns bekannte ‚Text' Benjamins (obwohl hier eher von einem ‚Textkorpus' die Rede sein sollte, denn er erhielt sich in der Gestalt von mehreren Manuskripten und Typoskripten, sowie einer Reihe von Entwürfen und Notizen, die zusammengehören), hat den Begriff der Geschichte zum Gegenstand. Geschichte ist für Benjamin keine lineare rein objektive Ordnung von Ereignissen, die sich chronologisch aufeinander beziehen bzw. kausal aufeinander folgen; keine aus einer Unendlichkeit in eine andere verlaufende Zeitachse, sondern wird in einer eigentümlichen Art von ‚Ausnahmezustand' erfahren. Mit Bezug u.a. auf die Französische Revolution versucht Benjamin einer besonderen kollektiven Erfahrung auf die Spur zu kommen: die Revolution ‚zitierte' das antike Rom, vergegenwärtigte es, glaubte sich in dieser längst vergangenen Epoche in wesentlichen Zügen wiederzuerkennen. In einem anderen Bild Benjamins schießen Revolutionäre auf die Uhren an Pariser Türmen, um symbolisch die gleichmäßig fließende, abstrakte Zeit zugunsten eines solchen ‚Ausnahmezustands', in dem die Gegenwart plötzlich in ein produktives Verhältnis zu einer Vergangenheit tritt, aufzuhalten. Gegen den Fortschrittglauben sowie den Historismus, der der berühmten Maxime Leopold von Rankes zufolge sich vorgenommen hat, die Vergangenheit so objektiv zu beschreiben, wie sie tatsächlich

---

6   So erblickt Alexander Honold aufgrund der Lektüre der *Ästhetik* eine Weiss und Benjamin verbindende Verwandtschaft in der Erfahrung von Geschichte als ‚Trümmer und Allegorie'. Die Geschichte ist beiden zufolge eine Erfahrung der „Diskontinuität und Traditionslosigkeit", die politische Praxis ist unter diesen Bedingungen keine Selbstverständlichkeit mehr, deshalb greife Weiss, ähnlich wie vor ihm Benjamin, nach der Allegorie als ästhetischer Darstellungsform, um dank der Arbeit der produktiven Fantasie überhaupt dem Trümmerhaufen der Geschichte noch Sinnbruchstücke entreißen zu können. Sich auf Gudrun Klatt beziehend, die an den Beispielen Benjamin und Weiss eine Parallelität der Schicksale linker Intellektueller aus zwei Generationen aufzeigte, konstatiert Honold, dass die Erfahrung von Faschismus und Exil für Weiss eine ähnlich prägende Bedeutung besaß, wie sie vorher für Benjamin hatte. Bei seiner Lektüre der Ästhetik des Widerstands mit Hilfe von Benjamins theoretischem Instrumentarium bewegt sich Honold auf den Spuren von Rainer Rother und Rainer Koch. Die Verwandtschaft beider Schriftsteller in Bezug auf die Darstellung der Geschichte als Katastrophe wurzle ihnen zufolge in ihrem jeweiligen biografischen Erfahrungshintergrund. Auch Weiss sei Benjamins Gedanke nah, im Namen der (namenlosen) Opfer zu schreiben. Vgl.: A. Honold, Trümmer und Allegorie. Konstruktion historischer Bedeutung bei Walter Benjamin und Peter Weiss. Peter Weiss Jahrbuch, 1, 1992, S. 59–85, hier S. 59, S. 67, S. 79. Siehe auch: G. Klatt, Der ‚geheime' Benjamin in der ‚Ästhetik des Widerstands' – Geschichte aus der Sicht von unten, in: Wissenschaftliche Zeitschrift der Friedrich-Schiller-Universität Jena, 36, 1987, S. 375–382; R. Koch, Geschichtskritik und ästhetische Wahrheit. Zur Produktivität des Mythos in moderner Literatur und Philosophie, Aisthesis, Bielefeld 1990, sowie R. Rother, Die Gegenwart der Geschichte. Ein Versuch über Film und zeitgenössische Literatur, Metzler, Stuttgart 1990.

war, richtet sich in diesen Überlegungen Benjamins eine grundsätzliche Polemik.[7] Der ihm zufolge wirkliche Sinn für Geschichte lasse sich diesen unter dem Schild der wissenschaftlichen Objektivität auftretenden Perspektiven nicht abgewinnen. Sie konservieren Geschichte in eine Form der Erfahrung entrückter Sphäre, die für uns keine wahre Aktualität besitzt und uns nicht wirklich betrifft. Ihnen stellt Benjamin eine Konstruktion gegenüber, die quer durch die Zeit verläuft. Das Kontinuum der Geschichte – im Sinne einer linearen Zeitachse – wird zersprengt, indem sich die Gegenwart in einer anderen Epoche, manchmal in einer entlegenen, wiedererkennt. Zwei zeitliche Momente werden durch eine innere Verwandtschaft miteinander verbunden. Es handelt sich hier allerdings nicht um eine universell-objektive Ähnlichkeit zwischen geschichtlichen Momenten, die sich in zeitenthobenen Begriffen oder Gesetzen geschichtlichen Verlaufs beschreiben könnten, sondern um eine Erfahrung von plötzlicher Aktualität, die Benjamin als ‚Jetztzeit' bezeichnet.[8] Erst durch Bezug auf Vergangenes werden Besonderheiten der Gegenwart erkennbar. Auf die Weise fällt ein neues Licht auf den Moment in der Vergangenheit, mit dem die sich selbst erkennende Gegenwart in Beziehung tritt und legt Tendenzen im Vergangenen bloß, die vorher nicht gesehen wurden.

---

7 Zu den interessantesten Vergleichsperspektiven zu Weiss und Benjamin gehört die, die von Jenny Willner erarbeitet wurde. Beide würden ein „Interesse für versteinerte Überreste und Spuren urzeitlichen organischen Lebens" zeigen, was sie dazu veranlasst, von Ästhetik als „Fossilienlektüren des Widerstands" zu sprechen. Anhand der Naturkundemuseums-Szenen in der Ästhetik des Widerstands demonstriert Willner, wie Weiss die kulturellen und sozialen Bedingungen der Wissensproduktion anhand von vermeintlich objektiv im musealen Raum präsentierten Exponaten offenlegt. Die ausgestellten Artefakte bergen Spuren des Kolonialismus, die erst unter dem Blick des Ich-Erzählers lesbar werden. Eine solche ästhetische Praxis schreibe sich in Benjamins Fortschrittskritik ein. Darüber hinaus interpretiert Willner den Archaeopteryx, den fossilen Abdruck eines prähistorischen Vogels, als eine Art Angelus Novus. Die Ähnlichkeiten sind tatsächlich frappierend, sowohl was die beiden Bilder betrifft als auch deren Funktion in dem jeweiligen Text. (J. Willner, Archaeopteryx und Angelus, S. 106, S. 108, S. 110). Willner folgt hier zum Teil Jürgen Schutte, (J. Schutte, Pergamon und der Engel der Geschichte, S. 179–190). Willner betont jedoch zugleich, dass bei Weiss keine eindeutigen Spuren einer Auseinandersetzung mit Benjamin aufweisbar sind. „Es lässt sich nicht belegen, ob sich Weiss eingehender mit den geschichtsphilosophischen Thesen Benjamins befasst hat. Die Parallelen bezüglich des Kunst- und Geschichtsverständnisses sind allerdings unübersehbar, beginnend damit, dass beide zu den wenigen zählen, die früh Freud, Brecht und Kafka mit gleicher Intensität rezipiert haben." (J. Willner, Archaeopteryx und Angelus, S. 126). Das Interesse für das Ikonische, Bildhafte und dessen allegorische Deutung erwähnen auch andere Weiss-Forscher, die nach Berührungspunkten zwischen ihm und Benjamin suchen (vgl.: S. Kramer, Stillstellung oder Verflüssigung? Schrift-Bild Konstellationen bei Walter Benjamin und Peter Weiss, in: Zeitschrift für kritische Theorie 18/19, 2004, S. 99–115). Schließlich gibt es Studien über Peter Weiss, in denen Benjamin bei der Lektüre Pate steht, auch wenn er nur als ein Motto präsent ist (J. Vogt, Ugolino trifft Medusa. Nochmals über das ‚Hadesbild' in der ‚Ästhetik des Widerstands', in: Ein Riss geht durch den Autor. Transmediale Inszenierungen im Werk von Peter Weiss, hrsg. v. Margrid Bircke, Dieter Mersch, Hans-Christian Stillmark, Transcript, Bielefeld 2009, S. 69–91).
8 W. Benjamin, Über den Begriff der Geschichte [Werke und Nachlaß. Kritische Gesamtausgabe Bd. 19], hrsg. v. Gérard Raulet, Suhrkamp, Berlin 2010, S. 28.

Benjamin schrieb seine Thesen Über den Begriff der Geschichte zwischen 1938 und Frühling 1940 nieder, kurz vor seinem Freitod auf der misslungenen Flucht aus dem vom Hitlerdeutschland eroberten Europa. Entscheidend für den Text war insbesondere der Ende August 1939 geschlossene Hitler-Stalin-Pakt, der ihm die letzten Hoffnungen auf linke bzw. kommunistische Politik als Gegner Hitlers genommen hatte.[9] Der Gedanke von der ‚Jetztzeit' als erkennende und erneuernde Erfahrung soll im Angesicht dieser Enttäuschung wieder die politische Dimension, d.h. einen Freiraum für das Handeln eröffnen. Diese auf die ‚vita activa' ausgerichtete Tendenz im Benjamin'schen Begriff der Geschichte lässt sich zugleich nicht von einem Erkenntnisanspruch sowie von einem poetischen Anspruch trennen: im Sinne einer *poiesis* des Erzählens, der Kunst des Verknüpfens von historischen Ereignissen zu einem Faden. Zu Recht bemerkt Willi Bolle bezüglich Benjamins eigenem Umgang mit Geschichte, etwa im „Barockbuch", das von aktuellen Fragen der Gegenwart motiviert ist:

> Die Perspektive, aus der Benjamin seine Interpretation des Quellenmaterials konstruiert, wird nicht von historiographischen Allgemeinbegriffen [...], sondern von ‚aktualen Interessen' bestimmt. [Benjamin] geht es [...] darum, im Medium des barocken Trauerspiels den geschichtlichen Umbruch, der sich im Umfeld des Ersten Weltkriegs vollzogen hat, transparent zu machen. Im humanistischen Bildungsideal des wilhelminischen Deutschlands, das seine Jugend auf die Schlachtfelder schickte, sowie in den Versuchen der Weimarer Republik, durch Restauration des Klassizismus die jüngste geschichtliche Erfahrung auszublenden, fördert Benjamin in seiner Analyse des Barockdramas das verdrängte Moment der Gewalt zutage.[10]

Die Verknüpfung von Vergangenheit und Gegenwart als Aktualität der ersten soll jedoch nicht in der Form von bestimmten politischen Botschaften geschehen, sondern grundlegender Natur sein. Aus der Erfahrung der ‚Jetztzeit' soll das Verschüttete, Vergessene, Verdrängte oder Tote im Vergangenen aufleben, das die Gegenwärtigen heimsucht und erschüttert. Der Griff, den der – wie Benjamin ihn nennt – materialistische Historiker unternimmt, beruht in dem Sich-Bemächtigen und im Festhalten des plötzlichen Zusammenstoßes von Vergangenheit und Gegenwart in einer unwiederbringlichen, einmaligen Konstellation. Der Impuls zur Entstehung einer solchen Konstellation geht von der Gegenwart aus, die sich selbst zu bestimmen sucht:

> Die kopernikanische Wendung in der geschichtlichen Anschauung ist diese: man hielt für den fixen Punkt das ‚Gewesene' und sah die Gegenwart bemüht, an dieses Feste die Erkenntnis tastend heranzuführen. Nun soll sich dieses Verhältnis umkehren und das Gewesene zum dialektischen Umschlag, zum Einfall des erwach-

---

9 Siehe hierzu den Kommentar Gérard Raulets zu: W. Benjamin, Über den Begriff der Geschichte, S. 181–182.
10 W. Bolle, Geschichte, in: Benjamins Begriffe, Bd. 1., hrsg. von M. Opitz und E. Wizisla, Suhrkamp, Frankfurt am Main 2000 S. 399–442, hier S. 411.

ten Bewußtseins werden. Die Politik erhält den Primat über die Geschichte. Die Fakten werden etwas, was uns soeben erst zustieß, sie festzustellen ist die Sache der Erinnerung.[11]

Benjamins Überlegungen zur Geschichte, die diese als Vergegenwärtigung und als eine Art produktives Wechselverhältnis zur Gegenwart auffassen und folglich die Frage nach praktischen Konsequenzen einer solchen Auseinandersetzung mit der Vergangenheit ins Zentrum rücken, haben mehr mit literarischen Geschichtskonstruktionen zu tun als mit rein wissenschaftlicher, tatsachenorientierter Geschichtsschreibung. Das, was Benjamin an Strukturen geschichtlicher Erfahrung aufdeckt, ist für jeden Schriftsteller wesentlich, der sich in seinem Schaffen mit der Materie der Geschichte beschäftigt und sie ästhetisch darzustellen sucht. Meines Erachtens liegt gerade hier die Wurzel einer Verwandtschaft zwischen Weiss und Benjamin. Allerdings deckt Weiss' Umgang mit vergegenwärtigter Vergangenheit auch grundlegende Konflikte auf, die sich bei einer solchen Haltung, bei der es um ‚Primat der Politik über die Geschichte' geht, ergeben. Denn vom Engagement und von der Aktualität kann ein solcher Druck ausgehen, dass sich das Vergangene der Gegenwart beugt und letztendlich der Bespiegelung der Gegenwart dient. Peter Weiss' Schaffen, insbesondere seine *Notizbücher*, geben von diesen inneren Konflikten ein Bild. Ich versuche hier den Spuren dieser ‚Störfälle' am Beispiel der Notizen, die Ende der sechziger bzw. am Anfang der siebziger Jahre entstanden sind, die die Arbeit am Hölderlin- und Trotzki-Stoff begleiteten, nachzugehen.

Von Vergegenwärtigung des Vergangenen zur ‚Geisterbeschwörung': Peter Weiss' *Notizbücher*

Unter den Notizen, die Weiss Anfang der siebziger Jahre zu Papier brachte, finden sich auch Aufzeichnungen, in denen er seine Arbeit am Drama *Hölderlin* reflektiert. Die Beschäftigung mit dem Stoff steht unter dem Zeichen der Betroffenheit und der Vergegenwärtigung. Immer wieder reichen einige Zeilen, um einen Rezeptions- und Denkprozess in Gang zu setzen, der sich zwischen sprachlicher Anziehungskraft einerseits und dem wiederholten Stolpern über die hermetische Verschlüsselung dieser Verse bewegt. Weiss bekennt sich recht bescheiden dazu, kein Hölderlinspezialist zu sein, obwohl er das meiste aus der Sekundärliteratur kenne. Er verknüpft hierbei Gegenwart und Vergangenheit in einer Weise, die an den Zustand der Jetztzeit bei Benjamin erinnert:

> Wie beim Lesen seiner Niederschriften, so hole ich mir auch beim Schreiben dieses Stücks Hölderlin in meine Gegenwart, und benutze das, was er in mir anregt dazu, eine Gestalt entstehen zu lassen, die eine Problematik ausdrückt, die für mich aktuell ist. Es ist weder ein dokumentarisches, noch ein historisches Stück. Es ist ein

---

11 W. Benjamin, Gesammelte Schriften, hrsg. v. R. Tiedemann und H. Schweppenhäuser, Bd. 5.1, S V.1, Suhrkamp, Frankfurt am Main 1991, S. 490. Hervorhebung im Zitat von Benjamin. Der vielzitierte Text gehört zu Notizen und Entwürfen zum „Passagenprojekt".

Stück aus dem Gegenwärtigen, verfremdet nur durch die Hineinversetzung in eine vergangene Epoche.[12]

Das Gegenwärtige wird von dem Dokumentarischen und dem Historischen unterschieden, was an Benjamins Ablehnung davon, den Historismus, verstanden als objektive Wiedergabe von chronologisch verorteten Tatsachen, mit Geschichtserfahrung zu identifizieren, liegt. Die Beschäftigung mit Hölderlin steht eindeutig unter dem Zeichen der Vergegenwärtigung. Dessen Gestalt samt seiner Zeit, der er angehört (im Stück verkörpert in den ihn begleitenden *dramatis personae*) werden zum Gegenstand dessen, von dem aus intellektueller und emotionaler Anregung, sowie Anstöße zu erneuten Überlegungen bezüglich der eigenen Gegenwart, ausgehen. Weiss bekennt sich dazu, das Werk des Dichters zu zersprengen und zu demontieren; immer wieder reißt er einzelne Gedichtfragmente aus dem Kontext. Er bemüht sich vergeblich, sie zu entschlüsseln und es ist ihm nicht möglich, zu einer einheitlichen Sicht auf das jeweilige Gedicht als Ganzes zu gelangen. Dieser dunkle Impuls, der erstmal zu keinen eindeutigen Antworten kommen lässt, wird dann aber – so der Eindruck bei der Lektüre der *Notizbücher* – mancherorts in bekannte Bahnen geleitet, gewissermaßen diszipliniert. Es äußert sich in der Wahl der Sprache und der Zuschreibung der Figuren zu stabilen, auf gewisse Grundzüge fokussierten intellektuellen Haltungen. Hölderlin ist ein an einer „mit mythologischen Zügen durchsetzten"[13] utopischen Vision festhaltender Revolutionär, der sich darin selbst treu bleibt, im Grunde genommen ist er ein Jakobiner, der sich jedoch mit dem Terror nicht versöhnen kann. Der Impuls, der von der politisch durch bestimmte Begrifflichkeiten und Polarisierungen geprägten Gegenwart ausgeht, ist so dominant, dass er das ursprünglich lebhaft vorhandene, Unerklärliche und deshalb das Subjekt umtreibende Element zu überschatten droht. Es zeichnen sich Gleichsetzungen ab: „Hölderlins psychologische Reaktionen sprechen von den gleichen Gefahren, die auch uns bedrohen.",[14] heißt es. „Sein Griechenland, das er nie gesehen hatte, ist der gleiche Handlungsraum, der auch einem Trotzki, einem Che Guevara bekannt war. Die Unmenschlichkeit, die Ignoranz und Brutalität der Außenwelt, die ihn schließlich niederstreckten, ohne ihn jedoch zu besiegen, sind die gleichen, die vielen heutigen Revolutionären allmählich die Kraft nehmen [...]." Weiss bekennt sich dazu, die Gestalt Hölderlins unter dem Einfluss des Buches von Pierre Bertaux zu interpretieren.[15] Dessen Interpretation, das Buch der Stunde der politischen Revolten, zeigte Hölderlin als einen Radikalen, der mit den Jakobinern sympathisierte, und der nicht an ‚geistiger Umnachtung' litt, sondern sich nach dem Scheitern der revolutionären Hoffnungen als Wahnsinniger im Turm vor politischer Verfolgung tarnte.

Schaut man sich jedoch die Einträge aus den *Notizbüchern* genauer an, fällt auf, dass die Gestalt Hölderlins für Weiss gerade wegen der Unmöglichkeit, sich eindeutig zu positionieren, und überhaupt wegen einer dunklen, vieldeutigen Aura, die diese Gestalt um-

---

12 P. Weiss, Die Notizbücher, S. 11768 (10.12.1970).
13 P. Weiss, Die Notizbücher, S. 11771 (20.12.1970).
14 P. Weiss, Die Notizbücher, S. 11768 (10.12.1970).
15 P. Bertaux, Hölderlin und die Französische Revolution, Suhrkamp, Frankfurt am Main 1969. Vgl. P. Weiss, Die Notizbücher, S. 11615.

gibt, anziehend ist. Hölderlin war eine Einheit von Traum und äußerer Realität unmöglich und die Spannung zwischen beiden macht den Kern des Konflikts aus, wie aus den Notizen zu erkennen ist:

> Ich wollte etwas schildern von dem Konflikt der in einem entsteht, der bis zum Wahnsinn an den Ungerechtigkeiten, den Erniedrigungen in seiner Umwelt leidet, der ganz und gar für die revolutionären Umwälzungen eintritt, und doch nicht die Praxis findet, mit der dem Elend abzuhelfen ist, der zerrieben wird zwischen seiner poetischen Vision und einer Wirklichkeit von Klassentrennung, Staatsmacht, Militärgewalt, der eine neue universale Sprache erfindet, um mit dieser gegen die Begrenzungen anzukämpfen, und doch nur gegen Mauern stößt, die immer höher aufragen. Er geht nicht zugrunde, weil er sich in ein geschlossenes privates Reservat zurückziehen will, sondern weil er versucht, seinen Traum mit der äußeren Realität zu verbinden, er geht zugrunde, weil eine solche Einheit noch nicht möglich ist, jedenfalls nicht zu seinen Lebzeiten, und vielleicht zu meinen auch nicht.[16]

Im Stück ist es Karl Marx, der als *deus ex machina* am Ende auftaucht und die innere Spannung zwischen Traum und Realität auflöst, indem er den Dichter aufklärt, dass dieser in seiner Epoche noch nicht hat erhört werden können:

> Als Sie Ihr Werk begannen / war noch niemand da / der Sie anhören und / Ihnen antworten konnte / [...] Auch die Nüchternsten / die Ausdauerndsten blieben / in ihrer Herkunft befangen / vermochten nicht / vom demokratischen Grund / hinüberzusteigen ins / proletarische Element[17]

Hölderlin suchte vergeblich nach einer Verbindung zwischen den beiden Prinzipien, sein Scheitern daran wird durch diese Erklärung objektiviert: die Gesellschaft war noch nicht reif für die neue Sprache des Dichters, es kann aber eine Zeit für sie kommen.[18] Marx nennt ein Beispiel von solchem verspäteten Ankommen einer in Worte gefassten Botschaft: Filippo Buonarotti:

> Als es in Paris / mehr als vier Jahrzehnte / nach dem Fall der Bastille / wieder zum Aufruhr kam / da war auch Buonarotti / noch einmal dabei / eh er dann starb / in Verbannung / ärmlich / vergessen / die Arbeiter niedergeschlagen / die Macht der Großfinanz / aufs neue gefestigt / Doch sehn Sie / plötzlich sind seine Worte /

---

16 P. Weiss, Die Notizbücher, S. 11751–11752 (4.10.1970).
17 P. Weiss, Hölderlin, in: P. Weiss, Stücke II/2, Suhrkamp, Frankfurt am Main 1977, S. 265–416, hier S. 412. Manfred Haiduk erinnert sich, dass Weiss „Auch am ‚Hölderlin' [...] seit langen Überarbeitungen des politisch zu Vordergründigen [plante], etwa der Begegnung mit Marx." (Arbeitshypothese Optimismus. Gespräch mit Manfred Haiduk über Peter Weiss, Peter Weiss Jahrbuch, 3, 1994, S. 42–75, hier S. 72.).
18 Vgl. M. Bensch, Konjunktivische Zeitgenossenschaft. Zur Inszenierung der Begegnung von Hölderlin und Marx bei Peter Weiss, Peter Weiss Jahrbuch, 28, 2019, S. 97–109, hier S. 106.

wieder zu hören / unter den Arbeitenden / die sich in Paris jetzt / zum Ansturm sammeln[19]

Die Haupttendenz des Stücks scheint der Absicht des Autors, den Konflikt zwischen Traum und Realität darzustellen, zu entsprechen. Doch unmittelbar vor der Passage, in der Weiss seine Absicht kundtut, ein Stück über einen Dichter zu schreiben, der noch nicht die Chance hatte, Traum und Realität miteinander zu verbinden, befindet sich in den Notizbüchern ein Selbstgespräch, dem zu entnehmen ist, dass die Arbeit am Hölderlin-Thema in Wirklichkeit zu einem Weg ins Ungewisse wurde: „Ich fragte mich nach der Notwendigkeit des Stücks, mit dem ich mich beschäftigte. War es Geisterbeschwörung, war es ein Versuch, die Zeit zu überwinden. Die Arbeit selbst sollte diese Frage beantworten."[20]

Die Zeit zu überwinden ist etwas anderes, als den Konflikt zwischen Kunst und Praxis auszutragen. Weiss greift nach dem Wort ‚Geisterbeschwörung': dies ist jedoch eine archaische Praxis, die einem Marxisten als äußerst suspekt gelten dürfte. Geisterbeschwörung ist ein Versuch, mit dem Toten bzw. den Toten, Kontakt aufzunehmen und somit eine Art Vergegenwärtigung des Vergangenen, die sich nicht auf rational-diskursive Praktiken zurückführen lässt. Es bedeutet, dass das so beschworene Tote immer noch lebendig bleibt, wenngleich auf eine gespenstische Weise, eben außerhalb einer klaren Grenze zwischen Traum und Realität. Hat Weiss in seinem Theaterstück eine Art künstlerische ‚Geisterbeschwörung' praktiziert oder eher Geister zu bändigen versucht? Sieht man sich die Bemerkungen zu dieser Thematik und die sprachliche Gestaltung der Texte an, scheint eine ‚Geisterbeschwörung' den die Arbeit am Stück begleitenden *Notizbücher*-Passagen zu entsprechen. In ihnen wird der Erinnerungsarbeit erlaubt, ihre eigene Dynamik zu entfalten und auf ihre Weise die Zeit zu ‚überwinden'. Es entstehen eigenartige Erzählfäden, die sich einer eigenen Logik beugen; das Private, Individuelle und Intime drängt sich auf. Weiss kommt das Jahr 1928 in den Sinn, die Zeit seiner Kindheit in Bremen lange vor dem Krieg und dem lebenslangen Exil. Dann erinnert er sich, der Frage nach der Bedeutung Hölderlins für ihn nachgehend, dass er als Zwölf- oder Dreizehnjähriger einer ärztlichen Behandlung unterzogen wurde, weil er mit seinem Verhalten auffiel und man bei ihm eine Gehirnkrankheit vermutete. Es wurde den Eltern geraten, den Sohn zur ‚Luftveränderung' für eine Zeit in eine andere Gegend zu schicken. Peter wurde daraufhin zu einer Schwester seiner Mutter, die in Tübingen wohnte, gebracht. Das Haus befand sich in der

---
19 P. Weiss, Hölderlin, S. 413. M. Bensch verwendet für Weiss' Verfahren, einen ästhetischen Raum zu schaffen, in dem Gestalten aus verschiedenen Zeiten einander begegnen können, den Begriff ‚Heterochronotopos'. (M. Bensch, Konjunktivische Zeitgenossenschaft, S. 101). Zeitgenossenschaft sei für Weiss nichts Gegebenes, sondern muss im Medium der Poesie hergestellt werden. (M. Bensch, Konjunktivische Zeitgenossenschaft, S. 107). Bensch beruft sich hier auf Sandro Zanetti (S. Zanetti, Poetische Zeitgenossenschaft, in: Variations, 19, 2011, S. 39–53). „Aber während Weiss Marx als eine Figur darstellt, die um den Epochenbruch weiß, lässt er Hölderlin als eine Figur erscheinen, die in der zu Ende gegangenen Zeit gefangen bleibt." (M. Bensch, Konjunktivische Zeitgenossenschaft, S. 109.)
20 P. Weiss, Die Notizbücher, S. 11751 (4.10.1970).

Nähe des Hölderlin-Turms. Der Onkel, der Mann der Tante, war Gerichtsrat und hieß Autenrieth, wie der Arzt, der einst Hölderlin behandelte. Das Zusammenleben mit der Verwandtschaft war leider nicht einfach und es kam zu Zwischenfällen. Weiss erinnert sich im Nachhinein im Jahre 1970 an Folgendes:

> Erst als ich mich, Ende März dieses Jahres, mit den Vorarbeiten zu einem neuen Stück, einem Stück über Hölderlin, beschäftigte, kam mir diese Zeit in den Sinn, und es wurde mir bewußt, daß ich seit jener Periode, um 1928, als ich unter der Obhut des Gerichtsrats Autenrieth merkwürdigen Zwängen und Überwachungen ausgesetzt und auf undurchsichtige Weise beschuldigt worden war, Diebstähle begangen zu haben, in einer Beziehung zu Hölderlin stand, den seine Übermänner zum Wahnsinnigen erklärten. Ich habe Tübingen seitdem nicht wiedergesehn.[21]

Solche Momente haben etwas mit künstlerischer Produktivität zu tun und motivieren das Schreiben, sind aber dunkel und rätselhaft für das Subjekt, zu dem sie gehören. Die Form, die der Diskurs der Notizbücher hat, entspricht solchen Bild- und Gedankengängen an der Grenze von rationaler Kontrolle und einem Sich-Mitführen-Lassen in großem Maße. Der Faden wird weitergesponnen, den Tübinger Kindheitsreminiszenzen schließen sich Bilder von Bremen an, zu ihnen wird gegen die biografische Chronologie über Stockholm und Prag gelangt. Die Stadt ist eine Geisterstadt – wird als zugleich lebendig in ganzer sinnlicher Präsenz und nicht mehr existierend erinnert:

> In der Nacht geriet ich in das abgelegene Vorstadtviertel, zwischen Ziegelsteinbauten, Eisenbahndämmen, Fabrikanlagen, in ein Gewirr von Höfen, in Torgängen, Treppen hinauf und hinab, wieder auf der Wohnungssuche, wie in Prag, wie anfangs in Stockholm, auch tauchten Gebäude auf, die Anklänge hatten an das Bremen meiner Kindheit, das im Schutt verendete, und dessen ich nur in diesen nächtlichen Stunden noch habhaft werde.[22]

Die Nachtwanderung durch die Orte und Zeiten wird durch die Beschäftigung mit dem Hölderlin-Thema ausgelöst – das Thema legt ein immer weiter reichendes Potential an Dynamik offen. Die Form, in der sich diese Dynamik realisiert, ist eine Wanderung: es wird eine Verbindung von Zeiten und verzeitlichten Orten gestiftet, die bis zu den halb vergessenen Schichten führt:

> Die Bilder aus den frühsten Ablagerungen sind in ihrer Schärfe und gleichzeitigen Durchsichtigkeit den meisten späteren Erinnerungen überlegen, sie bestehen aus dem zum ersten Mal Gesehenen, sie sind einmalig, abgesondert, nicht mit späteren

---

21 P. Weiss, Die Notizbücher, S. 11745 (10.9.1970).
22 P. Weiss, Die Notizbücher, S. 11746 (10.9.1970).

Eindrücken durchmischt, sie bestehen aus dem zum ersten Mal Gesehenen, sie sind unendlich klar, hell, luftig [...].[23]

Neben dem Lebendig-Toten in der Gestalt von Orten tauchen in den entsprechenden Passagen der *Notizbücher*, die in den breiteren zeitlichen und gedanklichen Umkreis der Hölderlinstück-Arbeit gehören, auch Tote in Menschengestalt auf. Gleichzeitig werden Lebende als Tote verfremdet, was jedoch nicht bedeutet, dass sie der Realität entrückt sind, sondern, dass mit den Gedanken an sie versteckte Dimensionen der Realität zu Wort kommen. Dies betrifft etwa „den alten Kumpanen" Gert,[24] den Weiss einmal „im Unterhemd, an seinem Schreibtisch" hockend vorfindet. Der Schreibtisch und die Umgebung bestehen aus Reisekoffern. In einer Szenerie, die nicht richtig zwischen Wach- und Traumzustand unterscheidet, vermischt sich Gerts Beschäftigung mit Strindberg im Sprachfluss und Bilderfluss mit dem eigenen Stöbern in Hölderlins Briefen. Gert erscheint auch als ein ‚Geisterbeschwörer', da er ‚Totembildern' huldigt:

> So abseitig wie ich, hockt auch Gert, der alte Kumpane, an seinem Tisch aus Reisekoffern, auch er versucht, Dramen zu schreiben, Strindberg nachzueifern, doch ist es ihm noch nicht gelungen, durch die Theaterkanzleien bis an die Rampe vorzudringen, er hockt, ich weiß nicht wo, in seinem grauen zerschlissenen Unterhemd, vor seinen Totembildern.[25]

Eine längere Passage vom 5.9.1970 beginnt mit der Bejahung: „Es leben die Begegnungen mit den Toten, es lebe das Hinuntersteigen in die Regionen der Zwecklosigkeit [...]". Die Gestalt des noch lebenden „Kumpanen" Gert Nyman spielt in dieser Passage eine zentrale Rolle als einer, „den es aus der Welt der Dinosaurier in die Städte verschlug, der nachts durch die Straßen taumelt, der irgendwo in Hinterhöfen sein Lager hat [...]."[26] Er ist eine lebende und zugleich gespenstische, weil unzeitgemäße Gestalt: Gert verkörpert das untote Vergangene, das die Gegenwart heimsucht. Zu den meistzitierten Stellen aus Walter Benjamins Aufzeichnungen *Über den Begriff der Geschichte* gehört die Passage über die auf die Gegenwärtigen gerichtete vergangene Hoffnung der früheren Generationen, der

---

23 P. Weiss, Die Notizbücher, S. 11757 (29.11.1970). Burkhardt Lindner prägt in Bezug auf solche an Surrealismus und Traumpoetik erinnernden Ausdrucksweisen bei Weiss den Begriff „halluzinatorischer Realismus". (B. Lindner, Halluzinatorischer Realismus. „Die Ästhetik des Widerstands", die „Notizbücher" und die Todeszonen der Kunst, in: Die Ästhetik des Widerstands, hrsg. v. A. Stephan, Suhrkamp, Frankfurt am Main 1983, S. 164–204.) Das Interesse am Surrealismus ist Weiss und Benjamin gemeinsam. Weiss ging mit der surrealistischen Poetik sehr bewusst um. „Auch sollen die Elemente des Traums – der surrealistischen Tradition – deutlich werden." – schrieb er, seine Arbeit an der Theateradaptation von Kafkas Prozess reflektierend. (P. Weiss, Briefe an Manfred Haiduk 1966–1982, in: Peter Weiss Jahrbuch, 3, 1994, S. 7–41, hier S. 27. Brief vom 12. April 1980.)
24 Gert Nyman (1912–1984), schwedischer Ingenieur und Freund von Peter Weiss. Nyman kommt als Figur in Weiss' „Ästhetik des Widerstands" vor. Vgl. hierzu das Personenregister zu: P. Weiss, Die Notizbücher.
25 P. Weiss, Die Notizbücher, S. 11749 (4.10.1970).
26 P. Weiss, Die Notizbücher, S. 11729–117930 (5.9.1970).

Toten, die das in der Geschichte Unabgegoltene verkörpern und an die Nachkommen eine schweigende Hoffnung als Anspruch stellen. Dabei sind es nicht die in der Gegenwart Lebenden, die sich willentlich den Toten zuwenden, um aus einem bewussten Entschluss irgendwelche Versäumnisse aufzunehmen. Denn der gute Wille allein reicht nicht und nicht von ihm hängt es im Wesentlichen ab. Die Gegenwärtigen werden von einem zuerst dunklen, intensiven Impuls getroffen und betroffen, die ‚Initiative' geht also von der Vergangenheit aus, die es nicht zulässt, vergessen zu werden und zu ruhen, weil sie nicht erledigt ist.[27] Einen solchen empathischen Impuls hält Weiss beim täglichen Blick in die Zeitung am Morgen fest:

> Morgens treten wir, ohne uns dessen recht bewußt zu werden, fast regelmäßig, zum Ritual eines Totengedenkens an. Während wir unserm Körper die erste Tagesnahrung zuführen, nehmen wir die Zeitungsmeldungen auf, kauend, schlürfend erfahren wir von den Erschlagenen, Zerstückelten, Verbrannten, Zerquetschten und Ertrunkenen, von den an Krankheit, Schwäche, Auszehrung oder Verzweiflung Zugrundegegangenen, von denen die es einzeln niederstreckte, paarweise, in kleinen Gruppen, bis zu den Massen, den Ungezählten.[28]

Letztendlich kommt Weiss zu dem Schluss, dass das Niederschreiben des Hölderlin-Stückes nur einen Bruchteil der Gedanken- und Erinnerungsarbeit darstellt, die ihn beschäftigt, und dass eher die Aufgabe ihn als Subjekt in sich einfasst, er überblicke diese Arbeit nicht mehr:

Das Schreiben dieses Stückes macht nur einen geringen Teil aus von meiner Beschäftigung mit Hölderlins dialektischem Dasein. Nach dem Schreiben des Stücks werde ich untersuchen, in welcher Hinsicht ich Hölderlin verstanden, oder mißverstanden habe.[29]

Das Stück ist lediglich eine Spitze des Eisbergs, der weit ins Unbekannte hinabreicht und dem Schreibenden nicht zulässt, sich nur auf diskursiv-ideologischer Ebene mit der Vergangenheit abzufinden.[30] Das ‚Unwirkliche', Traumhafte, Imaginäre, das sich als eine Reihe von Störfällen zu Wort meldet, wird zunehmend Teil eines erweiterten Wirklichkeitsempfindens, es kommt zu einer tieferen Dynamik in der Auseinandersetzung mit dem Politischen.[31]

---

27 W. Benjamin, Über den Begriff der Geschichte, S. 16–17.
28 P. Weiss, Die Notizbücher, S. 11700 (15.8.1970).
29 P. Weiss, Die Notizbücher, S. 11768 (10.12.1970).
30 Es ist wohl auch kein Zufall, dass die in den Notizen und Tagebucheinträgen festgehaltenen Ausbrüche aus der Disziplinierung eines engagierten Intellektuellen auch von einer körperlichen Krise nach dem Herzinfarkt im Juni 1970 begleitet, bzw. durch eine solche möglich gemacht werden. In seinen Tagebuchaufzeichnungen, die erst posthum unter dem Titel Rekonvaleszenz erschienen sind, schreibt Weiss ganz offen von der Hoffnung, die Stimme, die durch das Rationale beiseitegedrängt wurde, lockern zu können. Vgl. hierzu: J. Birkmeyer, ‚Rekonvaleszenz': Die Todeskrise als Wendepunkt, in: J. Birkmeyer, Bilder des Schreckens. Dantes Spuren und die Mythosrezeption in Peter Weiss' Roman ‚Die Ästhetik des Widerstands', DUV-Verlag, Wiesbaden 1994, S. 42–55.
31 Auf die kritische Funktion der körperlichen Krise, die zu einer Hinterfragung einer ‚einfachen Politisierung' führt, hat Martin Rector hinsichtlich der Rekonvaleszenz-Lektüre hingewiesen. Rector

Wege ins ‚Niemandsland'

Die Beschäftigung mit dem Hölderlin-Stoff veranschaulicht, welchen Spannungen ein Schriftsteller ausgesetzt ist, der aus ethisch-politischem Engagement die Tendenzen der Gegenwart zu veranschaulichen sucht, indem er sich der Vergangenheit zuwendet und sie „in seine Gegenwart holen" will.³² Peter Weiss' Schaffen ist gekennzeichnet durch die Spannung zwischen dem dunklen, poetischen Element und der sich mit starkem Bewusstsein manifestierenden ethischen Verpflichtung zur Politisierung der Kunst und Politisierung durch Kunst. Vielleicht lässt sich diese Spannung, die vielen engagierten Künstlern nicht fremd sein dürfte, gerade an seinem Fall als an einem der frappierendsten Beispiele studieren. Peter Weiss' künstlerische Anfänge sind experimenteller und poetischer Natur, sein erstes Stück handelt von dem geheimnisvollen Weg, der den Protagonisten in seine eigene Innenwelt führt – so könnte man es mit Anspielung auf Novalis nennen. Die Spannung zwischen dem individuellen, körperlichen, traumhaften Element und dem bewusst als Haltung sich Vorgenommenen begleitet Weiss auf seinem Schaffensweg und kommt abwechselnd mal als Affirmation der „Regionen der Zwecklosigkeit", mal als Selbstbeobachtung und gar Selbstdisziplinierung zum Ausdruck. Die *Notizbücher* sind Protokolle dieser Auseinandersetzungen. So lesen wir in einer Aufzeichnung, datiert auf den 10.08.1970:

> Seit Jahren habe ich mich mit meinen Träumen und mit dem Nachspüren innerer Monologe nicht mehr beschäftigt, damit war ich fertig, das hatte ich früher zur Genüge getan, die äußeren Vorkommnisse waren jetzt wichtiger, und wenn es um mich gehen sollte, so konnte es sich nur darum handeln, welche Stellung ich in der Außenwelt einnahm, für wen ich Partei ergriff. Die persönliche Problematik zeigte sich höchstens in der Wahl meiner Arbeitsthemen, sie lag tief unter der Ob-

---

liest Rekonvaleszenz als Zeugnis von einem Subjekt, das gegen zu einfache Politisierung innerlich rebelliert, was dann den Weg zur Ästhetik des Widerstands als neuer Ästhetik eröffnet. (M. Rector, Zur Kritik der einfachen Politisierung. Die ‚Ästhetik des Widerstands' als Nach-68-Roman, in: Literatur, Ästhetik, Geschichte. Neue Zugänge zu Peter Weiss, hrsg. v. M. Hofmann, St. Ingbert, Röhrig 1992, S. 99–114.) Siehe hierzu auch: J. Birkmeyer, ‚Rekonvaleszenz': Die Todeskrise als Wendepunkt, S. 45.

32 Bereits für den Umgang mit der Geschichte im Trotzki-Stück stellt Kai Köhler „verstärkte[n] Gegenwartsbezug und Subjektivierung" als charakteristisches Verfahren fest. (K. Köhler, Trotzki auf der Bühne. Volker Braun, Hartmut Lange, Peter Weiss, Peter Weiss Jahrbuch, 18, 2009, S. 109–146, hier S. 138.) Bei Weiss „spielt die weitere Ebene der Schreibgegenwart eine wesentlich größere Rolle […]. Wenn ausgerechnet Studenten ‚Trotzki im Exil' besuchen und ihn in gerade jene Diskussionen verwickeln, die sich am ehesten auf aktuelle Konflikte beziehen, so zeigt dies, von wem Weiss eine revolutionäre Umwälzung erhoffte." Allerdings durchdringen „Traumelemente" bewusst das historische Geschehen. „Der Kunst freilich gesteht [Trotzki] in der von Weiss erdachten Konfrontation mit dadaistischen Künstlern (Szene 7), anders als der auf Rationalität beharrende Lenin, bei aller Skepsis gegenüber der avantgardistischen Praxis einen eigenen Umgang mit Realität zu." (K. Köhler, Trotzki auf der Bühne, S. 136–138.)

jektivität, mit der ich auf bestimmte soziale, ökonomische und politische Fragen reagierte.³³

Dabei ist es das traumhafte, im Körperlichen wurzelnde Element, das der dichterischen Kreativität zugrunde liegt und dessen ist sich Weiss bewusst. Dieses Element setzt sich immer wieder durch und durchkreuzt, manchmal unerwartet, die politische Botschaft. Diese operiert mit einem klaren, eindeutig umrissenen Vokabular, das Orientierung gibt: Befreiungskampf, Ausplünderung, imperialistischer Angriff u. ä., was aber bedroht werden kann, wenn das Poetische, Unklare und Umtreibende sich meldet. Unter den Reminiszenzen der Vietnam-Reise (in der ersten Hälfte von 1970) findet sich neben Bewunderungen für den Kampf gegen Imperialismus und Ausbeutung, der dort geführt werde, nach Gesprächen und Begegnungen mit den Vietnamgenossen die folgende Passage, die plötzlich aus dem Rahmen fällt; eine Erinnerung an das Hotel, in dem Weiss übernachtet hatte:

> Im geräumigen, ehemals prunkvollen, jetzt verfallenen Badezimmer der Geruch von Fäulnis und eine aufgescheuchte Riesenspinne. Und meine Zugehörigkeit, meine Anteilnahme wurde plötzlich wieder zur dünnen Konstruktion, selbst in dieser Umgebung eines konservierten Feudalismus, in diesem wenn auch angeschlagenen europäischen Reservat, war ich in einer absolut fremden Welt, einer Wildnis ausgesetzt, alle erworbenen Kenntnisse über dieses Land zerbröckelten, rieselten weg, in einem Niemandsland war ich jetzt [...].³⁴

Bezüglich der Gedanken von Kampf gegen Imperialismus bzw. Kolonialismus scheint diese Passage keine Hilfe darzustellen. Dennoch hat Weiss sie offenbar für wichtig gehalten, um sie aufzuschreiben und somit einen starken Ton von Unruhe und Ungewissheit zu verleihen, also zu riskieren, die eindeutige positive Botschaft von einer Begegnung mit ‚antiimperialistischen Kämpfern' Vietnams zu trüben. Was hat die Spinne zu bedeuten? Verkörpert sie all das, was sich dem Europäer, den es in diese entfernten Länder verschlagen hat, trotz aller mitgebrachten Gesinnungsgenossenschaft verschließt? Steht sie für das Leid, das die europäischen Reisenden als zerstörte Ortschaften gesehen haben, und das sich nicht restlos in das selbstbewusste ideologische Vokabular übersetzen lässt?

„Die mit Kunst arbeiten [...], gehen Umwege"

Ich versuchte am Beispiel *Hölderlin* zu zeigen, wie sich in seinen Notizen Gedanken und Bilder aus den gerade geschriebenen Stücken und andere Reminiszenzen verflechten. Es ist kein Zufall, dass mitten in die Passagen, die bei der Arbeit am Trotzki-Stück, das gerade in Stockholm im Spätsommer 1970 aufgeführt wird und am Hölderlin-Stück, auch die Reflexionen zu Krisen bezüglich der Kontakte zu den DDR-Kulturfunktionären gehören. Das Künstlerische ist hierbei der eigentliche Grund der Missverständnisse und Konflikte:

---

33 P. Weiss, Die Notizbücher, S. 11678 (10.8.1970).
34 P. Weiss, Die Notizbücher, S. 11718 (19.8.1970).

Bei den Gesprächen damals, als ich als Gast noch willkommen war, mit Kulturpolitikern der DDR, mit Abusch, Hager, Kurella, Girnus oder Gysi, stieß der freundschaftliche Ton immer an eine Grenze, von der aus es kein Verständnis, kein Weiterkommen mehr gab. Es ging nicht nur um Biermann, Huchel, um andre Repräsentanten auf den Gebieten der Kunst, Literatur, Wissenschaft, die auf Grund ihrer Eigenart, ihrer besonderen Interessen, ihrer Unruhe, ihrer Offenheit für die Widersprüche im sozialistischen Staat zu kurz kommen mußten, es ging um prinzipielle Bedingungen für Forschung und künstlerische Aktivität.[35]

Diese Konfliktproblematik durchzieht Weiss' Werke aus der Zeit des politischen Engagements. Dem Dunklen und Poetischen entspricht am Kunstwerk das Gestalterische, das sich in Botschaften nicht ausschöpfen lässt. Es ist kein Wunder, dass Weiss, der als Avantgardist begonnen hat, sich später für Personen wie den Filmregisseur Sergei Eisenstein interessierte. Dieser gehört in den Umkreis des Trotzki-Stückes, doch die Stellen, die ihm in den Notizbüchern gewidmet sind, gehen weit über das, was in das Stück eingegangen ist, hinaus. Über Eisenstein notiert Weiss: „Er ist ein Individualist, der versucht, Teil einer kollektiven Gesellschaft zu werden, doch wusste nicht wie."[36]

Das klingt fast wie eine Selbstbeschreibung. Eisenstein interessiert ihn eher als einer, der von Joyces „Ulysses" fasziniert ist und sich dessen Roman nicht als Inspiration zu einem Film vornehmen kann, weil der ‚Formalismus' auf dem Schriftsteller-Kongress in Moskau (1935) verurteilt wird.[37] Eisensteins Weg ist von Versuchen, sich durchzusetzen und Selbstkritik üben zu müssen, gekennzeichnet. Der Film „Бежин луг" muss aufgegeben werden:

Jan 1937 schließt er Bezhin Meadows ab.

März 37 wurde der Film eingestellt. Der Film ist eine formalistische Übung. Eisenstein hat sein Versprechen nicht eingehalten Kunst nach den Prinzipien des sozialistischen Realismus zu machen. Es geht hier nicht um Klassenkampf sondern um den Kampf zwischen Gut u Böse. Zu stark verweilt an den destruktiven Phasen der Kollektivierung. Biblische u mythologische Typen.

Bezhin Meadows wurde ebenso zerstört wie Que Viva Mexico.[38]

Als Eisenstein im Juli 1946 schwer erkrankt und anderthalb Jahre darauf stirbt, begleitet vom Verbot des zweiten Teils des Иван Грозный-Films, hängt bei ihm, so hält Weiss fest,

---

35 P. Weiss, Die Notizbücher, S. 11737–11738 (7.9.1970). Zum Trotzki-Stück als Störfall in Ost und West vgl. J. W. Stutje, Die Bühne als Schiedsgericht. Peter Weiss' ‚Trotzki im Exil', in: Peter Weiss Jahrbuch, 21, 2012, S. 111–140. Zur ‚Ungnade', in die Weiss bei den DDR-Kulturfunktionären geraten ist, siehe den Beitrag von Arnd Beise in diesem Band.
36 P. Weiss, Die Notizbücher, S. 11511 (Notizbuch 17, Einträge zwischen 1.1.1969–25.8.1969).
37 P. Weiss, Die Notizbücher, S. 11492 (Notizbuch 17, Einträge zwischen 1.1.1969–25.8.1969).
38 P. Weiss, Die Notizbücher, S. 11510–11511 (Notizbuch 17, Einträge zwischen 1.1.1969–25.8.1969).

„ein Bild von Joyce in seinem Schlafzimmer".[39] Zu den Schicksalen, die Weiss in diesem Kontext beschäftigen, gehört etwa auch Vsevolod Meyerhold. Die Notizen verdichten den Konflikt, für den Meyerhold steht, auf das Wesentliche:

> Vsevolod Meyerhold. Juni 39. Selbstkritik: das erbärmliche, verkommene Ding, das den Anspruch erhebt sich Theater des sozialistischen Realismus zu nennen, es hat nichts zu tun mit Kunst. Die mit Kunst arbeiten suchen, irren, gehen Umwege, mißglücken, doch sie sind schöpferisch. Wo es einmal die besten Theater der Welt gab, da ist jetzt alles einförmig verdummt, mörderisch talentlos. Wollt ihr es so haben? Wollt ihr die Kunst eliminieren?
>
> Verhaftet. Seine Frau ermordet, die Augen ausgestochen, 17 Wunden von Messerstichen im Körper.[40]

Meyerholds Tragödie wird dann in weiteren Schicksalen ins Unendliche gespiegelt, so dass er nicht nur mit seiner Kunst, sondern auch mit seinem Leid für eine kollektive Erfahrung steht und auch unzählige Namenlose miteinschließt:

> Die Brutalisierung, von der Partei aus, hat alle ergriffen
> Radek nach 2 Jahren zu Tode geprügelt.
> Rakowski lebt noch 3 Jahre
> 36 bis 38 3 Millionen Menschen getötet.[41]

Vor diesem Hintergrund lesen sich die wenigen knappen Erwähnungen Walter Benjamins in Peter Weiss' *Notizbüchern* vielleicht doch nicht als so flüchtig und zufällig, wie sie auf den ersten Blick erscheinen mögen. Wird die Erwähnung des Namens von einer kurzen Notiz begleitet, fällt auf, dass der latente Hintergrund für Benjamin-Erwähnungen die an seinem Schicksal als exemplarisch aufgefasste tragische Konstellation von Literatur, Macht und Politik ist. So etwa in der Notiz von 1980:

> Benjamin II 1
> sein weisses Haar erglänzte «?in» –
>
> wie das allgemein Gutgeheissne sich als offen als brutalste Macht darstellt, und immer doch noch von solch hoheitsvoller Aura umgeben ist dass ein Entsetzen, das sich ihr zuwendet von ihr abrinnen muss[42]

---

39 P. Weiss, Die Notizbücher, S. 11515 (Notizbuch 17, Einträge zwischen 1.1.1969–25.8.1969).
40 P. Weiss, Die Notizbücher, S. 11515 (Notizbuch 17, Einträge zwischen 1.1.1969–25.8.1969).
41 P. Weiss, Die Notizbücher, S. 11500 (Notizbuch 17, Einträge zwischen 01.01.1969–25.08.1969).
42 P. Weiss, Die Notizbücher, S. 10196 (Einträge datiert auf 24.4.1980–10.9.1980).

Und an einer anderen der wenigen Benjamin-Stellen lesen wir: „Der Antagonismus – während ein geistiger Höhepunkt erreicht wird – Einstein – Ossietzky – Freud – Brecht – Mann – Hesse usw. – Musil – Broch – Jahnn – Benjamin gewinnt das Regime der Verbrecher die Oberhand".[43]

Literatur

Arbeitshypothese Optimismus. Gespräch mit Manfred Haiduk über Peter Weiss, Peter Weiss Jahrbuch, 3, 1994, S. 42–75.

Walter Benjamin, *Gesammelte Schriften*, hrsg. v. R. Tiedemann und H. Schweppenhäuser, Bd. 5.1, S V.1, Suhrkamp, Frankfurt am Main 1991.

Walter Benjamin, Über den Begriff der Geschichte [Werke und *Nachlaß. Kritische Gesamtausgabe Bd. 19]*, hrsg. v. Gérard Raulet, Suhrkamp, Berlin 2010.

Moritz Bensch, *Konjunktivische Zeitgenossenschaft. Zur Inszenierung der Begegnung von Hölderlin und Marx bei Peter Weiss*, Peter Weiss Jahrbuch, 28, 2019, S. 97–109.

Pierre Bertaux, *Hölderlin und die Französische Revolution*, Suhrkamp, Frankfurt am Main 1969.

Jens Birkmeyer, *‚Rekonvaleszenz': Die Todeskrise als Wendepunkt*, in: J. Birkmeyer, *Bilder des Schreckens. Dantes Spuren und die Mythosrezeption in Peter Weiss' Roman ‚Die Ästhetik des Widerstands'*, DUV-Verlag, Wiesbaden 1994, S. 42–55.

Willi Bolle, *Geschichte*, in: *Benjamins Begriffe*, Bd. 1., hrsg. von M. Opitz und E. Wizisla, Suhrkamp, Frankfurt am Main 2000, S. 399–442.

Alexander Honold, *Trümmer und Allegorie. Konstruktion historischer Bedeutung bei Walter Benjamin und Peter Weiss*. Peter Weiss Jahrbuch, 1, 1992, S. 59–85.

Gudrun Klatt, *Der ‚geheime' Benjamin in der ‚Ästhetik des Widerstands' – Geschichte aus der Sicht von unten*, in: Wissenschaftliche Zeitschrift der Friedrich-Schiller-Universität Jena, 36, 1987, S. 375–382.

Rainer Koch, *Geschichtskritik und ästhetische Wahrheit. Zur Produktivität des Mythos in moderner Literatur und Philosophie*, Aisthesis, Bielefeld 1990.

Kai Köhler, *Trotzki auf der Bühne. Volker Braun, Hartmut Lange, Peter Weiss*, Peter Weiss Jahrbuch, 18, 2009, S. 109–146.

Sven Kramer, *Stillstellung oder Verflüssigung? Schrift-Bild Konstellationen bei Walter Benjamin und Peter Weiss*, in: Zeitschrift für kritische Theorie 18/19, 2004, S. 99–115.

Burkhardt Lindner, *Halluzinatorischer Realismus. „Die Ästhetik des Widerstands", die „Notizbücher" und die Todeszonen der Kunst*, in: *Die Ästhetik des Widerstands*, hrsg. v. A. Stephan, Suhrkamp, Frankfurt am Main 1983, S. 164–204.

Michael Rector, *Zur Kritik der einfachen Politisierung. Die ‚Ästhetik des Widerstands' als Nach-68-Roman*, in: *Literatur, Ästhetik, Geschichte. Neue Zugänge zu Peter Weiss*, hrsg. v. M. Hofmann, St. Ingbert, Röhrig 1992, S. 99–114.

Rainer Rother, *Die Gegenwart der Geschichte. Ein Versuch über Film und zeitgenössische Literatur*, Metzler, Stuttgart 1990.

Jürgen Schutte, *Pergamon und der Engel der Geschichte. ‚Die Ästhetik des Widerstands' lesen*, in: Das Argument 58, 2016, S. 179–190.

---

43 P. Weiss, Die Notizbücher, S. 12551 (Eintrag im Buch 39, datiert auf 1.11.1977–16.2.1978). Streichungen im Zitat im Original.

Jochen Vogt, *Ugolino trifft Medusa. Nochmals über das ‚Hadesbild' in der ‚Ästhetik des Widerstands'*, in: *Ein Riss geht durch den Autor. Transmediale Inszenierungen im Werk von Peter Weiss*, hrsg. v. Margrid Bircke, Dieter Mersch, Hans-Christian Stillmark, Transcript, Bielefed 2009.

Peter Weiss, *Briefe an Manfred Haiduk 1966–1982*, in: Peter Weiss Jahrbuch, 3, 1994, S. 7–41.

Peter Weiss, *Die Notizbücher*, Kritische Gesamtausgabe, hrsg. v. Jürgen Schutte in Zusammenarbeit mit Wiebke Amthor und Jenny Willner, Directmedia, Berlin 2006 [CD-Rom, Digitale Bibliothek 149].

Peter Weiss, *Hölderlin,* in: Peter Weiss, *Stücke II/2*, Suhrkamp, Frankfurt am Main 1977, S. 265–416.

Jenny Willner, *Archaeopteryx und Angelus. Organisches Leben im Rückblick. Darwin, Freud, Benjamin – Weiss*, in: Peter Weiss Jahrbuch 27, 2018, S. 105–142.

Peter Weiss' und Konrad Swinarskis *Marat/Sade* (1964) Aspekte einer wirkungsvollen Kooperation

Zbigniew Feliszewski
(Uniwersytet Śląski w Katowicach)

Peter Weiss' and Konrad Swinarski's Marat/Sade (1964). Aspects of effective cooperation

Abstract: The production of Peter Weiss' Marat/Sade directed by Konrad Swinarski in Berlin in 1964 was a much-noticed theatrical event and brought numerous artistic benefits to both: the author, the director and the Schiller Theatre. This article attempts to trace the work on the play in the context of the two artists' view on theatre and history, as well as to shed light on cultural transfer, which still seems to be underrepresented in research on the work of Weiss and Swinarski.

Keywords: Peter Weiss, Konrad Swinarski, Marat/Sade, cultural transfer.

1

In der Forschung zum Theater Peter Weiss' wird Konrad Swinarski als Autor der ersten Inszenierung seines Dramas eine zentrale Rolle zugeschrieben. Betrachtet man die Zusammenarbeit aus der Perspektive der Studien zu Swinarski, wird die Inszenierung von *Marat/Sade* beinahe einstimmig als ein epochales Theaterereignis attribuiert, das den jungen Theaterregisseur in die Höhen der internationalen Anerkennung als Künstler katapultierte; Weiss hingegen gilt nur als Autor der Inszenierungsvorlage, wie viele andere Dramenautor:innen, deren Texte Swinarski im In- und Ausland aufführte: Majakowski, Dürrenmatt, Shakespeare u.v.a. Die polnische Rezeption hat sich vornehmlich auf Swinarskis Kontakte mit Brecht konzentriert. Hier haben sich mittlerweile feste Narrativa entwickelt. Um sie stichwortartig zu rekapitulieren: Swinarski absolvierte ein praktisches Studium in Brechts Meisterklasse am Berliner Ensemble, das außer mancher bürokratischer Arbeit hauptsächlich in den Theaterproben bestand. Er arbeitete an *Galileo Galilei*, war für die Szene der Papstbekleidung verantwortlich, beteiligte sich nach Brechts Tod an der Kollektivregie dieser Inszenierung wie auch der *Furcht und Elend des Dritten Reiches*, wurde polenweit und international bekannt nicht nur als ausgewiesener Brechtkenner, sondern als visionärer Theaterregisseur, der Brechts dialektisches Weltsehen zu einer polyphonen Skala entwickelte, um sich Ende der 1960er Jahre von seinem Meister grundsätzlich distanziert zu haben. Dann kommen der Nervenzusammenbruch, neue Ideen und die ikonische Inszenierung der *Totenfeier* von Adam Mickiewicz. Swinarski ist 1975 in einem Flugabsturz in Damaskus unterwegs zum Theaterfestival im iranischen Schiraz tödlich verunglückt worden. Dabei, wie Erwin Axer, einer von Swinarskis vorbrechtianischen Lehrern, in einem Interview für den Dokumentarfilm *Wierność wobec zmienności* von Krzysztof Domagalik (1981) nachdrücklich betont, hat sich die polnische Theaterkritik zu sehr darauf kapriziert, Brechts Einflüsse auf Swinarskis Werk und ihre gegenseitige Wechselbeziehung nachzuzeichnen, und dabei vergessen, welche Bedeutung die Zusammenarbeit mit Weiss für Swinarskis spätere Theaterarbeit hatte.[1]

2

Peter Weiss' Historienspiel *Die Verfolgung und Ermordung Jean Paul Marats dargestellt durch die Schauspielgruppe des Hospizes zu Charenton unter Anleitung des Herrn des Sade* löste mit seiner Premiere am 29. April 1964 eine Welle enthusiastischer Lobeshymnen aus. Die Inszenierung unter der Regie von Konrad Swinarski wurde als „epochales Ereignis", „Wunderwerk", „stürmischer Erfolg" attribuiert und im selben Jahr von „Theater heute" zur Aufführung des Jahres gekürt. Etliche Intellektuellen und Theaterleute waren begeistert. Im Laufe der Zeit entschieden sich andere namhafte Regisseure, das Drama auf die Bühne zu bringen, darunter Peter Brook und Hans Anselm Perten, und machten dessen Autor zu einer Koryphäe des zeitgenössischen Theaters. Jahre später beklagte Weiss, dass die Popularität des Stückes und dessen Aufführungsmöglichkeiten manchen Zuschauer von der eigentlichen politischen Substanz des Dramas fernhalten würden: den historischen Konstellationen und ihrem Gegenwartsbezug. Das Drama schien hinter seine Bühnenrealisierungen zurückgetreten zu sein: „Es hat dem Stück nicht gutgetan, dass sich so viele Regisseure daran ausleben konnten"[2]. Die Premiere 1964 zeigte sich jedoch als eine dreifache Win-Win-Situation sowohl für Weiss und für Swinarski als auch für das Westberliner Schillertheater.

Der 47-jährige Weiss erlangte die ersehnte und lange Zeit ausbleibende internationale Anerkennung und festigte seine Position als (Theater-)Autor. Zwar erhielt er zwei Jahre früher den Charles-Veillon-Literaturpreis und nahm im selben Jahr an den Treffen der Gruppe 47 teil, jedoch kann man sich des Eindrucks nicht erwehren, dass er sich immer noch im Vestibül des literarischen Salons aufhielt. Die beiden Ereignisse hatten auch keinen guten Eindruck bei ihm hinterlassen. Die Verleihung des Preises in seinem 46. Lebensjahr erfüllte ihn mit Bitterkeit. Von den Autoren der Gruppe 47 konnte er bei weitem nicht viel halten – statt ein gemeinsames künstlerisches Interesse zu verfolgen, würden sie sich auf den Marktwert der von ihnen produzierten Literatur konzentrieren, und die

---

[1] Vgl. K. Domagalik, Wierność wobec zmienności, Dokumentarfilm, Polen 1981.
[2] R. Gerlach, M. Richter (Hrsg.), Peter Weiss im Gespräch, Suhrkamp, Frankfurt am Main 1986, S. 126.

Treffen würden eher einem sportlichen Wettbewerb als einer künstlerischen Zusammenkunft ähneln.³ Der Erfolg von *Marat/Sade* hatte noch eine weitere Konsequenz, diese bezog sich auf Weiss' künstlerische Auffassung von der Rolle des Künstlers in einem Europa, das von den tragischen Ereignissen der jüngsten Geschichte und den zeitgenössischen Spaltungen des Kalten Krieges geprägt war. Der zweisprachige Autor, etliche Jahre im Exil lebend, verstand sich als Weltbürger, für den „die ganze Welt als Wirkungsfeld für die künstlerische Arbeit"⁴ galt. Mit dieser Selbstverortung ging jedoch die internationale Anerkennung als kosmopolitischer Autor nicht einher.⁵ Mit Recht resümierte Jost Müller in seiner 1991 erschienenen Studie *Literatur und Politik bei Peter Weiss. Die Ästhetik des Widerstands und die Krise des Marxismus*:

> Erst [...] die Anerkennung einer universalen politischen Rolle seitens des Autors und die internationale Anerkennung des Autors seitens der kosmopolitisch orientierten Gruppen von Intellektuellen, die im Rahmen unterschiedlicher nationaler Kulturen agieren, ermöglichen es, daß der Schriftsteller die Funktion eines kosmopolitischen Intellektuellen erfüllen kann.⁶

Der stürmische Erfolg von *Marat/Sade* ebnete ihm also den Weg zu einer doppelten Erfüllung. Er verschaffte ihm Gehör bei Künstler:innen, Kritiker:innen und Publikum. Gleichzeitig wurde er von geografischen und nationalen Verortungszwängen befreit. Nach all den Exilerfahrungen, dem abermaligen Wohnortwechsel und dem Leben in verschiedenen Kulturen und Sprachen, aber auch unterschiedlichen Formen des künstlerischen Ausdrucks schien es unmöglich, sich als Künstler eines bestimmten kulturellen Milieus zu verstehen. Weiss gehörte zu keinem Land und wurde somit zum Weltbürger, zum kosmopolitischen Intellektuellen,⁷ der sich mit keinem System voll und ganz identifiziert und sich das Recht gibt, zu keinem von ihnen eindeutige Positionen zu beziehen. 1965 betonte er, dass er nicht wisse, was aus ihm geworden wäre, wenn er nicht aus Nazi-Deutschland hätte emigrieren müssen.⁸

Für Swinarski, der 1964 bereits bei über zwanzig Theaterinszenierungen bzw. Produktionen für das polnische Fernsehtheater Regie führte und anderthalb Jahre als Brechts Meisterschüler am Berliner Ensemble mitwirkte, war *Marat/Sade* die erste dermaßen bejubelte Aufführung außerhalb Polens. Swinarski hatte schon einige Erfahrungen an Berliner Bühnen: als Co-Regisseur bei den Inszenierungen Brechts *Leben des Galilei* und

---

3 Vgl. R. Cohen, Peter Weiss in seiner Zeit. Leben und Werk, Metzler, Stuttgart 1992, S. 104–106.
4 J. Müller, Literatur und Politik bei Peter Weiss. Die „Ästhetik des Widestands" und die Krise des Marxismus. Springer Fachmedien, Wiesbaden 1991, S. 69.
5 J. Müller, Literatur und Politik bei Peter Weiss, S. 69.
6 J. Müller, Literatur und Politik bei Peter Weiss, S. 69–70.
7 Vgl. J. Müller, Literatur und Politik bei Peter Weiss, S. 72.
8 Vgl. Gespräch mit Peter Weiss 1965. In: Materialien zu Peter Weiss' >Marat/Sade<. Zusammengestellt von Karlheinz Braun, Suhrkamp, Frankfurt a. M. 1967, S. 96.

Furcht und Elend des Dritten Reiches[9] im Berliner Ensemble, sowie drei selbständige Regiearbeiten – Thomas Harlans *Ich selbst und kein Engel. Chronik aus dem Warschauer Ghetto* im Berliner Jungen Ensemble im November 1958, Ariano Suassunas *Das Testament des Hundes* an der Schaubühne am Halleschen Ufer im September 1962 und *Arden von Feversham* im November 1963. Die erste sorgte für mancherlei Kontroversen. Der Autor Thomas Christoph Harlan war Sohn des in der NS-Zeit Vorbelasteten Schauspielers und Regisseurs Veit Harlan, des Autors der Propagandafilme *Jud Süss* und *Kolberg*. *Ich selbst und kein Engel* zeigt Episoden aus der Geschichte des Warschauer Ghettos, die von Mitgliedern eines israelischen Kibbuz gespielt werden. Für das Schiller-Theater inszenierte Swinarski noch *Die Wanze* von Majakowski, eine ebenfalls monumentale Produktion, mit einem Budget, von dem ein Regisseur nur träumen kann. Beide Erfolge ebneten ihm den Weg zu den nächsten Weltbühnen: Düsseldorf, Hamburg, Darmstadt, Helsinki, Moskau, Warschau, Krakau u. a.

Dem Schiller-Theater brachte die Aufführung einen großen Vorsprung gegenüber anderen Westberliner Bühnen. Die Theaterszene der Bundesrepublik Anfang der 60er Jahre war zum großen Teil durch die Intendanz zumindest handwerklich großartiger, „allmächtiger" Theaterleute geprägt, die bemüht waren, „den Begriff von Klassik hochzuhalten"[10]. Sie dominierten die öffentliche Vorstellung vom Theater und überschatteten andere Künstler, etwa die Emigranten wie Kortner und Barlog. Gleichzeitig machte sich eine deutliche alternative Stimmung bemerkbar, die mit der statischen Spielweise, der „deklamatorischen Form des An-der-Rampe-Stehens"[11] brechen wollte. Angestrebt war lebendiges Theater mit Bewegung und körperlicher Aktion, wenn dies noch in den Anfängen in einer ganz unpolitischen Form geschehen sollte. Kurz nach der Premiere konstatierte Friedrich Luft in „Die Welt":

> Mit dieser außerordentlichen Präsentation hat das deutsche Theater einen bedeutenden Stückeschreiber gewonnen. [...] Die Szene wird in unserer Sprache endlich wieder bedient. Jetzt müssen die Klagerufe über die Dürrnis unserer dramatischen Produktion verstummen. Unser Theater kann wieder mitsprechen.[12]

---

9 Zur Aufführung gebracht wurde das Stück nach Brechts Tod. Die Kollektivregie übernahmen Brechts Schüler: Peter Palitzsch, Lothar Bellag, Käthe Rülicke, Carl M. Weber und Konrad Swinarski. Wie im Falle des Leben des Galilei wurde Swinarski eine konkrete Aufgabe zugeteilt: Er führte bei der Szene "Die Moorsoldaten" Regie.

10 W. M. Schwiedrzik, Theater als „Aktion", in: Geschichte und Gesellschaft. Sonderheft 1998, Vol. 17, 1968 – Vom Ereignis zum Gegenstand der Geschichtswissenschaft (1998). Vandenhoeck & Ruprecht, Göttingen 1998, S. 224–238, hier S. 226.

11 W. M. Schwiedrzik, Theater als ‚Aktion', S. 226.

12 F. Luft, Verrückte spielen Weltgeschichte nach. Peter Weiss' Geniestreich: ‚Die Verfolgung und Ermordung Jean Paul Marats' – Uraufführung im Schillertheater, zit. in: Konrad Swinarski und das deutschsprachige Theater. Ausstellungskatalog, hrsg. von Teatr Stary in Krakau (Erscheinungsjahr nicht angegeben), S. 140.

3

Mit dem Theater dieses Formats wie das Schiller-Theater hatte Swinarski in Deutschland zuvor nie zu tun gehabt. In der Schaubühne, wo er zuvor tätig war, stand ihm ein wenig eingespieltes Ensemble zur Verfügung, die Kompetenzen der Schauspieler waren bei weitem nicht befriedigend und er arbeitete für „ein Almosen"[13]. Das Schiller-Theater mit seiner Größe, seinem Format und seinen finanziellen Möglichkeiten stieß ihm die Tür in eine andere Welt auf. Jedoch schien Swinarski von dieser Formatgröße, mit ihrem Selbstbewusstsein, mit der Technik und dem Reichtum doch überwältigt zu sein. Die Intendanz hat ihm einen Dramaturgen beigeordnet, mit dem Swinarski kaum mitzuarbeiten wusste. Da ihm verweigert wurde, für die theoretische und die dramaturgische Vorarbeit jemand von außen dazu zu engagieren, hat er nach den eigentlichen Probearbeiten im Theater nächtlich mit Dieter Sturm von der Schaubühne die eigentliche dramaturgische Arbeit durchgeführt.[14]

Auch Peter Weiss hatte bei der szenischen Gestaltung nicht nur das Mitspracherecht als Dramenautor, sondern geradezu einen realen Einfluss auf den Endeffekt der Inszenierung, so im sprachlichen wie im visuellen Ausmaß. Es war eine Kollektivarbeit *par excellence* nicht nur im Sinne eines eingespielten Theaterensembles, sondern sie schien das Ergebnis intensiver, eingreifender Interpretationsdebatten zu sein. Sie fanden in verschiedenen Vorbereitungs- und Arbeitsetappen zwischen Swinarski und Weiss statt: Zur Vermeidung der übermäßigen ‚Überfüllung' der Szenen wurde das Stück dreimal umformuliert. Überflüssige Ausstattungselemente und spielexterne Kommunikationsmittel, etwa die Projektionen auf einem Tuch im Hintergrund wurden ausgelassen, genauso wie die realistischen Illustrationen der auf der Bühne gesprochenen Worte, einige bildliche und pantomimische Darstellungen, wie auch die meisten Überschriften. Die Bühnenbildgestaltung übernahm Weiss, Kostüme entwarf seine Frau Gunilla Palmstierna Weiss.[15] Kurz nach der Generalprobe bestätigte Swinarski Weiss' enorme Rolle für die finale Ausgestaltung der Inszenierung:

> [...] deswegen war ich sehr zufrieden, daß Peter bei den Proben die ganze Zeit da war. Dann gab es natürlich auch die Unklarheiten des Stückes, oder ich habe mich danach erkundigt und dadurch, daß der Autor dabei war, habe ich viel schneller inszeniert, als ich es erwartet habe. Und während er da war, sagte er 'da ist an der Stelle nicht so, versuche es anders'[16]

---

13 Gespräch mit Dieter Sturm, in: Konrad Swinarski und das deutschsprachige Theater. Ausstellungskatalog, S. 90.
14 Vgl. ebd. S. 92.
15 Vgl. Dieter Stér, Proben zu >Marat / Sade<, in: Materialien zu Peter Weiss' >Marat / Sade<. Zusammengestellt von Karlheinz Braun, Suhrkamp, Frankfurt am Main 1967, S. 66–71.
16 Gespräch zwischen Konrad Swinarski und Rainer Otto über die Berliner Aufführung „Marat/Sade" von Peter Weiss. 8.III.1964, in: Konrad Swinarski und das deutschsprachige Theater. Ausstellungskatalog, S. 126.

Die Gespräche zwischen Swinarski und Weiss betrafen nicht nur die Textvorlage, sondern waren oft grundsätzlicher Natur.[17] Nach Dieter Sturm, der mit Swinarski zuvor in der Schaubühne zusammengearbeitet hatte, ist dies auf seine Verständnisprobleme literarischer Texte[18] zurückzuführen (was irritieren kann, wenn man bedenkt, dass Swinarski bilingual aufgewachsen ist und einige Jahre in Berlin am Theater gelernt und gearbeitet hat). Andererseits spielen seine persönlichen Veranlagungen eine nicht zu unterschätzende Rolle, d.i. mangelnde Fähigkeit, die künstlerische Vorstellung mittels seiner Autorität durchzusetzen:

> Ich glaube, daß Konrad weder die Fähigkeit noch den Willen hatte, in einem strengen Sinne Leute auf sich zu verpflichten, und der unabdingbare, nicht nur künstlerische, sondern auch seelisch verfügende Mittelpunkt einer relativ großen Anzahl von Leuten zu sein. Er hat es nie versucht und hat über solche Fähigkeiten auch immer in einer ablehnenden Art und Weise gesprochen.[19]

4

Um 1960, in der Zeit der persönlichen und künstlerischen Krise, in die Peter Weiss nach der Beendigung der Aufarbeitungsphase seiner eigenen Biographie und der Enttäuschung über die Wirkungslosigkeit des Theaoretikers des Surrealismus André Bretons, gerutscht war, suchte er nach Ausgeglichenheit in der Lektüre der damals noch unveröffentlichten *Arbeitsjournale* Bertolt Brechts, die er im August 1960 in der Hausbibliothek seines Verlegers Siegfried Unseld in Frankfurt in die Hand bekam.[20] Die Lektüre dieser tagebuchähnlichen Quelle aus den Jahren 1938–1955 leitete ihn zur Auseinandersetzung mit Brechts epischem Theater wie auch zu dessen antifaschistischer Schrift *Fünf Schwierigkeiten beim Schreiben der Wahrheit* aus dem Jahre 1935 weiter. Für den frisch gebackenen ‚Brechtianer', wie er sich von nun an zu nennen pflegte, stand die Konzeption der Historisierung vom tagesaktuellen Geschehen als Methode ihrer szenischen Vermittlung im Zentrum seines theatralen Interesses. Das Geschichtsgesetz, wie Brecht es während der Arbeit entdeckt, ist auf die historischen Vorgänge der eigenen Lebenszeit des Autors anwendbar und nicht zwangsläufig vorbestimmt, sondern veränderbar. Allein schon der Titel seiner Hitler-Satire *Der aufhaltsame Aufstieg des Arturo Ui* verweist darauf, dass das Emporkommen des Faschismus aufzuhalten war, die historischen Vorgänge hätten nicht so stattfinden müssen, wie sie tatsächlich stattgefunden hatten. Gleichzeitig lässt das Historisieren der Ereignisse die notwendige Distanz eintreten, die den Betrachter in Staunen versetzt, dessen Neugier weniger dem Ereignis an sich und mehr den dahinterstehenden Gesetzten zusteuert. Dabei hat das gesteigerte Interesse am Brecht-Theater das Interesse

---

17 Vgl. Gespräch mit Dieter Sturm, in: Konrad Swinarski und das deutschsprachige Theater. Ausstellungskatalog, S. 94.
18 Ebd.
19 Ebd., S. 94.
20 W. Schmidt, Peter Weiss. Leben eines kritischen Intellektuellen, Suhrkamp, Frankfurt am Main 2016, S. 39.

am Surrealismus nicht völlig verschwinden lassen. Bretons Auffassung vom Surrealismus als einer sozialrevolutionären Bewegung mit zweifacher Perspektive: der äußeren und der inneren, der sozialen und der psychischen, der die Welt und das Leben des Einzelnen verändernden, hinterließ entscheidende Spuren in Peter Weiss' Gesellschaftsauffassung. Bereits in *Die Versicherung* aus dem Jahre 1952 deutet Weiss darauf hin, dass eine Revolution, die nicht beide Aspekte umfasst, zwangsläufig in eine autoritäre Revolte umschlagen müsse.[21] Die Veränderung der Gesellschaft und die Veränderung der Individuen sind zwei zusammengehörende und einander ergänzende Prozesse.

Auch Swinarski ging in seiner Theaterarbeit „mit Brecht über Brecht hinaus". Unverkennbar ist der Einfluss des Dramatikers auf sein Schaffen. 1961 stellte er fest:

> Ich kann mir kein Werk unserer großen Literatur der Romantik: von Mickiewicz, Słowacki oder Krasiński vorstellen, das aufgeführt werden konnte, ohne die Erfahrungen zu berücksichtigen, die Brecht in das europäische Theater mit sich brachte. Und es nimmt auch kein Wunder, weil sowohl unsere großen Romantiker als auch Brecht aus der Auseinandersetzung mit Goethe und Schiller hervorgegangen sind.[22]

Er wusste aber auch die von Weiss postulierte ‚zweifache Perspektive' szenisch umzusetzen. Auch das hat er von Brecht gelernt. Die Durchdringung verschiedener Perspektiven ermöglicht eine soziale, psychologische, politische und metaphysische Elemente umfassende Weltbetrachtung. Im Rekurs auf Pieter Bruegel d. Ä. will Swinarski, der selbst bildender Künstler war, die notwendige Entfremdung finden. In einem Brief aus dem Jahre 1956 an Urszula Broll, Malerin und Mitbegründerin der Kattowitzer Gruppe ST-53, zu der auch Swinarski gehörte, schreibt er:

> Schau mal auf Bruegel, wieviel Inhalt und wie wenig Stimmung es dort gibt. Und welch tragische Inhalte! Denk daran, dass Christus am Kreuz hängt und unten ein Bettler steht und gedruckte Gebete verkauft und ein Kind etwas schlemmt. Hier treffen sich große Philosophien – der eine, der für die Nächstenliebe gestorben ist und der andere, der mit dieser Liebe handelt, um zu leben. Solche Grundwidersprüche sind Basis unseres Lebens.[23]

Damit postuliert er die Stimmungsreduktion zu Gunsten einer polysemischen Darstellung der Lebensverhältnisse und die dialektische Nichteindeutigkeit des Lebens. Dies habe in seiner Überzeugung eine treibende Kraft und könne „ein Motor der kommenden Generation ... ein Motor der Entwicklung des weiteren Lebens sein."[24] Die mehrdimensi-

---

21 Vgl. W. Schmidt, Peter Weiss. Leben eines kritischen Intellektuellen, S. 38.
22 K. Swinarski, [...Kształtować świadomość widza...], in: Wierność wobec zmienności. Wybór i opracowanie Marta Fik i Jacek Sieradzki, S. 52–53.
23 K. Swinarski, http://www.e-teatr.pl/pl/artykuly/200073,druk.html (Zugriff am 20.12.2022).
24 K. Swinarski, Ostatni wywiad, in: Wierność wobec zmienności. Wybór i opracowanie Marta Fik i Jacek Sieradzki, S. 242.

onale, polyphone und gleichzeitig poetische Haltung, die gleichermaßen die sozialen, psychologischen wie politischen und metaphysischen Aspekte umfasst, ist Ergebnis der Lehre bei Brecht und dem polnischen Konstruktivisten Władysław Strzemiński:

> [Die] Vielfältigkeit der Wirklichkeit lässt mich dann nicht auf das Theater unter dem eindimensionalen, einschichtigen Blickwinkel schauen [...] Eigentlich war das quasi Vision und zugleich Wissenschaft, die ich von Strzemiński lernte: die des plastischen [...] viele Aspekte umfassenden Weltsehens, das ich dann – vielleicht unbewusst – versuchte, auf das Theater zu übertragen, und das man heute Polyphonie seiner Elemente nennen kann.[25]

Swinarski hat ein plastisches Theaterkonzept entwickelt, das mit Weiss' Konzept von der aus Zweifeln und Widersprüchen entstehenden Möglichkeit der Wahrheit[26] in einem korrespondierenden Verhältnis steht. Innerhalb seiner Inszenierungen vermochte Swinarski „große politisch-emotionale Ikonen aufzurichten", Bilder einer „gewissen paradox-drastischen Vieldeutigkeit" zu bauen, die – wie es Dieter Sturm zusammenfasste – „als große Signaturen eines seelischen und politischen Zustandes galten."[27]

Kein Wunder, dass Weiss ihn mit der Inszenierung beauftragt hatte. Unstimmigkeit herrscht jedoch über Swinarskis sofortige Inszenierungsbereitschaft. Während des Treffens mit dem Polonistenstudentenzirkel an der Jagiellonen Universität 1974 bekundete er seine Entschlossenheit:

> ... Ich habe dieses Stück gelesen und alles, was mich daran interessierte, betraf nicht den Sozialismus, sondern die Relativität... Es bestand eigentlich aus Zitaten von de Sade und Marat und sie miteinander verknüpfenden Texten. Fünf Regisseure haben sich nicht bereit erklärt, dieses Stück aufzuführen. Ich habe seltsamerweise keine Angst davor. Es gab eine Balance im Stück: wer da das Recht und wer kein Recht hat: das bedeutet das Recht liegt inmitten, zwischen dem Individualismus und dem Sozialismus.[28]

Anders erinnert sich dessen Dieter Sturm:

> Er hat lange überlegt, ob er das annehmen soll. [...] Er hatte Angst vor dem Selbstbewusstsein der dortigen Schauspieler, der Übermacht eines eingespielten und mehr oder minder undurchschaubaren Apparates. Er hat darüber auch oft gesprochen.

---

25 K. Swinarski: Widzenie świata w jego sprzecznościach, in: Wierność wobec zmienności. Wybór i opracowanie Marta Fik i Jacek Sieradzki, S. 228.
26 J. Müller, Literatur und Politik bei Peter Weiss, S. 86.
27 Gespräch mit Dieter Sturm, in: Konrad Swinarski und das deutschsprachige Theater. Ausstellungskatalog, S. 104.
28 Die Aussage von Konrad Swinarski während des Treffens mit dem Polonistenstudentenzirkel an der Jagiellonen Universität 1974, in: Konrad Swinarski und das deutschsprachige Theater. Ausstellungskatalog, S. 114.

Er hat ihn letzten Endes auch nicht in die Hand bekommen, sondern ist daran abgeglitten, seine Furcht war im gewissen Sinne berechtigt.[29]

Swinarski war fasziniert von der Widersprüchlichkeit, die auf vielen Ebenen des Dramas sichtbar ist. In gewisser Weise stellt Weiss Marat in Opposition zur Lehrbuch-Ikonographie des Revolutionsmörders. Er zerlegt dieses Bild in viele verschiedene Fragmente, die ermöglichen, in dem Revolutionär sowohl den Täter der Morde als auch den Sündenbock der Revolution zu sehen. Er fordert auf, Stellung zu beziehen, ohne eine eindeutige Antwort zu versprechen. Die Tatsache, dass sie ihn im Zustand einer den Körper zersetzenden Hautkrankheit zeigt, die die Bewegung auf der Bühne determiniert und einschränkt, verweist nicht nur auf das Inszenierungsmodell des Stücks im Theater, sondern gibt den Bedeutungen auch einen neuen Sinn. Die Idee der Revolution wird in den zerbrechlichen und kränkelnden Körper gezwängt, der sie einschränkt und gleichzeitig den idealistischen, unrealistischen Umgang mit Ideen und Gedanken untergräbt. Den Grundzug Swinarskis Theaterpraxis bildet die Überzeugung vom Primat der sozialen Funktion des Theaters, das immer im politischen Zusammenhang stattfinden sollte. Die Mittel zum Ziel liegen in der Relativierung von Wahrheiten und dem Materialisieren von Ideen. "Fakten können in die Ideen hineingestopft werden, die Frage ist, ob es da genug Platz gibt."[30] Corday versucht den Mord an Marat von einem christlich-moralischen Standpunkt zu rechtfertigen und gleichzeitig ist es ein Sexualmord. Dies wird ebenfalls in der Schlussszene sichtbar. Der Marsch der Patienten wird mit dem Auftritt des Todes beendet. Swinarski sieht darin die Infragestellung einer objektiven Geschichtsschreibung:

> Und wenn der Tod zum Schluß alle zum Stillstand bringt, ist es wiederum nur ein Witz in de Sades Inszenierung und sollte niemals mit einer »objektiven Interpretation der Geschichte« gleichgestellt werden. Zieht das Publikum trotzdem diesen Schluß, so ist es sein Recht und seine Schuld.[31]

5

Wie eingangs erwähnt, konzentrierte sich die Kritik auf die effektvolle Inszenierung, der vorgewiesene Befund wurde anfänglich außer Acht gelassen. Erst Jürgen Habermas' Diagnose, das Stück und die Aufführung seien der „analytische Versuch [...] die Französische Revolution den Deutschen als ein Element ihrer unbewältigten Vergangenheit bewusst zu machen"[32], lenkte ihre Aufmerksamkeit auf die eigentliche Substanz des Dramas und

---

29 Gespräch mit Dieter Sturm, in: Konrad Swinarski und das deutschsprachige Theater. Ausstellungskatalog, S. 90.
30 K. Swinarski, Z notatnika rozmów z Brechtem, in: Wierność wobec zmienności. Wybór i opracowanie Marta Fik i Jacek Sieradzki, S. 41.
31 Dieter Stér, Proben zu ›Marat / Sade‹, S. 71.
32 https://www.der-theaterverlag.de/theater-heute/archiv/artikel/der-rote-faden/ (Zugriff am 22.12.2022).

leitete den Prozess vertiefter Analysen von entgegengesetzten Positionen de Sades und Marats ein.[33] Nach Habermaß enthülle Weiss kompromisslos den Verdrängungskomplex, auf dem die Reputation der Gegenwart beruhe, mit ihrer erbarmungslosen Verleugnung geschichtlicher Kontinuität. Gleichzeitig hebt er das Korrespondenzverhältnis des geschriebenen Wortes mit seiner szenischen Umsetzung hervor:

> Die nichtinszenierte Sprache hält großem literarischen Anspruch nicht stand. Sie bedarf der phantastischen Mittel einer mobilisierten Bühne und behält deshalb etwas vom Charakter einer Vorlage. Die Faszination des gesprochenen Wortes erkaltet beim Lesen – aber muß sich ein Autor dafür verantworten, daß sich sein Stück gut spielen läßt?[34]

Dass es der genauso effektvollen wie effizienten Zusammenarbeit Swinarskis und Weiss' zu verdanken ist, ist evident. Unabhängig von den Themen, die Weiss behandelte, war sein Theater nie in einem rein nationalen Kontext gefangen. Das gilt auch für Swinarski, der ja in einem polnisch-deutschen Umfeld aufgewachsen ist, fließend Polnisch und Deutsch sprach und sowohl bei Brecht als auch bei polnischen Regisseuren Theater studierte. Und ähnlich wie Weiss übte er sich in der bildenden Kunst und wirkte in einem durchaus interkulturellen Kontext. Dazu abschließend die persönliche Reflexion von Dieter Sturm:

> […] ich habe immer angenommen, daß er (Swinarski) nur belehrt und beeinflußt. Erst später, nur sozusagen als Echo von Leuten, die ihn in Polen beschrieben, oder als ich ein einziges Mal eine polnische Inszenierung von ihm sah, in Krakau, im Stary Teatr, da habe ich plötzlich darüber angefangen nachzudenken, ob vielleicht auch wir für ihn wichtig gewesen sind. Es ist selbstverständlich, daß das deutsche Theater und auch Brecht, auch die Vorgänge in Deutschland für ihn als Erfahrung und als Herausforderung wichtig waren. Ich meine hier, daß auch wir in unseren kleinen Gesprächen, innerhalb und außerhalb der Theaterproduktion, daß wir für ihn vielleicht wichtig gewesen sind […][35]

---

33 Vgl.: https://www.der-theaterverlag.de/theater-heute/archiv/artikel/der-rote-faden/ (Zugriff am 22.12.2022).

34 J. Habermaß, Ein Verdrängungsprozess wird enthüllt, in: „Die Zeit" Nr. 24, 1964, https://www.zeit.de/1964/24/ein-verdraengungsprozess-wird-enthuellt (Zugriff am 22.12.2022).

35 Gespräch mit Dieter Sturm, in: Konrad Swinarski und das deutschsprachige Theater. Ausstellungskatalog, S. 62.

Literatur

Cohen Robert, *Peter Weiss in seiner Zeit. Leben und* Werk, Metzler, Stuttgart 1992.
Domagalik Krzysztof, *Wierność wobec zmienności*, Dokumentarfilm, Polen 1981.
Gerlach Rainer, Richter Matthias (Hrsg.), *Peter Weiss im Gespräch*, Suhrkamp, Frankfurt am Main 1986.
Habermaß Jürgen, *Ein Verdrängungsprozess wird enthüllt,* in: Die Zeit, Nr. 24, 1964, https://www.zeit.de/1964/24/ein-verdraengungsprozess-wird-enthuellt (Zugriff am 22.12.2022)
Konrad Swinarski und das deutschsprachige Theater. Ausstellungskatalog, hrsg. von Teatr Stary in Krakau.
Materialien zu Peter Weiss' >Marat/Sade<. Zusammengestellt von Karlheinz Braun, Suhrkamp, Frankfurt am Main 1967.
Müller Jost, *Literatur und Politik bei Peter Weiss. Die „Ästhetik des Widerstands" und die Krise des Marxismus*. Springer Fachmedien, Wiesbaden 1991.
Schmidt Werner, *Peter Weiss. Leben eines kritischen Intellektuellen*, Suhrkamp, Frankfurt am Main 2016.
Schwiedrzik Wolfgang Matthias, *Theater als „Aktion'*, in: *Geschichte und Gesellschaft*. Sonderheft 1998, Vol. 17, 1968 – Vom Ereignis zum Gegenstand der Geschichtswissenschaft (1998). Vandenhoeck & Ruprecht, Göttingen 1998, S. 224–238.
http://www.e-teatr.pl/pl/artykuly/200073,druk.html
https://www.der-theaterverlag.de/theater-heute/archiv/artikel/der-rote-faden/ (Zugriff am 22.12.2022)

Peter Weiss' *Marat/Sade* und seine (polnische) Rezeption

Artur Pełka
(Uniwersytet Łódzki)

Peter Weiss' *Marat/Sade* and its (Polish) Reception
Abstract: The reception of Peter Weiss's work in Poland seems highly paradoxical. Although his œuvre has in principle hardly been received, his *Marat/Sade* is still part of the permanent repertoire of Polish theatre. The article traces this stage career over the last almost 60 years against the background of the play's world reception. It asks about the causes of its success in Poland, focusing on its performativity as well as its politicality. In the panorama of Polish performances of this play, special attention is paid to Maja Kleczewska's production at Warsaw's National Theatre in 2009.

Keywords: Peter Weiss, *Marat/Sade*, reception, performativity, politicality.

Die Aufnahme des Werks von Peter Weiss in Polen scheint höchst paradox zu sein. Wenn man die Anzahl der übersetzten Texte sowie der wissenschaftlichen Beiträge in Betracht zieht, kommt man zum enttäuschenden Schluss, dass sein Œuvre im Prinzip kaum rezipiert wurde. Es sind zwar in den 1960er Jahren einige wenige Prosatexte[1] von ihm in der polnischen Sprache erschienen und in den 1970er Jahren wurde eine kurze Textprobe, d. h. knappe 20 Seiten, aus seiner *Die Ästhetik des Widerstands* in der Zeitschrift *Literatura na świecie* [Literatur in der Welt][2] abgedruckt sowie sein Text *Meine Ortschaft* in einer Anthologie der Erzählungen aus der BRD[3] veröffentlicht. Von den zahlreichen Stücken des Autors wurden lediglich *Die Ermittlung* und *Die Verfolgung und Ermordung Jean Paul Marats* ins Polnische übertragen. Während das die Auschwitzprozesse dokumentierende Theaterstück nur einmal – und zwar 1966 von Erwin Axer im Warschauer Teatr Współczesny – inszeniert worden ist, gehört sein *Marat/Sade* bis heute zum ständigen

---

1 Und zwar: P. Weiss, Ucieczka z domu rodzinnego. Azyl [Abschied von den Eltern. Fluchtpunkt], übers. von C. Lewandowska, Państwowy Instytut Wydawniczy, Warszawa 1965; P. Weiss, Rozmowa trzech idących [Das Gespräch der drei Gehenden], übers. von S. Błaut. Państwowy Instytut Wydawniczy, Warszawa 1967.
2 P. Weiss, Estetyka oporu, übers. von I. Matuszyńska, in: Literatura na świecie, 1977, 12/80, S. 266–283.
3 P. Weiss, Moja miejscowość, übers. von Z. Fonferko, in: Nieznany cel. Antologia opowiadań RFN, hrsg. v. H. Orłowski, Państwowy Instytut Wydawniczy, Warszawa 1974, S. 45–55.

Repertoire des polnischen Theaters, worin die besagte Paradoxie der Popularität von Peter Weiss besteht.

In ihrem Beitrag zur Rezeption des deutschsprachigen Dramas und Theaters in Polen nach 1945 betonen die Autorinnen Małgorzata Leyko und Małgorzata Sugiera, daß „die szenische Laufbahn eines deutschsprachigen Autors oder eines deutschsprachigen Textes nicht von seinem Rang in Deutschland [...], sondern eher vom Erfolg seiner polnischen Erstaufführung [abhängig war]."⁴ Diese These trifft auf *Marat/Sade* nur partiell zu, denn die nachhaltige Popularität dieses Theatertextes auf den polnischen Bühnen verursachte nicht seine polnische Uraufführung, sondern – wie es scheint – der junge polnische Regisseur Swinarski, der den Theatertext bekanntlich 1964 in West-Berlin in enger Zusammenarbeit mit Weiss mit Riesenerfolg uraufführte. Den aufsehenerregenden Triumph dieser Weltpremiere unterstrich die deutsche Theaterkritik beinahe unisono. So konstatierte beispielsweise Eugène Delmans in der *FAZ*:

> Peter Weiß [sic] hat mit diesem Stück nun den Anschluß an die internationale Dramatik gefunden. Die Inszenierung des jungen polnischen Regisseurs Konrad Swinarski gehört zu den faszinierendsten Aufführungen des letzten Jahrzehnts und ist unangefochtener Höhepunkt der Spielzeit. Hier wurde ein Stück Theatergeschichte geschrieben, das seiner geistigen Souveränität wegen als solches zu würdigen ist.⁵

Zwar wurde der Erfolg als Ergebnis „kongenialer"⁶ Zusammenarbeit zwischen Autor und Regisseur gefeiert, aber viele KritikerInnen schrieben ihn besonders der Inszenierungsweise von Swinarski zu:

> Es ist tatsächlich seit Brechts Tod das erste bedeutendere Bühnenwerk eines Deutschen; [...] Trotzdem scheint es mir, als habe Peter Weiss [...] vor allem von der ironischzirkushaften Inszenierung des Polen Konrad Swinarski, ihrer pantomimisch-musikalischen Anschaulichkeit, ihrer Balance zwischen Verwegenheit und Ordnungssinn [profitiert].⁷

---

4   M. Leyko, M. Sugiera, Die Rezeption des deutschsprachigen Dramas und Theaters in Polen nach 1945. Ein Abriß, in: Polnisch-deutsche Theaterbeziehungen seit dem Zweiten Weltkrieg, hrsg. von H.-P. Bayerdörfer, Max Niemeyer Verlag, Tübingen 1998, S. 3–12, hier S. 11.

5   E. Delmans, Das totale Theater des Peter Weiß, in: Frankfurter Allgemeine Zeitung vom 6.05.1964. Zit. nach: Konrad Swinarski i teatr niemieckojęzyczny/Konrad Swinarski und das deutschsprachige Theater, hrsg. v. Stary Teatr Kraków, Kraków 1994, S. 136.

6   E. Brock-Sulzer, „Marat" – Schiller-Theater Berlin, in: Theater 1964. Zit. nach: Konrad Swinarski i teatr niemieckojęzyczny/Konrad Swinarski und das deutschsprachige Theater, hrsg. v. Stary Teatr Kraków, Kraków 1994, S. 138.

7   K. Niehoff, Die Ermordung des Jean Paul Marat, in: Süddeutsche Zeitung vom 2./3.05.1964. Zit. nach: Konrad Swinarski i teatr niemieckojęzyczny/Konrad Swinarski und das deutschsprachige Theater, hrsg. v. Stary Teatr Kraków, Kraków 1994, S. 134.

Obwohl dieses spektakuläre Theaterereignis in der polnischen Presse eher reserviert wahrgenommen wurde,[8] trug es nichtsdestotrotz wesentlich dazu bei, dass das Bühnenstück bereits sieben Monate nach der Berliner Uraufführung in der polnischen Übersetzung vorlag. Veröffentlicht wurde es 1965 in der Januarnummer der seit 1956 monatlich erscheinenden Theaterzeitschrift *Dialog*,[9] die seit ihrer Gründung enorme Verdienste in Sachen Popularisierung von ausländischer Dramatik hatte. Übersetzt wurde der Text von Andrzej Wirth, der – als einer der führenden polnischen Theaterkritiker – enge Kontakte zu deutschen Theaterleuten pflegte. Während Karol Sauerland vermutet, dass Wirth „die sogenannte zweite und vielleicht auch die dritte Fassung oder nur einen Regietext von Swinarski benutzt" habe,[10] tendiert Małgorzata Sugiera dazu, die vierte Fassung, die Peter Brook in London verwendete, für die Vorlage der Wirthschen Version zu halten.[11] Interessant ist, dass die Zeitschrift *Dialog*, die fast ständig bemüht war, veröffentlichte Dramen „mit wichtigen Informationen zum Autor und dessen künstlerischem Hintergrund als auch mit kritischen Analysen und Interpretationsvorschlägen von polnischen Kritikern zu versehen",[12] die Publikation von *Marat/Sade* lediglich mit einer kurzen Notiz über die Berliner Uraufführung kommentierte. Diese auffallende Informationslücke ist wohl auf die politische Brisanz des Stücks im Kontext der Volksrepublik Polen zurückzuführen, zumal seine Veröffentlichung mit dem Ende der Tauwetter-Periode, d.h. mit der Verschärfung der Zensur und Verfolgung der oppositionellen Intellektuellen, zusammenfiel. Relevant ist in dieser Hinsicht, dass Wirths Übersetzung – wie es aus der äußerst sensiblen Textanalyse Sauerlands resultiert – an die politische Lage in Polen angepasst wurde. Dazu zählen Anspielungen auf den Stalinismus, vor allem mit der Phrase „Irrtümer und Deformationen" („błędy i wypaczenia"), die der Übersetzer statt „Missstände" als eine Allusion auf die im damaligen Polen übliche Verharmlosung stalinistischer Verbrechen in den Mund Coulmiers legte. Eine weitere politisch motivierte Modifikation durch Wirth besteht in der Einführung des Begriffs „Demokratie", der im Originaltext nicht vorkommt und in der polnischen Version laut Sauerland vor allem ironisch auf die Verdeckung undemokratischer Maßnahmen in dem sozialistischen Staat anspielt. Beson-

---

8 Dies resultierte aus einer beabsichtigten, politisch motivierten Distanz der polnischen Kritik zur Tätigkeit Swinarskis (als vermeintlicher Brecht-Schüler) in West-Berlin, aber auch daraus, dass die KritikerInnen schlicht seine deutschen Inszenierungen nicht gesehen haben.
9 P. Weiss, Męczeństwo i śmierć Jean Paul Marata przedstawione przez zespół aktorski przytułku w Charenton pod kierownictwem Pana de Sade, übers. von A. Wirth, in: Dialog, 1965, 1, S. 40–92. Im Gegensatz dazu ist die polnische Übersetzung von „Die Ermittlung", die ebenso von Wirth stammte, nicht im Druck erschienen.
10 K. Sauerland, Was eine Übersetzung politisch vermag. Zur Übertragung des „Marats" von Peter Weiss ins Polnische, in: Literatur und Theater. Tradition und Konvention als Problem der Dramenübersetzung, hrsg. v. B. Schulte, E. Fischer-Lichte, F. Paul, H. Turk, Gunter Narr Verlag, Tübingen 1990, S. 261–271, hier S. 262.
11 Vgl. M. Sugiera, W cieniu Brechta. Niemieckojęzyczny dramat powojenny 1945–1995, Universitas, Kraków 1999, S. 131.
12 M. Leyko, M. Sugiera, Die Rezeption des deutschsprachigen Dramas und Theaters in Polen nach 1945. Ein Abriß, in: Polnisch-deutsche Theaterbeziehungen seit dem Zweiten Weltkrieg, hrsg. v. H.-P. Bayerdörfer, Max Niemeyer Verlag, Tübingen 1998, S. 3–12, hier S. 6.

ders signifikant ist, dass durch den Begriff „Demokratie" im Epilog des Stückes der Begriff „Nation" ersetzt wird:

Charenton Charenton	Charenton Charenton
Napoleon Napoleon	Napoleon Napoleon
Nation Nation	Demokracja Demokracja
Revolution Revolution	Kopulacja Kopulacja
Kopulation Kopulation[13]	Rewolucja Rewolucja[14]

Sauerland ist der Meinung, dass ‚Demokracja' hier als Reimwort zu ‚Kopulacja' diene, zugleich aber „wird mit diesem Wort daran erinnert, dass die Machthaber in Volkspolen Demokratie und Revolution miteinander zu verbinden pflegten."[15] Darüber hinaus weist der Interpret darauf hin, dass die Umstellung der Begriffe ‚Revolution' und ‚Kopulation' den ursprünglichen Sinn der Pointe des Stücks verändert, die den Sieg de Sades über Marat verkündet. Diese Umdeutung wird von Sauerland wie folgt begründet:

> Verbrüderung (fraternité) heißt nichts anderes als allgemeine Kopulation. Die Sehnsucht nach einer Revolution bedeutet die Sehnsucht nach einer Orgie. Im katholischen und patriotischen Polen, in dem bis dahin keine Schriften von de Sade übersetzt worden waren, mußte eine solche Idee auf Äußerstes Befremden stoßen.[16]

Es leuchtet ein, dass Wirth die religiös kontroversen Stellen aus interkulturellen Gründen absichtlich abmilderte, wobei aber auch die antitotalitäre Funktion der katholischen Kirche im sozialistischen Polen in dieser Hinsicht eine gewisse Rolle spielen musste. Aus der heutigen Perspektive scheint es, dass Wirth durch die Einführung des Begriffs ‚Demokratie' und die Umstellung in der Abschluss-Klimax dem Text etwas intendierte, was eine Palette von sehr polenspezifischen Bühneninterpretationen des Stücks ermöglicht. Eine davon läuft darauf hinaus, dass – wenn auf ‚Demokratie' ‚Kopulation' folgt – die erstere im Grunde genommen ein ‚Ficken' der Nation durch die vermeintlich demokratischen

---

13 P. Weiss, Die Verfolgung und Ermordung Jean Paul Marats dargestellt durch die Schauspielergruppe des Hospizes zu Charenton unter Anleitung des Herrn de Sade, Suhrkamp, Frankfurt a.M. 1964.
14 P. Weiss, Męczeństwo i śmierć Jean Paul Marata przedstawione przez zespół aktorski przytułku w Charenton pod kierownictwem Pana de Sade, übers. von A. Wirth, in: Dialog, 1965, 1, S. 40–92, hier S. 89.
15 K. Sauerland, Was eine Übersetzung politisch vermag. Zur Übertragung des „Marats" von Peter Weiss ins Polnische, in: Literatur und Theater. Tradition und Konvention als Problem der Dramenübersetzung, hrsg. v. B. Schulte, E. Fischer-Lichte, F. Paul, H. Turk, Gunter Narr Verlag, Tübingen 1990, S. 261–271, hier S. 270. Als Reimwort zu „Kopulacja" wäre allerdings auch „Nacja" [Nation] geeignet. Dass sich Wirth trotzdem für den Begriff „Demokracja" entschieden hat, zeugt von einer beabsichtigten, politisch motivierten Textmodifikation.
16 K. Sauerland, Was eine Übersetzung politisch vermag. Zur Übertragung des „Marats" von Peter Weiss ins Polnische, in: Literatur und Theater. Tradition und Konvention als Problem der Dramenübersetzung, hrsg. v. B. Schulte, E. Fischer-Lichte, F. Paul, H. Turk, Gunter Narr Verlag, Tübingen 1990, S. 261–271, hier S. 270.

Machthaber bedeutet. Meine These lautet, dass diese besondere Dimension der Wirthschen Version, die zumindest latent den Misserfolg bzw. das Versagen der Demokratie heraufbeschwört, ein – obwohl nicht einziger – Faktor war, der zu der spektakulären und nachhaltigen Popularität des Weiss'schen Theatertextes in Polen beitrug. In den letzten, beinahe 60 Jahren nach der Erstveröffentlichung des Stücks wurde *Marat/Sade* nämlich insgesamt 18 Mal auf polnische Bühnen gebracht, d. h. statistisch gesehen, fand ungefähr alle 3 Jahre eine neue Premiere statt. Zu betonen ist dabei, dass all die Inszenierungen auf der Übertragung Wirths basierten, d. h. die interkulturell bzw. politisch motivierten Modifikationen des Übersetzers wohl oder übel berücksichtigen mussten.

Die bereits angesprochenen brisanten politischen Inhalte des Stücks in der Übersetzung Wirths verursachen wohl auch, dass die polnische Uraufführung von *Marat/Sade* nicht auf einer professionellen Berufsbühne, sondern im Off-Theater stattfand. Inszeniert wurde es nämlich zum ersten Mal im April 1966 – also genau zwei Jahre nach der Berliner Uraufführung – im Posener Studententheater Teatr Ósmego Dnia [Theater des Achten Tages], einem avantgardistischen und durchaus systemkritischen Theater, das Polonistik-Studierende an der Universität Poznań 1964 gegründet haben. Die Stadt Poznań wurde auch gewissermaßen zur Wiege der polnischen Bühnenkarriere von *Marat/Sade*, denn auch seine zweite Aufführung, die zugleich die erste auf einer professionellen Berufsbühne war, fand 1967 im dortigen Teatr Polski unter der Regie von Henryk Tomaszewski, dem großen Pantomimen statt, der zusammen mit Grotowski und Kantor als einer der bedeutendsten Künstler des polnischen Theaters des 20. Jahrhunderts gilt. Die Inszenierung, die einen renommierten Theaterpreis bekam, wurde in einem dramatischen Theater mit dramatischen Schauspielern, aber mit Einbezug von Pantomime realisiert, die Jan Berski als „expressiv-räumliche Pantomime" bezeichnete, die eine bestimmte Atmosphäre schuf,

> [e]ine Atmosphäre, die nicht durch Argumente und dramaturgische Konflikte ausgedrückt wird, sondern durch das ständige (sich entwickelnde) Bühnengeschehen der „Bewegung", das gewissermaßen das psychologische „Innere" der gesamten Situation ausfüllt, in der sich die Figuren des Spektakels befinden.[17]

Offenbar hat Tomaszewski in Weiss' Theaterstück ein enormes performatives Potential entdeckt. An dieser Stelle ist eine Parenthese notwendig. Mit seinem *Marat/Sade* schuf Weiss bekanntlich ein ‚totales Theater', das Bühnenmittel entfesselt und verschiedene, gleichsam konträre Theaterkonventionen verbindet: vom Barocken *Theatrum Mundi* über die bänkelsängerische Moritat, die körperbetonte Commedia dell'arte, die dialoglastige klassische Tragödie, das Geschichtsdrama bis zum Absurden Theater. Dabei ist das Drama – als eine Mischung von philosophisch-politischem Diskurstheater und effektvoller Performance – vor allem an der Schnittstelle zwischen dem Artaudschen Theater

---

17 J. Berski, Omijając słowo. Rzecz o teatrze Henryka Tomaszewskiego, in: J. Berski, W teatrze dźwięku i ruchu. Wagner, Petipa, Giselle, Moniuszko, Szymanowski, Tomaszewski, Kujawa, Pomorze, Bydgoszcz 1985, S. 143–198.

der Grausamkeit und dem epischen Theatermodell Brechts zu situieren.[18] Diese originell experimentelle Kopplung in dem Stück generiert zwangsläufig sehr unterschiedliche Bühneninterpretationen, was die ersten, berühmten Inszenierungen plakativ belegen. Swinarski balancierte in seiner Uraufführung offensichtlich zwischen körperbetonter Performance und philosophischer Reflexion, hielt die Dialektik der Positionen in der Schwebe und ließ letztlich seine Aufführung in ein offenes Ende münden, bei dem über den Sinn der Revolution das Publikum selbst entscheiden sollte. In seiner Londoner Inszenierung, die im August 1964 Premiere hatte, entschied sich Peter Brook dagegen ganz im Sinne des Theaters der Grausamkeit zu verfahren, zeigte die Welt als Irrenhaus und setzte dabei auf die schockierende Wirkung auf das Publikum. Im Gegensatz dazu bereitete Hanns-Anselm Perten im Rostocker Volkstheater eine nüchterne und intellektuelle Version von *Marat/Sade* (Premiere im März 1965) vor, die prinzipiell in der Konvention des Lehrstücks als ein Plädoyer für die sozialistische Ideologie konzipiert wurde. Während die Inszenierung Pertens ein im Prinzip didaktisches Ziel verfolgte, setzte die Inszenierung Brooks, aber auch partiell die Swinarskis, primär auf das erhebliche performative Potential von *Marat/Sade*. Vor diesem Hintergrund könnte die These gewagt werden, dass Peter Weiss mit seinem Theatertext und der ihm intendierten Bedeutungsverdichtung, Intensität, Reizüberflutung, vor allem aber mit der gesteigerten Bedeutung der exzessiven Körperlichkeit die so genannte postdramatische Wende im Theater antizipierte. Es ist ein symbolischer Zufall, dass gerade Andrzej Wirth als der führende Wegbereiter der Idee des Postdramatischen den Text ins Polnische übersetzt hat. Auf jeden Fall scheint die dem Text eingeschriebene intensive Performativität – neben der besagten politischen Ebene – einen enormen Anreiz für vor allem jüngere, polnische RegisseurInnen bis heute auszuüben.

Was das Balancieren zwischen Politizität und Performativität bzw. sehr unterschiedliche Auslegungsmöglichkeiten des Stücks anbelangt, ist das Beispiel Konrad Swinarskis besonders interessant. Im Juni 1967 inszenierte er – nicht ohne Schwierigkeiten[19] – *Ma-*

---

18 Vgl. u.a. D. Pietrek, Linien der Rezeptions- und Aufführungsgeschichte in Peter Weiss' „Die Verfolgung und Ermordung Jean Paul Marats dargestellt durch die Schauspielgruppe des Hospizes zu Charenton unter Anleitung des Herrn de Sade", in: Orbis Linguarum, 2002, Wrocław 2002, Vol. 22, S. 51–67.

19 Nach seinen langjährigen Deutschlanderfahrungen hatte Swinarski Probleme mit der Undiszipliniertheit bzw. Unflexibilität polnischer SchauspielerInnen, denen er die Arbeit mit der deutschen Besetzung in „Marat/Sade" als Vorbild hinstellte. Vgl. K. Swinarski, Kilka słów o współpracy z aktorem [ursprünglich in: Dialog, 1967, 9, S. 83–88.], in: Konrad Swinarski. Wierność wobec zmienności, hrsg. von M. Fik, J. Sieradzki, Wydawnictwa Artystyczne i Filmowe, Warszawa 1988, S. 86–101. Wie sehr er mit den deutschen SchauspielerInnen zufrieden war, illustriert folgende Aussage: „Die Schauspielerbesetzung war so hervorragend, daß ich eine derartige wohl nie mehr im Leben zur Verfügung haben werde, es spielten mindestens drei hervorragende Schauspieler... oder drei. Es sind Schauspieler gewesen, die wir hierzulande überhaupt nicht besitzen." K. Swinarski, Die Aussage während des Treffens mit dem Polonistenstudentenzirkel an der Jagiellonen Universität 1974, übers. von S. Kaleta, in: Konrad Swinarski i teatr niemieckojęzyczny/Konrad Swinarski und das deutschsprachige Theater, hrsg. v. Stary Teatr Kraków, Kraków 1994, S. 114.

rat/Sade zum zweiten Mal, diesmal im Warschauer Teatr Ateneum.[20] Im Großen und Ganzen hat der Regisseur sein Berliner Inszenierungskonzept auf die Warschauer Bühne übertragen, lediglich der Anfang und das Finale wurden geringfügig verändert und die Bühnenausstattung etwas minimalisiert.[21] Obwohl die Aufführung vom Publikum und einem Teil der Kritik sehr enthusiastisch aufgenommen wurde,[22] blieb das Gros der polnischen TheaterkritikerInnen sehr skeptisch sowohl gegenüber dem Stück als auch seiner Inszenierung. Wie die Theaterhistorikerin Marta Fik dokumentiert, wurde das Stück in formaler Hinsicht von den Warschauer KritikerInnen als unspektakulär empfunden, und man hat sich – anders als in Berlin – eher auf die Problematik des Werks konzentriert, die prinzipiell als philosophisch fragwürdig und oberflächlich abgetan wurde. Dabei demonstrierten die meisten Warschauer KritikerInnen „ihre intellektuelle und weltanschauliche Überlegenheit; sie fühlen sich einfach klüger als der Autor."[23] Es wurden auch Einwände ethisch-moralischer Art laut. Man schrieb, dass das „Stück, und insbesondere seine Warschauer Inszenierung, [...] fast keinen Erkenntniswert für das Publikum hat"[24] und dass „zu viel Relativismus bei Zuschauern mit einem ausgebildeten ideologischen und moralischen Bewusstsein Widerstand erregt" sowie dass zahlreiche Szenen mit „Akzenten blasphemischer Parodie" „irritierend, ekelhaft" und „gegen den guten Geschmack verstoßen".[25]

Es ist schwierig eindeutig festzustellen, inwiefern diese Kritik von der konservativen polnischen Mentalität und dem offiziellen ideologischen Diskurs beeinflusst wurde und welche Rolle dabei die seit dem Krieg immer noch lebendige Abneigung gegen alles Deutsche spielte. Auf jeden Fall hat Marta Fik Recht, wenn sie dezidiert unterstreicht, dass die politische Lage in der Volksrepublik Polen 1964 zwangsläufig eine spezifische Dimension hatte und dass „Begriffe wie ‚Pazifismus', ‚Kriegsgefahr' oder ‚Linke Ideologie' einen anderen Inhalt als in der BRD hatten."[26] Es scheint zum einen, dass die düstere Phase nach der Tauwetter-Periode für die Botschaften des Stücks ungünstig war, zum anderen, dass man damals Swinarskis Intentionen hat nicht erkennen können bzw. wollen.

Bezeichnenderweise ist *Marat/Sade* nach dieser Warschauer Premiere für viele Jahre aus den Spielplänen verschwunden und erstaunlicherweise erst im letzten Jahr des Kriegsrechts wieder aufgenommen worden. Im Mai 1983 inszenierte Marek Walczewski das Stück in der Konvention eines Kammerspieles in der Malerwerkstatt des Warschauer

---

20 Weiss' Stück war zu der Zeit in Polen bereits ziemlich bekannt, und zwar nicht nur dank seiner Veröffentlichung sowie den beiden Posener Inszenierungen, sondern auch durch dessen Inszenierungen im Rahmen der Gastspiele von Theatern aus Brno (1966) und Budapest (1967).
21 Vgl. M. Fik, „Marat-Sade" Swinarskiego – niemiecki i polski, in: Dialog, 1994, 8, S. 128–135, hier S. 133.
22 Die Inszenierung wurde unter anderem als „Meisterstück" bezeichnet. Jaszcz [J.A. Szczepański], Męczeństwo i śmierć Marata, in: Życie Warszawy, 1967, 142. Zit. nach: J. Sieradzki, Konrad Swinarski w ocenie polskiej krytyki, in: Teatr Konrada Swinarskiego. Rekonesans, hrsg. v. E. Udalska, Wydawnictwo Uniwersytetu Śląskiego, Katowice 1978, S. 9–34, hier S. 21.
23 M. Fik, „Marat-Sade" Swinarskiego – niemiecki i polski, in: Dialog, 1994, 8, S. 128–135, hier S. 130.
24 Ebd., S. 132.
25 Ebd.
26 Ebd.

Theaters Studio. Vor dem Hintergrund der erstickten Solidarność-Revolte sowie der andauernden Repressionswelle musste die Aufführung eine besondere politische Dimension bekommen. Dass die Aufführung nicht auf der Hauptbühne, sondern in einem Theater-Hinterraum gezeigt wurde, verleiht dem Ereignis zusätzlich einen metaphorischen Konspirationscharakter.

Im selben Jahr wurde *Marat/Sade*, allerdings unter dem Titel *Demokracja... kopulacja... rewolucja...*, auch von Eugeniusz Korin als Diplomaufführung der Schauspiel-Studierenden an der Staatlichen Theaterhochschule in Breslau vorbereitet. In den nächsten Jahren griffen auch weitere polnische Theaterschulen nach Weiss' Theatertext: 2008 inszenierte ihn Krystian Lupa mit den Studierenden der Theaterhochschule in Kraków, 2014 Rudolf Zioło in der Film-, Fernseh- und Theaterhochschule Łódź und letztlich 2017 Wawrzyniec Kostrzewski in der Theaterakademie Warschau. Wichtig ist dabei, dass diese Diplomaufführungen einem breiteren Publikum zugänglich waren, denn es ist in Polen gang und gäbe, dass solche Diplomproduktionen im Rahmen eines jährlich stattfindenden Festivals der Theaterhochschulen präsentiert werden sowie auch als Sonderinszenierungen auf professionellen Theaterbühnen zu sehen sind. Die Wahl des Textes von Weiss als Vorlage für eine Diplomaufführung erklärt die breite Personenkonstellation sowie die enorme Häufung der Theatermittel, die den angehenden SchauspielerInnen ermöglicht, ihre beruflichen Fähigkeiten ausgiebig zu präsentieren.

Nach der politischen Wende und genauer seit Ende der 1990er Jahre intensivierte sich auffallend das Interesse polnischer RegisseurInnen für Weiss' Theatertext, was folgende Aufstellung illustriert:

> Premiere: 28. Februar 1998, Regie: Krzysztof Nazar, Gdańsk (Teatr Wybrzeże);
> Premiere: 24. Mai 2001, Regie: Tadeusz Bradecki, Kraków (Teatr im. Juliusza Słowackiego);
> Premiere: 5. Februar 2003, Regie: Andrzej Bubień, Toruń (Teatr im. Wilama Horzycy);
> Premiere: 10. Mai 2008, Regie: Lech Raczak, Legnica (Teatr im. Heleny Modrzejewskiej);
> Premiere: 28. November 2008, Regie: Piotr Tomaszuk, Supraśl (Towarzystwo Wierszalin);
> Premiere: 7. Juni 2009, Regie: Maja Kleczewska, Warszawa (Teatr Narodowy);
> Premiere: 11. Januar 2014, Regie: Rudolf Zioło, Kalisz (Teatr im. Wojciecha Bogusławskiego);
> Premiere: 17. Juni 2017, Regie: Remigiusz Brzyk, Lublin (Teatr im. Juliusza Osterwy);

Ein besonderer Stellenwert kommt in dieser Aufzählung der Inszenierung im Warschauer Nationaltheater 2009 zu, zumal sie nicht nur zum ersten Mal von einer Frau, sondern auch auf einer der renommiertesten, d. h. der „nationalen" Bühne Polens vorbereitet wurde. Maja Kleczewska dekonstruierte und zerschrieb die Textvorlage von Weiss, ergänzte sie durch unterschiedliche, vor allem deutschsprachige Texte und Kontexte und schuf letztlich – nicht zuletzt wegen der dominierenden Rolle der Musik[27] – ein monumentales postdramatisches Oratorium.[28]

In Kleczewskas Version treffen sich die beiden Protagonisten – Marat und de Sade – erst im Finale, und ihr Streit, der die Achse von Weiss' Stück bildet, wird in getrennten Monologen dargestellt. Ein weiterer, origineller Regiegriff besteht darin, dass in der Rolle von de Sade eine Frau besetzt wird. Dabei spielt die betagte Danuta Stenka nicht so sehr den alten Marquis, sondern, wie es im Programm formuliert war, eine Patientin, die eigentlich Herrn de Sade spielen sollte, es aber nicht tut. Die Figur ist auffallend auf Elfriede Jelinek stilisiert, womit die ganze Inszenierung gleichsam feministisch grundiert wird. In ihrem Monolog zitiert die Doppelfigur die Beschreibung des alten Marquis aus den Bühnenanweisungen von Weiss und zeigt damit, dass sie sich von dieser Figur distanziert.[29] Unmittelbar nach dem Monolog erscheint auf der Bühne ein Chor in gleichmäßigen Reihen und singt das Leitmotiv des Stücks („Marat, was ist aus unserer Revolution geworden?"). Bezeichnenderweise erscheinen die Frauen in Männeranzügen und die Männer in blauen Tuniken sowie Perücken, was ein für Polen provokatives Bild einer gendergerechten Gesellschaft ergibt.

In einer späteren Szene treten die Schauspieler in Anzügen auf und die Schauspielerinnen schleifen Schaufensterpuppen, die in blauen Stoff umwickelt sind, über den Boden. Während des Paartanzes zu der bekannten Arie über die Liebe aus Puccinis *Madame Butterfly* werden die Schaufensterpuppen ausgezogen und im Takt der Musik hochgeworfen. Sie entpuppen sich schließlich als aufblasbare Sexpuppen – eine treffende Metapher für die Verwandlung der Revolution bzw. Demokratie in die Kopulation, d. h. in eine sexuelle Orgie. Zwischen den zurückgelassenen Schaufensterpuppen, allein auf der großen Bühne, hält die Doppelfigur Patientin/de Sade den zweiten Monolog, der vor allem aus de Sades Zeilen aus Weiss' Drama, aber auch aus der Prosa von Oriana Fallaci besteht. In derselben Rede werden Sätze des Marquis in der männlichen Form und – unter Beibehaltung der weiblichen Form – Geständnisse der berühmten italienischen Journalistin verwendet. Kennzeichnend für die Doppelfigur ist die Ablehnung von Revolutionären aller Art und Abneigung gegen alle Diktaturen. Der gesamte Monolog gestaltet sich zu einer Tirade als Loblied auf das Leben und gegen jegliche Art von Ideologie. Die Doppelfigur wird letztlich von den Sanitätern herausgeholt, die mit breiten Kehrbesen die Schaufensterpuppen in eine Versenkung schieben. Dieses Bild erinnert an das Schieben von Leichen

---

27 Vgl. M. Komorowska, Muzyka zamiast teatru, in: Ruch Muzyczny 2010, 13. Die musikalische Ebene, die zum Teil von der renommierten Komponistin Agata Zybel entworfen wurde, spielt eine relevante Rolle in der Aufführung, da sie die Spannung und manchmal auch die Bedeutung einzelner Szenen aufbaut, während das Klavier, das in der Versenkbühne auftaucht und wieder verschwindet, auch ein Element des Bühnenbildes ist.

28 Vgl. K. Zalewska, Nietzsche/Jelinek, Fallaci, in: Teatr, 2009, 9, S. 12–17.

29 Interessanterweise wird in den Monolog auch eine Passage aus Anatomie Titus von Heiner Müller eingeflochten, die die Situation des Künstlers, der mit seinem eigenen Blut für das Theater schreibt, thematisiert.

in ein gemeinsames Grab bei Massenhinrichtungen, das als ein immer wiederkehrendes Motiv in der Geschichte des zwanzigsten Jahrhunderts angesehen werden kann.[30]

Die letzte Figur, die vor Cordays drittem, das Leben beendenden Besuch bei Marat auftaucht, ist Jacques Roux, der Revolutionspriester aus dem Weiss'schen Drama. In Kleczewskas Version ein gepflegter Bischof in roter, offener Soutane. In dieser Figur wird ein Porträt der hohen Kirchenhierarchen gezeichnet, die in die Ausübung der weltlichen Macht verstrickt sind und sich nicht auf die Seite des Volkes – der Verworfenen, die in der ersten Chorszene dargestellt werden – stellen, sondern auf die Seite der Machthaber.

Gegen Ende der Aufführung trägt Marat seinen Monolog vor, der von Chopins Revolutionsetüde eingeleitet wird. Kleczewskas Marat trägt die Züge von Diktatoren des 20. Jahrhunderts, es wird deutlich auf Hitler und Franco angespielt.[31] Zu Beginn spricht der Darsteller die Rolle von Marat aus dem letzten Teil des Stücks, um dann nahtlos in einen Vortrag über Nietzsches Ideen überzugehen, der aus Passagen von *Ecce homo* und *Also sprach Zarathustra* besteht, in denen der neue Christus verkündet wird.

Die Aufführung krönt eine Exerzier-Szene, die durch die totalitären Neigungen des zeitgenössischen Marats provoziert wird. Die DarstellerInnen in Gymnastikanzügen und Militärstiefeln führen identische Übungen aus und zählen dabei laut mit. Dies ist ein langes, zwanzigminütiges Zitat aus Elfriede Jelineks *Ein Sportstück*, inszeniert von Einar Schleef 1998 am Burgtheater. Am Ende dieser langen Sequenz nähert sich die Doppelfigur Patientin/de Sade dem Marat, der in der Menge übt. Als die SchauspielerInnen schließlich erschöpft von der Übung zu Boden fallen, bleiben die beiden Antagonisten auf der Bühne zurück: Die Patientin, die eigentlich Monsieur de Sade spielen sollte, stützt den erschöpften Marat in einer Geste der Pietà. Es entsteht ein Versöhnungstableau, das für Barmherzigkeit, Brüderlichkeit und Mitgefühl trotz aller politisch verursachten Animositäten plädiert.

Mit ihren zahlreichen Allusionen auf das deutschsprachige (Regie-)Theater – neben Müller und Schleef betrifft dies auch Heiner Goebbels und Pina Bausch – wertete Kleczewska die deutsche Theaterästhetik auf, die – obwohl in Polen nicht unumstritten – ohnehin das polnische Theater seit Jahrzehnten stark beeinflusst. Ihre Inszenierung richtete sich aber vor allem gegen jegliche totalitären Bestrebungen der Gegenwart und in dieser Hinsicht kommentierte sie nicht zuletzt dezidiert kritisch den Zustand der polnischen Demokratie.

Es ist offensichtlich, dass Weiss' Theatertext in Polen immer noch einen enormen Anreiz ausübt, zumal er sich hervorragend eignet, um aktuelle politische Situation in Szene zu setzen. In der bis dato letzten polnischen Premiere von *Marat/Sade* lässt der Regisseur Remigiusz Brzyk die Bühne zu einem Boxring bzw. Zirkusarena arrangieren, auf der er den Wahnsinn des politischen – zurzeit in Polen sehr spürbaren – Konformismus inszeniert.

---

30 Vgl. auch K. Zalewska, Nietzsche/Jelinek, Fallaci, in: Teatr, 2009, 9, S. 12–17.
31 Der Darsteller fügt deutsche und spanische Redewendungen sowie Hitlers bekannte Geste des Verschränkens der Arme vor der Brust ein.

Literatur

J. Berski, *Omijając słowo. Rzecz o teatrze Henryka Tomaszewskiego*, in: J. Berski, *W teatrze dźwięku i ruchu. Wagner, Petipa, Giselle, Moniuszko, Szymanowski, Tomaszewski, Kujawa*, Pomorze, Bydgoszcz 1985, S. 143–198.

E. Brock-Sulzer, *„Marat' – Schiller-Theater Berlin*, in: Theater 1964.

E. Delmans, *Das totale Theater des Peter Weiss*, in: Frankfurter Allgemeine Zeitung vom 6.05.1964.

M. Fik, *„Marat-Sade' Swinarskiego – niemiecki i polski*, in: Dialog, 8, 1994, S. 128–135.

Jaszcz [J.A. Szczepański], *Męczeństwo i śmierć Marata*, in: Życie Warszawy, 142, 1967.

M. Leyko, M. Sugiera, *Die Rezeption des deutschsprachigen Dramas und Theaters in Polen nach 1945. Ein Abriß*, in: *Polnisch-deutsche Theaterbeziehungen seit dem Zweiten Weltkrieg*, hrsg. v. H.-P. Bayerdörfer, Max Niemeyer Verlag, Tübingen 1998, S. 3–12.

M. Komorowska, *Muzyka zamiast teatru*, in: Ruch Muzyczny, 13, 2010.

Konrad Swinarski i teatr niemieckojęzyczny/Konrad Swinarski und das deutschsprachige Theater, hrsg. v. Stary Teatr Kraków, Kraków 1994.

K. Niehoff, *Die Ermordung des Jean Paul Marat*, in: Süddeutsche Zeitung vom 2/3.05.1964.

D. Pietrek, *Linien der Rezeptions- und Aufführungsgeschichte in Peter Weiss' „Die Verfolgung und Ermordung Jean Paul Marats dargestellt durch die Schauspielgruppe des Hospizes zu Charenton unter Anleitung des Herrn de Sade"*, in: Orbis Linguarum, 22, Wrocław 2002 S. 51–67.

K. Sauerland, *Was eine Übersetzung politisch vermag. Zur Übertragung des „Marats" von Peter Weiss ins Polnische*, in: *Literatur und Theater. Tradition und Konvention als Problem der Dramenübersetzung*, hrsg. v. B. Schulte, E. Fischer-Lichte, F. Paul, H. Turk, Gunter Narr Verlag, Tübingen 1990, S. 261–271.

J. Sieradzki, *Konrad Swinarski w ocenie polskiej krytyki*, in: *Teatr Konrada Swinarskiego. Rekonesans*, hrsg. v. E. Udalska, Wydawnictwo Uniwersytetu Śląskiego, Katowice 1978, S. 9–34.

M. Sugiera, *W cieniu Brechta. Niemieckojęzyczny dramat powojenny 1945–1995*, Universitas, Kraków 1999, S. 131.

K. Swinarski, *Kilka słów o współpracy z aktorem* [ursprünglich in: *Dialog*, 1967, 9, S. 83–88.], in: *Konrad Swinarski. Wierność wobec zmienności*, hrsg. v. M. Fik, J. Sieradzki, Wydawnictwa Artystyczne i Filmowe, Warszawa 1988, S. 86–101.

K. Swinarski, *Die Aussage während des Treffens mit dem Polonistenstudentenzirkel an der Jagiellonen Universität 1974*, übers. von S. Kaleta, in: *Konrad Swinarski i teatr niemieckojęzyczny/Konrad Swinarski und das deutschsprachige Theater*, hrsg. v. Stary Teatr Kraków, Kraków 1994, S. 114.

P. Weiss, *Die Verfolgung und Ermordung Jean Paul Marats dargestellt durch die Schauspielergruppe des Hospizes zu Charenton unter Anleitung des Herrn de Sade*, Suhrkamp, Frankfurt a.M. 1964.

P. Weiss, *Estetyka oporu*, übers. von I. Matuszyńska, in: Literatura na świecie, 12/80, 1977, S. 266–283.

P. Weiss, *Męczeństwo i śmierć Jean Paul Marata przedstawione przez zespół aktorski przytułku w Charenton pod kierownictwem Pana de Sade*, übers. von A. Wirth, in: Dialog, 1, 1965, S. 40–92.

P. Weiss, *Moja miejscowość*, übers. von Z. Fonferko, in: *Nieznany cel. Antologia opowiadań RFN*, hrsg. v. H. Orłowski, Państwowy Instytut Wydawniczy, Warszawa 1974, S. 45–55.

P. Weiss, *Rozmowa trzech idących* [Das Gespräch der drei Gehenden], übers. von S. Błaut. Państwowy Instytut Wydawniczy, Warszawa 1967.

P. Weiss, *Ucieczka z domu rodzinnego. Azyl* [Abschied von den Eltern. Fluchtpunkt], übers. von C. Lewandowska, Państwowy Instytut Wydawniczy, Warszawa 1965.

K. Zalewska, *Nietzsche/Jelinek, Fallaci*, in: Teatr, 9, 2009, S. 12–17.

Peter Weiss in Italien:
Wirkungsgeschichte von Dantes *Divina Commedia*

Gerhard Friedrich
(Universitá di Torino)

Peter Weiss in Italy: In the tradition of *Divina Commedia* by Dante Alighieri

Abstract: The essay analyses to what extend the work by Peter Weiss in Italy, influenced by the social and political context of the country, has been interpreted as a direct evidence of Shoa on one hand and on the other hand, influenced by the national cultural inheritance of *Divina Commedia*, which conditioned the approach encouraging or impeding it at the same time.

Keywords: Shoa, evidence, documentary theatre, the unsayable, Dante tradition, Auschwitz – Paradise, comrade Dante.

Im Folgenden soll untersucht werden, inwieweit das Werk von Peter Weiss in Italien, bedingt durch den spezifischen politisch-kulturellen Kontext des Landes, einerseits als direkter „Zeitzeuge" der Shoa missverstanden wurde und andererseits das bedeutende nationale und menschheitsgeschichtliche Kulturerbe der *Divina Commedia* von Dante Alighieri den Zugang zu seinem Werk auf widersprüchliche Weise, diesen zugleich begünstigend und behindernd, konditioniert hat.

Auf den ersten Blick ist die Rezeption des Werks von Peter Weiss in Italien vor allem von zwei extremen Daten gekennzeichnet. 1. Dem großen, fast populären Bekanntheitsgrad der *Ermittlung* und 2. der völligen Abwesenheit der Ästhetik des *Widerstands*, nach eigener Äußerung sein Hauptwerk. Sie wurde bisher nicht vollständig ins Italienische übersetzt und ist folglich nie verlegt worden. Schon 1967 hingegen kam *Die Ermittlung* in zwanzig italienischen Städten zur Aufführung. Die am meisten beachtete Inszenierung war die des Mailänder ‚Piccolo Teatro' unter der Regie von Virginio Puecher.

Das italienische Publikum war 1967 vertrauter mit dem Gegenstand der *Ermittlung* als das deutsche, da es aus dem in allen Schulen gelesenen Werk von Primo Levi von der Shoa aus der Perspektive der Opfer wusste. Schon 1947 erschien *Se questo è un uomo*. Die deutsche Erstausgabe erschien 1961 unter dem Titel *Ist das ein Mensch*. Die Affinität zwischen dem Peter Weiss vom Anfang der 1960er Jahre und Primo Levi ist offensichtlich. Liest man folgende, von einer Filmvorführung berichtenden Zeilen aus Peter Weiss' *Fluchtpunkt* (1961), scheint es, Levis *Se questo è un uomo* vor Augen zu haben:

> Dort vor uns, zwischen den Leichenbergen, kauerten die Gestalten der äussersten Erniedrigung, in ihren gestreiften Lumpen. Ihre Bewegungen waren unendlich langsam, sie schwankten umher, Knochenbündel, blind füreinander, in einem Schattenreich. Die Blicke dieser Augen in den skeletthaften Schädeln schienen nicht mehr zu fassen, dass die Tore geöffnet worden waren.[1]

In der Ankündigung einer Rezitation zum Tag des Gedenkens an Auschwitz am 26. Januar 2022 in Riva di Garda liest man: „Ein Auschwitzüberlebender wird jede Nacht vom Alptraum des Lagers heimgesucht: die Ankunft, die Rampe, die Tätowierung, die Verbote, der Hunger, die Krankheiten, die Folter, die Selektionen, die Gaskammern".[2] (Übers. aus dem Ital., G. F.) Die Lesung basiert auf einer Kombination von Texten aus *Ist das ein Mensch?* von Primo Levi und *Die Ermittlung* von Peter Weiss. Von hier aus wird verstehbar, dass der Zugang zur *Ermittlung* seitens des italienischen Publikums weitgehend spontan erfolgt und wie der Text von Levi als vom Autor erlebtes Zeugnis der Shoa wahrgenommen wird – auch wenn er es nicht war. Für Weiss, wie er in seinem Text *Meine Ortschaft*[3] hervorhebt, war diese Nicht-Authentizität seiner Auschwitzerfahrung Ursache eines lebenslangen Schuldgefühls. Vielleicht hat er auch diesen vermittelten Charakter seiner Erfahrung in der *Ermittlung* als Dokumentation erinnernder Zeugenschaft Anderer zu kompensieren versucht. Der große Publikumserfolg der *Ermittlung* wird sichtbar in der Begeisterung eines einführenden Textes des ‚Teatro due' in Parma aus dem Jahr 2017:

> Ein Theater, das die Geschichte erzählt und so Theatergeschichte macht: in Parma pflegt man seit mehr als 30 Jahren die Erinnerung des Holocausts mit einem der langlebigsten Stücke des italienischen Theaters, einem entscheidenden Abschnitt der Theatergeschichte unseres Landes, einem immer aktuellen Zeugnis, das das Publikum begeistert und die tragische Erinnerung der Shoa lebendig erhält: *Die Ermittlung*, geschrieben von Peter Weiss 1965 und in Parma zum ersten Mal am 25. April 1984 von Gigi Dall'Aglio inszeniert. [Hier sei am Rande bemerkt, dass der 25. April in Italien als Tag der Befreiung vom Faschismus begangen wird. G. F.] Seitdem wird es jährlich von den gleichen Schauspielern im Januar, dem Monat des Gedenkens an die Shoa, aufgeführt. Wie eine weltliche und gegenwärtige Hölle geht das Stück über die Dokumentation des Prozesses hinaus und erwirbt die Allgemeingültigkeit der antiken Tragödie. Seit 30 Jahren führen die gleichen Schauspieler des Teatro Due die Ermittlung auf. Jedes Jahr begleitet unser Theater die

---

[1] P. Weiss, Fluchtpunkt, Suhrkamp Verlag, Frankfurt am Main 1962, S. 210.
[2] A. Masi, Tu passerai per il camino, https://www.lavocedeltrentino.it (Zugriff am 12.03.2022).
[3] Vgl. P. Weiss, *Meine Ortschaft,* in: Peter *Weiss,* Rapporte, Suhrkamp Verlag, Frankfurt am Main 1968, S. 113.

verschiedenen Generationen in die Hölle von Auschwitz, auf eine tragische Reise in die Gegenwartsgeschichte ohne Katharsis.[4] (Übers. aus dem Ital., G. F.)

Von der ‚Hölle' Auschwitz scheint der Weg nicht weit zu Dante – für Weiss wird er sich allerdings als wesentlich komplexer erweisen, als auf der Ebene spontaner Assoziationen zu vermuten ist. Als akustisches Vorspiel geht dieser Inszenierung in Parma ein Zitat aus Pier Paolo Pasolinis *La divina mimesis* (1975) voran: „Die Hölle, die wir nun zu beschreiben versuchen ist die, die Hitler schon beschrieben hat. Dank seiner Politik hat sich das Irreale in all seiner Pracht gezeigt."[5] (Übers., G. F.) Wir befinden uns hier vor dem spontanen, und wenn man so will, volkstümlichen, Zugang zur *Ermittlung*, sie als emotionalisierendes Zeigen des Schreckens „in all seiner Pracht" zu verstehen, und ‚Hölle' heißt hier Schrecken und Leid und Qual und fordert Mitleiden – während Weiss in seiner *Ermittlung* Kälte und Distanz produziert und dem ‚Mitleiden' gegenüber den Brechtschen Zugang rationaler Distanz zu privilegieren scheint. Das Parmenser Teatro Due versteht es anders und diese Position wird auch argumentativ ausgearbeitet. Der Veroneser Germanist Massimo Salgaro schrieb dazu:

> Dall'Aglio hat die Dokumente, die Weiss verarbeitet, in lebendige Figuren verwandelt. Weiss hat die ehemaligen Lagerinsassen, die als Zeugen auftreten, mit Nummern bezeichnet und sie so in Sprachröhren verwandelt. Dall'Aglio hingegen hat seine Schauspieler sich mit ihren Rollen identifizieren lassen und so, nach seinen eigenen Worten, Weiss zur Hälfte verraten. Während Weiss, dem Brechtschen Muster folgend Distanz einfordert, nähert die Aufführung des Parmenser Ensembles die Geschichte dem Publikum an und verleiht seinen Protagonisten Individualität.[6] (Übers. aus dem Ital., G. F.)

Es wird vielleicht überraschen, dass die Propagierung eines zur „Hälfte verratenen" Weiss, d. h. des zur Hälfte verratenen Konzepts des Dokumentarischen in der *Ermittlung*, mit Pasolinis Bezug auf Dante verbunden ist. Denn gerade die über seinen Bezug auf Dante gewonnene Distanz zum ‚Gegenstand' ermöglichte es Weiss, das nach Auschwitz und für die Darstellung von Auschwitz von ihm als unbrauchbar geachtete traditionelle Illusionstheater zu *überwinden*.

Gegen die, auch unter Überlebenden, verbreitete Assoziation von Auschwitz und Hölle, als „Hölle auf Erden" oder auch explizit „Dantes Hölle" (Marco Castellari spricht geradezu von einer „Lexikalisierung" dieser Assoziation),[7] zeigt die Germanistin der Universität Rom, Camilla Miglio, den tatsächlichen Zugang von Peter Weiss zu Dante.

---

4   G. Morelli, L'Istruttoria di Peter Weiss, https://www.teatrodue.it (Zugriff am 3.03.2022).
5   P. P. Pasolini, La divina mimesis, Einaudi, Torino 1975, S. 6.
6   M. Salgaro, Die Ermittlung/L'istruttoria di Peter Weiss: teoria e prassi della traduzione teatrale, in: Kwartalnik Neofilologiczny 214, No. 2, S. 392.
7   M. Castellari, Dei molti inferni, in: Peter Weiss, Inferno, hrsg. v. M. Castellari, Mimesi Edizioni, Milano-Udine 2008, S. 240.

Sie zitiert aus Peter Weiss' Notizbuch 5 (1964):[8] „Dante und Giotto wandern durch die Konzentrationslager. Frage: lässt sich dies noch beschreiben. Szene des völligen Schweigens. Der tiefsten Trauer. Können wir weiterleben nach diesem. (...) Inferno: Bereich des grausamen Wohllebens, Im Paradies: Treffpunkt derer, die am meisten gelitten haben."[9]

Dante, der Seher übersinnlicher Welten, der Meister des Unsagbaren – vor allem als solcher faszinierte er Weiss, der sich selbst auch vor der Notwendigkeit sieht Unsagbares ausdrücken zu müssen. Wie kann Dantes Sprache heute modifiziert werden, um vor Auschwitz nicht zu versagen? Vor allem diese Frage berührt und beschäftigt die italienische Germanistik, wenn sie sich mit Peter Weiss auseinandersetzt.

Der Mailänder Germanist Marco Castellari, Herausgeber der italienischen Edition des *Inferno* von Peter Weiss (2008), nur fünf Jahre nach der deutschen Erstausgabe, zitiert Weiss: „Was ein Schattenreich scheint, erweist sich als eine Welt in der Menschen leben und die von Menschen erbaut wurde" und er kommentiert:

> Die kanonischen Vorstellungen des Höllischen, des Jenseitigen haben schon hier ihren Wert verloren. Die Danteschen poetischen Visionen scheinen zu nichts mehr nutze und angesichts des ganz weltlichen und totalen Terrors verfallen die moralischen Kategorien von Erlösung und Verdammung. Kein Dämon bewachte die neuen unschuldig Verdammten.[10] (Übers. Aus dem Ital., G. F.)

Und er zitiert Weiss: „Die Wächter dieser Welt hatten weder Hörner noch Schwänze, sie trugen Uniformen."[11] Schon hier wird absehbar, dass Weiss sich gegen die Assoziation von Auschwitz als Hölle gewendet hätte. Denn das Hölle-Bild spaltet diesen Raum metaphysisch ab von unserer diesseitigen Welt. Verallgemeinert betrachtet befinden wir uns mit dem Weiss'schen Zugriff auf Dante vor einem Vorgang der Säkularisierung von dessen Vorstellungswelt, der von der italienischen Germanistik zwar aufgegriffen, allerdings – wie zu sehen sein wird – nicht konsequent zu Ende mitvollzogen wurde. Auf jeden Fall handelt es sich hier um einen Prozess der aufgeklärten Aneignung des nationalen kulturellen Erbes, bedenkt man die kanonische Stellung, die Dante auch heute in der italienischen Kultur, von den Schulen bis zu den Universitäten und auch im Alltagsbewusstsein einnimmt.

Für Weiss also existiert nur ‚eine' Welt und keine metaphysisch voneinander getrennten Sphären. Und doch besteht er bis zum Ende der 1960er Jahre auf sein Divina Commedia-Projekt, d. h. essentiell auf den Dante-Bezug in der literarischen Verarbeitung der Shoa und der deutschen Nachkriegsgeschichte. Es stellt sich die Frage: wird Dante hier nicht zum verzichtbaren Ballast, wie kann er noch produktiv werden? Diese Frage stellt sich auch Marco Castellari. Er geht aus vom Weiss'schen Kernproblem: noch sprechen

---

8 Vgl. C. Miglio, Dante dopo Ausschwitz. L'inferno di Peter Weiss, in: Critica del testo XIV, 3, 2011, S. 6.
9 P. Weiss, Notizbücher 1960–1971, Erster Band, Suhrkamp Verlag, Frankfurt am Main 1982, S. 215.
10 M. Castellari, a.a.O., S. 247.
11 Ebd.

zu können. Unsagbares zu sagen, über das wahrgenommene Menetekel des Endes der Menschheit hinaus zu sprechen und genau hierbei soll ihm Dante dienen:

> Natürlich kann es sich nicht um eine kanonische Aneignung des mittelalterlichen Dichters handeln, im Gegenteil, wie man im *Gespräch über Dante* (1968) lesen kann, wird es ein „gegen den Strich gearbeiteter, häretischer Dante sein (...) Weiss findet in der weltlichen und aktualisierenden Umkehrung der *Divina Commedia* den in seinen Augen einzigen Weg, um das endgültige Schweigen, zu dem Auschwitz jedes Reden über es verdammte, zu überwinden. Sicher nicht, indem er von dem Sänger des Jenseits das Vertrauen in die göttliche Gerechtigkeit übernahm, noch den Glauben an irgendein Jenseits, aber die moralische und zivile Glut des Wahrheitssuchers (...) und er übernahm die Anstrengung des Wortes vor dem Unsagbaren, das nicht verschwiegen werden durfte. So begleitet Dante auf entscheidende Weise die Weiss'sche Dramaturgie der 60er Jahre und im folgenden Jahrzehnt die Ausarbeitung der Ästhetik des Widerstands und wurde so nach einer Definition von Giuseppe Dolei [Germanist der Universität Bari, G. F.] zum ‚Genossen des Widerstands'.[12] (Übers. Aus d. Ital., G. F.)

Wiederholt wird der säkularisierende Zugriff von Weiss auf Dante hervorgehoben: Auschwitz ist nicht die Hölle, sondern das Paradies, sofern der Ort der Gerechten. Die *Ermittlung* war zunächst mit diesem Titel vorgesehen. Die Verkehrung des landläufig als „Hölle" verstandenen Auschwitz in *Paradiso* dementiert zugleich die Annahme universeller göttlicher Gerechtigkeit und denunziert die Herrschaft des Bösen in dieser Welt.

Die umstandslose Ausweitung der Weiss'schen „Operation Dante" auf die *Ästhetik des Widerstands* (Dante als „Genosse des Widerstands") bleibt allerdings zu problematisieren, denn in der *Ästhetik* wird das Modell der *Divina Commedia* relativiert. Dante wird zu *einem* historischen Zeugen des Widerstands gegen Gewalt, Ungerechtigkeit und Machtmissbrauch unter hunderten anderer Künstler, die in der *Ästhetik* auf ihren Beitrag zur menschlichen Emanzipation befragt werden. Er verliert seine privilegierte Position als Schöpfer *des* Modus universelle Gerechtigkeit einzuklagen und wird somit historisiert als einer unter vielen.

Der Leidensdruck des Sprechen-Müssens ohne sprechen zu können, die „Anstrengung des Wortes vor dem Unsagbaren", führte Weiss allerdings schon vor der *Ästhetik des Widerstands* über Dante hinaus. Und zwar zum Konzept des den subjektiven Faktor, die „Macht des Wortes" gegenüber der der Fakten stark relativierenden Dokumentartheaters und in der Folge dazu, dem „technischen" Titel *Die Ermittlung* den Vorrang zu geben vor dem Dante negierenden und zugleich in der Negation an ihm festhaltenden Titel

---

12 Ders., L'inferno della verità. Gli ipertesti danteschi di Peter Weiss e i loro archetipi visuali, in: Contrapuntoblog.org, 2015, S. 4d. (Zugriff am 12.04.2022).

Paradies. Diese Modifikation des Titels wurde in Italien nur oberflächlich wahrgenommen – vielleicht weil der Dante-Bezug schon hier erstmals in den Hintergrund rückte.[13]

Das Divina Commedia Projekt bleibt Bruchstück. Das *Paradiso* wird zur *Ermittlung*, das *Purgatorio* bleibt unausgearbeitet und das *Inferno* erscheint in Deutschland aus dem Nachlass erst 2003 in der Ausgabe von Christoph Weiß. Nur wenig später (2007) erscheint es in Italien in der Ausgabe von Marco Castellari im Mailänder Mimesis-Verlag. Wie das Stück über Auschwitz als Teil des Divina Commedia-Projektes zunächst als *Paradiso* vorgesehen war, so befasst sich *Inferno* mit der schon im Wohlstand lebenden bundesrepublikanischen Nachkriegsgesellschaft. Ein Jahr vor dem Frankfurter Auschwitz-Prozess (1964) verfasst, repräsentiert dieses Stück wohl die ursprüngliche Weiss'sche Konzeption eines „den Dante vom Kopf auf die Füße Stellens" unkontaminiert. In dieser Hölle wird Dante zum Leidenden. In einem geschichtsvergessenen und selbstgefälligen Nachkriegsdeutschland, das er als Reisender besucht, wird er wegen seines moralischen Anspruchs verlacht und bedroht. Das Übel herrscht, der Moralist, der Gerechte wird gequält und verfolgt. Der Herausgeber Marco Castellari stellt die Frage, wer ist hier Dante:

> Dante ist hier, und das vor allem interessiert uns, als dramatische Figur Poet und gleichzeitig Intellektueller und im Gedächtnis der anderen Figuren des Dramas Autor seines *Inferno*, eben des Danteschen. Wir haben gesehen wie schmerzhaft präsent in Weiss' Inferno der intertextuelle Bezug auf den Originaltext ist und wie sehr ihn seine Rolle als „Wahrheitssucher" in einer Welt der Verdrängungen und der Manipulation dem Spott, der Erniedrigung, *der* Folter aussetzt.[14] (Übers. Aus d. Ital. G. F.).

Während Castellari hier dem Dante-Bezug des Weiss'schen *Inferno* primäre intertextuelle Bedeutung beimisst, setzt der Herausgeber der deutschen *Inferno*-Edition (Christoph Weiß) einen anderen Akzent: er begreift Dante hier eher als alter ego des Peter Weiss:

> Deutlicher und schonungsloser noch als in Abschied von den Eltern, Fluchtpunkt oder den Notizbucheintragungen hat Weiss in diesem 7. Gesang jene traumatischen Aspekte seiner Biographie auf wenigen Seiten gestaltet, die sowohl die Voraussetzung seines Schreibens als auch, damit verbunden, seines politischen Engagements bilden. Die einzelnen Elemente des Schuldzusammenhangs sind so miteinander verknüpft, dass das Versagen sich unausweichlich in der Gegenwart fortsetzt. Zen-

---

13 Ein neuerer Beitrag (2016) schenkt der Abschwächung des Dante-Bezugs in der Ermittlung Aufmerksamkeit, allerdings auch ohne auf die Modifikation des Titels gesondert einzugehen. Der Turiner Germanist Riccardo Morello beobachtet: „Die Gegenwart Dantes und auch die des Autors selbst beschränkt sich darauf Prozessakten auszuwählen und zu montieren. Von Dante ist nur die Wahrheitssuche geblieben. Aber um Wahrheit zu produzieren, muss der Autor verschwinden. Weiss vertraut nur dem Dokument, den Stimmen der anonymen Zeugen ...". Riccardo Morello, L'istruttoria di Peter Weiss. Un processo al Nazismo, in: Diritto e letteratura a confronto. Paraddigmi, processi, transizioni, hrsg. v. M. C. Foi, Trieste 2016, S. 117–123. (Übers. aus d. Ital. G. F.)
14 M. Castellari, Dei molti inferni, a.a.O., S. 259–260.

trum des Schuldkomplexes ist die Tatsache, entkommen und nicht ermordet worden zu sein.[15]

Castellari bezieht sich in seinem Nachwort zur italienischen Inferno-Ausgabe auf Christoph Weiß und warnt:

> Es ist also klar, soweit auch eine autobiographische Leseweise plausibel erscheinen mag, das Drama kann absolut nicht auf sie verflacht werden, bei Strafe des Verlusts seiner überindividuellen politischen und kulturellen Bedeutung. Das Weiss'sche *Inferno* in einer intertextuellen Perspektive zu lesen bedeutet den Bezug auf das Poem Dantes ernst zu nehmen.[16] (Übers. aus d. Ital. G. F.)

Es scheint allerdings unangemessen, in einer Orientierung auf zweifellos vorliegende autobiographische Momente des Weiss'schen *Inferno* die Gefahr einer Verflachung der überindividuellen politischen und kulturellen Bedeutung des Textes zu sehen. Die Biographie von Peter Weiss hat auch ohne sie auf Dante zu beziehen überindividuelle politische und kulturelle Bedeutung.

In der Aufführungspraxis der italienischen Theater hatte *Inferno* wesentlich weniger Fortune als *Die Ermittlung*. Mir sind nur zwei Aufführungen bekannt, die zudem als Überarbeitungen zu betrachten sind und nicht den Weiss'schen Originaltext repräsentieren – eine in Pordenone (Norditalien) am 17. September 2016 und eine zweite in Matera (Süditalien) am 27. Juli 2017. Beide Aufführungen erfolgten außerhalb der Theater prozessionsartig durch die Straßen der Stadt. In einem der Theaterprospekte liest man:

> Inferno ist ein Schauspiel, das sich durch die Straßen der Stadt hindurch vollzieht. Um diese Dramaturgie zu entwickeln haben wir einige Texte aus *Inferno* von Peter Weiss ausgewählt. Texte, die nach unserer Auffassung mit überraschender Genauigkeit die heutigen Bedingungen derer beschreiben, die aus Not gezwungen sind, die Heimat zu verlassen und anderswo ihr Auskommen zu suchen. In unserer Version wird Dante darauf bestehen, dass seine Dichtung ein Mittel zur Überwindung dieser infernalischen Bedingungen sein kann.[17] (Übers. Aus d. Ital. G. F.)

Diese Interpretation greift sicher das Weiss'sche Motiv des Exils und der Emigration in *Inferno* auf. Allerdings überwiegt auch hier die konventionelle Höllenvorstellung. Im gegen den Strich gebürsteten *Inferno* von Weiss geht es eigentlich allen Schlechten gut. Nur Dante als moralische Instanz leidet. Gerade darin bestand Weiss' Kritik an den Bedingungen eines nur zur Hälfte überwundenen Nationalsozialismus der Nachkriegs-Bundesrepublik. Weiss suchte den großen Schatten Dantes, das Modell Dante, aber vielleicht

---

15 C. Weiß, Nachwort, in: Peter Weiss Inferno, Stück und Materialien, hrsg. v. C. Weiß, Suhrkamp Verlag, Frankfurt am Main 2003, S. 132.
16 M. Castellari, Dei molti inferni, a.a.O., S. 254.
17 N.N. Invasione notturna frivola e ruggente, non ostile: I.N.F.E.R.N.O., https://www.teatronucleo.org/wp/inferno/ (Zugriff am 2.04.2022).

waren auch seine eigene Biographie, sein Geschichtsbewusstsein und seine Kreativität ausreichend, um die neuere europäische Geschichte synthetisierend und richtend zu umfassen.

Aus Weiss' Notizbüchern geht hervor, dass er sein Divina Commedia Projekt 1969 aufgegeben hat. In seiner Arbeit *Dantes Spuren und die Mythos-Rezeption in Peter Weiss Roman Die Ästhetik des Wiederstands* hebt Jens Birkmeyer hervor:

> Mit dem Beginn seiner Arbeit an der *Ästhetik des Widerstands* hat sich der Verfasser ultimativ das Scheitern aller Dramatisierungsvorhaben der *Commedia* eingestanden. Dafür sind zwei Gründe ausschlaggebend: zum einen ist die zu bewältigende Stoffmenge quantitativ praktisch nicht zu verarbeiten und zum anderen erwies sich Dantes Vorlage strukturell eher als qualitatives Hemmnis einer künstlerischen Realisierung.[18]

Und Birkmeyer präzisiert:

> Eine vergleichende Gegenüberstellung der Dante-Disposition mit dem Aufbau der Trilogie (d.i. *Die Ästhetik des Widerstands* G.F.) macht zunächst mehr die Differenzen und Abweichungen deutlich als deren Übereinstimmung. Weiss hat nämlich neben der Revision der Bedeutungen von Inferno/Purgatorio/Paradiso diese Einteilung nicht zur strukturellen Grundlage seines Romanes gemacht. Dies ist zunächst am deutlichsten daran zu erkennen, daß weder das Inferno-Reich noch das Paradiso als eigenständige und in ihrer Intention eindeutige Landschaften im Roman vorkommen. Auch läßt sich aus der Disposition der Trilogie keine Analogie zur Divina Commedia ablesen.[19]

Der Weg vom *Divina Commedia*-Projekt zur *Ästhetik des Widerstands* wäre demnach nicht von Analogie gekennzeichnet, sondern schließt tiefe Brüche ein. Von der Umkehrung des mittelalterlichen Universalismus und seiner Metaphysik im Dante-Projekt (die ‚Hölle' Auschwitz wird als ‚Paradiso' und das bundesdeutsche ‚Paradies' als ‚Inferno' präsentiert) als sozusagen indirektes, in der Polemik gegen den Dante'schen Transzendenzbezug befangenes Verfahren des Einklagens diesseitiger Gerechtigkeit, zum direkten, nicht mehr polemisch gebrochenen Projekt menschlicher Emanzipation als universelles Prinzip geschichtlicher Entwicklung in der Ästhetik des Widerstands. Beiden gemeinsam ist ihr unbedingter und zugleich verzweifelter Optimismus. Weiss charakterisierte Methode und Ergebnis seiner „Operation Dante" in einer Weise, die Kontinuität von der *Divina Commedia* zur *Ästhetik des Widerstands* nur unter dem Primat der Diskontinuität, im dialektischen Bruch zugesteht:

---

18 J. Birkmeyer, Bilder des Schreckens. Dantes Spuren und die Mythosrezeption in Peter Weiss' Roman 'Die Ästhetik des Widerstands', Deutscher Universitätsverlag, Wiesbaden 1994, S. 32.
19 Ebd., S. 136.

> Ich versetze diese mittelalterliche Welt (Dantes, G. F.) immer nur in meine Gegenwart. [...] Eben deshalb läßt sich aus der Divina Commedia ein ganz irdischer Bericht herauslesen. Ich nehme mir sein Werk vor, um meine Gedanken daran zu messen. [...] Aus der mythologischen Welt wird eine Welt, die sich von Menschen verändern läßt.[20]

In Italien liegt – wie schon gesagt – die Ästhetik des Widerstands bisher nicht vor. Das Werk ist in allen größeren europäischen Sprachen erschienen (Englisch, Französisch, Spanisch, Schwedisch, Russisch), auch Türkisch, aber eben nicht auf Italienisch. Das wird durchaus nicht gutgeheißen, sondern in vielen Beiträgen italienischer Germanisten selbstkritisch gegeißelt, aber es ist so. Das mag sicher auch verlegerisch-kommerzielle Motive haben, aber das scheint als Erklärung nicht auszureichen. Es ist wenig wahrscheinlich, dass dieser Text in Spanien mehr Käufer findet, als er in Italien fände. Eine Übersetzung des ersten Bandes der Ästhetik liegt dem Turiner Verlag Einaudi seit Ende der 1980er Jahre vor. Sie ruht im Archiv des Verlages als noch maschinenschriftliches Manuskript und es schien mir eine gute Arbeit zu sein. Nachfragen und Vorschläge einer Veröffentlichung haben bisher kein Interesse gefunden. Unter dem Titel: *Die Ästhetik des Widerstands von Peter Weiss: Der wichtigste Roman des Jahrhunderts, in Italien nie übersetzt.* (korrekterweise müsste es heißen: nie veröffentlicht) erschien 2020 ein Artikel in einer online-Zeitschrift. Er beginnt so:

> Es war ein Ereignis, dessen Bedeutung und dessen Macht wir [Italiener, G. F.] nicht verstanden haben. Als hätten sie uns z.B. die *Recherche* von Proust, die Bücher von Thomas Mann oder die von Philipp Roth vorenthalten."[21] (Übers. aus d. Ital., G. F.)

Nun, das will erklärt sein. In der schon erwähnten Polemik Castellaris gegen die autobiographische Lesart des *Inferno* seitens Christoph Weiß, es erschiene dieses Werk ohne ausreichende Würdigung des Dante-Bezugs flach, verlöre an geschichtlicher Tiefe, und auch in der nur zerstreuten Wahrnehmung der Änderung des ursprünglich vorgesehenen Titels des Stückes *Paradies* in *Ermittlung*, die, wie schon gesagt, eine Entfernung vom Dantebezug reflektierte, erscheint vielleicht symptomatisch, dass in der italienischen Germanistik und über diese vermittelt in der italienischen Öffentlichkeit die Tendenz besteht, auch den Weiss der *Ästhetik des Widerstands* unmittelbar an Dante gebunden zu verstehen. Um es drastischer auszudrücken: Das Werk von Weiss *primär* als Wirkungsgeschichte Dantes zu begreifen führte mit einer gewissen Logik zur Marginalisierung der Ästhetik des Widerstands, da sich Weiss in dieser von Dante entfernt. Und soweit die Ästhetik des Widerstands dennoch primär als Ort des „Genossen Dante" (Dolei) wahrgenommen wird, entzieht sich der Wahrnehmung die nicht metaphysisch sondern kunstgeschichtlich und politisch universelle Dimension dieses Werks vom Pergamon-Altar und

---

20 P. Weiss, Gespräch über Dante, a.a.O., S. 149.
21 Peter Weiss e il romanzo più importante del secolo mai tradotto in Italia, Pangea, 10.09.2020, https://www.pangea.news/peter-weiss-estetica-resistenza/ (Zugriff am 2.04.2022).

Angkor Watt bis zu Picasso als Wirkungsgeschichte auch Dantes, aber vor allem der Weltkunst – und seine Übersetzung ins Italienische bleibt verschlossen im Archiv des Turiner Einaudi Verlags. Jenseits dieses Ausfalls bleibt aber der große Publikumserfolg von Peter Weiss in Italien als Autor der *Ermittlung* festzuhalten, als Leidensgenosse von Primo Levi und persönlicher Zeuge der Shoa. Auch wenn er weder das eine noch das andere war.

Literatur

Birkmeyer Jens, *Bilder des Schreckens. Dantes Spuren und die Mythosrezeption in Peter Weiss' Roman ‚Die Ästhetik des Widerstands'*, Deutscher Universitätsverlag, Wiesbaden 1994.

Castellari Marco, *Dei molti inferni*, in: Peter Weiss, *Inferno*, hrsg. v. Marco Castellari, Mimesi Edizioni, Milano-Udine 2008, S. 238–257.

Castellari Marco, *L'inferno della verità. Gli ipertesti danteschi di Peter Weiss e i loro archetipi*, https://elephantandcastle.unibg.it (Zugriff am 08.03.2022).

Levi Primo, *Ist das ein Mensch?*, übers. v. Heinz Riedt, Fischer, Frankfurt am Main 1961.

Masi Alfonso, *Tu passerai per il camino*, https://www.lavocedeltrentino.it (Zugriff am 12.03.2022).

Miglio Camilla, *Dante dopo Auschwitz. L'inferno di Peter Weiss*, in: Critica del testo XIV, 3, 2011, S. 3–28.

Morelli Giulia, *L'Istruttoria di Peter Weiss*, https://www.teatrodue.it (Zugriff am 3.03.2022).

Morello Riccardo, *L'istruttoria di Peter Weiss. Un processo al Nazismo*, in: *Diritto e letteratura a confronto. Paraddigmi, processi, transizioni*, hrsg. v. M. C. Foi, Edizioni Università di Trieste, Trieste 2016, S. 117–123.

N.N., *Peter Weiss e il romanzo più importante del secolo mai tradotto in Italia*, Pangea, 10.09.2020, https://www.pangea.news/peter-weiss-estetica-resistenza/ (Zugriff am 2.04.2022).

N.N., *Notturna frivola e ruggente, non ostile: I.N.F.E.R.N.O.* https://www.teatronucleo.org/wp/inferno/ (Zugriff am 2.04.2022)

Pasolini Pier Paolo, *La divina mimesis*, Einaudi, Torino 1975.

Salgaro Massimo, *Die Ermittlung/L'istruttoria di Peter Weiss: teoria e prassi della traduzione teatrale*, in: Kwartalnik Neofilologiczny 214, No. 2, S. 386–407.

Weiß Christoph, *Nachwort*, in: Christoph Weiß, *Peter Weiss Inferno, Stück und Materialien*, hrsg. v. Christoph Weiß, Suhrkamp Verlag, Frankfurt am Main 2003, S. 126–154.

Weiss Peter, *Fluchtpunkt*, Suhrkamp Verlag, Frankfurt am Main 1962.

Weiss Peter, *Notizbücher 1960–1971*, Erster Band, Suhrkamp Verlag, Frankfurt am Main 1982.

Weiss Peter, *Die Ermittlung: Oratorium in 11 Gesängen*, Suhrkamp Verlag, Frankfurt am Main 1991.

Weiss Peter, *Inferno, Stück und Materialien. Mit einem Nachwort und herausgegeben von Christoph Weiß*, Frankfurt am Main 2003.

Weiss Peter, *Meine Ortschaft*, in: Peter *Weiss, Rapporte*, Suhrkamp Verlag, Frankfurt am Main 1968, S. 113–124.

Weiss Peter, Gespräch über Dante, in: Peter Weiss, *Rapporte*, Suhrkamp Verlag, Frankfurt am Main 1968, S. 142–169.

Weibliches Dokumentartheater?
She She Pop in der Tradition des Dokumentarischen Theaters nach Peter Weiss

Julia Lind
(Johannes-Gutenberg-Universität Mainz)

Female documentary theatre? She She Pop in the tradition of Documentary theater based on Peter Weiss

Abstract: Using the example of the performance group She She Pop, the essay shows to what extent aesthetics and principles of documentary theater according to Peter Weiss can be found in today's performance works and through which specific properties the model of a „female" documentary theater differs from the male-dominated documentary theater of the 1960s. In the course of subjectification in the 1970s, autobiographical narrative styles were increasingly combined with sober, factual representation and transformed into surreal theatrical images. This hybrid mixture of stylistic devices and levels is a common way of perception in today's theater aesthetics. In this line of tradition, She She Pop combine authentic and documentary material, experiment with form and take part in political discourse through subjective approaches. Despite the major discrepancies, references to Peter Weiss' documentary theater can be made in terms of content and aesthetics. While Weiss deals with politically complex topics such as the Shoah, colonialism, and the Vietnam War with an analytical perspective on the basis of real documents, She She Pop presents social topics such as family, generational conflict, emancipation and distribution of wealth based on his own autobiographical experiences. In this sense, their theater can be described as female documentary theatre, which already pursues the concept of polyphony in its working methods.

Keywords: (female) documentary theater, performance, She She Pop, Peter Weiss.

Mit seinen Notizen zum dokumentarischen Theater und dem Welterfolg des Dokumentarstücks *Die Ermittlung* über die Auschwitzprozesse in Frankfurt prägte Peter Weiss nachhaltig den Begriff des Dokumentarischen Theaters. Dieses sollte in möglichst nüchterner Ästhetik Geschichte auf der Bühne darstellen, ohne eine fiktive Zutat, allein auf Grundlage der gefundenen Quellen und Dokumente: „Das dokumentarische Theater enthält sich jeder Erfindung, es übernimmt authentisches Material und gibt dies, im

Inhalt unverändert, in der Form bearbeitet, von der Bühne aus wieder."[1] Dieses Theater hatte einen hohen politischen Anspruch, es stand im Widerspruch und Protest zu konventionellen Theaterformen und wollte als Theater operativ mitwirken, als Motor und Medium der Aufklärung dienen.[2] Das dokumentarische Theater der 1960er Jahre brachte die drängenden Wirklichkeitsfragen der krisenbehafteten Zeit (68er-Bewegung, Vietnamkrieg) auf die Bühne und re-politisierte das Theater. In der jüngeren Theatergeschichte lässt sich seit den 1990er Jahren eine neue dokumentarische Welle beobachten, in der der Rückgriff auf Vergangenheit zur Suche nach den damaligen Wirklichkeiten und ihren Bedeutungen für Gegenwart und Zukunft wird.[3] Es lassen sich die verschiedensten Spielarten des Dokumentarischen auf deutschen Bühnen nachweisen. Ob in der freien Szene, im Performanceformat, an Bürgerbühnen oder im Staatstheater – an den unterschiedlichen Theaterinstitutionen trifft das Publikum auf Expert/innen des Alltags, Laien oder auch professionelle Schauspieler, die aus ihrem Leben berichten, Ereignisse dokumentieren und so gesellschaftliche Belange in Szene setzen. Diese Inszenierungen sind weniger von einem politischen Protest getragen, denn von dem Impetus, die Stimmenvielfalt zu erhöhen, authentisches Material mit anderen fiktiven Formaten zu vermischen, neue Wahrnehmungsformen zu eröffnen und bekannte Narrative zu hinterfragen. Die Inszenierung historischer Quellen auf der Bühne hat sich als eine spezifische mediale Form etabliert, Geschichte in der Öffentlichkeit zu präsentieren und zu verhandeln. Am Beispiel der Performancegruppe She She Pop möchte ich im Folgenden aufzeigen, inwiefern sich Ästhetiken und Grundsätze des dokumentarischen Theaters nach Peter Weiss in heutigen Performance-Arbeiten wiederfinden und durch welche spezifischen Eigenschaften sich das Modell eines ‚weiblichen' Dokumentartheaters von dem männlich dominierten Dokumentartheater der 1960er Jahre unterscheidet.

Das Performancekollektiv hat sich nach dem Studium der angewandten Theaterwissenschaft in Gießen gegründet und besteht seit den 1990er Jahren. Ihre Arbeitsweise ist durch kollektive Verfahren gekennzeichnet, bis auf einen Mann sind es Frauen, die als Autorinnen, Dramaturginnen und Performerinnen zusammenarbeiten. Ausgangspunkt ihrer Arbeiten bilden oftmals eigene biografische Erfahrungen, die sie nicht als privat, sondern als Teil eines öffentlichen Diskurses betrachten. Das dokumentarische Material loten sie in Zusammenhang von medialen und performativen Möglichkeiten aus. Durch die Veröffentlichung und Theatralisierung der eigenen, vorwiegend weiblichen Erfahrungen, nutzen sie die Bühne als „Ort der akuten Öffentlichkeit"[4]. Auf ihrer Homepage präsentiert sich die Performancegruppe als ein künstlerisches Kollektiv und postuliert, dass die gemeinsame Kunstproduktion in enger Verschränkung zur Lebenspraxis prak-

---

1 P. Weiss, *Notizen zum Dokumentarischen Theater. 1968.* Online unter: http://www.lawrenceglatz. com/germ3230/texte/weiss1.htm. (Zugriff am 8.10.2022)
2 Vgl. T. Logge, E. Schöck-Quinteros, S. Nils, *Geschichte und dokumentarisches Theater. Einleitende Bemerkungen zu Inszenierungen von Zeitzeugnissen.* In: Logge, Thorsten, Eva Schöck-Quinteros, Nils Steffen: *Geschichte im Rampenlicht. Inszenierungen historischer Quellen im Theater.* De Gruyter Oldenbourg, München 2020, S. 4.
3 Vgl. ebd., S.7.
4 *Alles über She She Pop*, Online unter: https://sheshepop.de/ueber-uns/ (Zugriff am 10.10.2022)

tiziert wird. Die Bühne gilt ihnen als Ort gesellschaftliche Erfahrungen zu benennen und innerhalb gesellschaftlicher Zusammenhänge zu kontextualisieren. Das Publikum wird dabei als Zeuge bzw. Adressat als aktiver Mitspieler gedacht und Möglichkeiten des Eingreifens und Partizipierens entworfen. Entsprechend diesen Prämissen tragen die Inszenierungen von She She Pop oftmals den Charakter eines Experimentierfeldes oder einer Versuchsanordnung. Diese Charakteristika werden deutlich in der Produktion *Schubladen* (2012), in der sich sechs Frauen – jeweils in Zweierpaare aufgeteilt – über ihre west- bzw. ostdeutsche Familiengeschichte austauschen und sich auf diese Weise über ost- bzw. westdeutsche Stereotype verständigen. Erinnerungsstücke wie Bücher, Kleidung, Briefe, Schallplatten dienen in dieser Inszenierung als Träger kultureller Identität. Jede der Frauen hat eine eigene Schublade am vorderen Bühnenrand platziert, in der persönliche Gegenstände und Erinnerungsstücke gesammelt sind, die in der passenden Szene hervorgeholt und dem Publikum bzw. dem Gegenüber präsentiert wird. An diese Dinge sind persönliche Geschichten, Stimmungen, Gefühle verknüpft. Während des Erzählens und Präsentierens evozieren sie bestimmte Atmosphären und dokumentieren so Lebensweise und gesellschaftliche Erfahrungen in Westdeutschland und Ostdeutschland. Die teils emotionalen autobiografischen Erfahrungen stehen im Gegensatz zum nüchternen Setting, das an ein Behördenzimmer erinnert. Auch die Sachlichkeit, mit der die Performerinnen sich gegenseitig interviewen, erinnert mehr an den Tonfall eines amtlichen Protokolls als an ein einfühlendes Gespräch. Bei Verständnisschwierigkeiten drückt die Interviewerin auf einen Stopp-Knopf und fordert die Erklärung eines Begriffs, Gegenstandes oder Redewendung ein. Durch diese auf Verfremdung ausgerichteten Inszenierungsstrategien werden die noch bestehenden Distanzen und Missverständnisse zwischen ost- und westdeutschen Narrativen theatral herausgearbeitet, einander ohne Sentimentalität gegenübergestellt und den Zuschauerinnen als Frage bzw. Problemstellung überantwortet. Ein ähnliches Vorgehen finden wir in der Arbeitsweise von Weiss: Auch dieser formt das dokumentarische Material mit Hilfe von Verfremdungsstrategien; bringt hoch brisante, emotionale Geschichten in eine durchdachte Struktur und kombiniert nüchterne Vortragsweisen mit erschütternden Inhalten. In seinem dokumentarischen Stück „Die Ermittlung" dient Dantes episches Gedicht „Inferno" als Folie, um die Hölle von Auschwitz zu greifen und die Zeugenaussagen der Täter und Oper in eine künstlerische Form zu bringen. Das bearbeitete Material wurde extrem versachlicht, indem Adjektive herausgestrichen und Satzstrukturen möglichst klar und prägnant geschliffen wurden. Durch diese Versachlichung der Sprache erhöhte sich die Präzision der Sätze und insgesamt die Glaubwürdigkeit der Aussagen.[5] In diesem Umgang mit Sprache sehe ich eine große Übereinstimmung zwischen den beiden dokumentarischen Theaterformen. Inszenierungen von She She Pop als auch Stücke von Peter Weiss zeichnen sich durch eine hohe sprachliche Klarheit aus, die das dokumentarischen Material so weit verfremdet, das eine eindeutig greifbaren Aussage ermöglicht wird.

Größere Diskrepanzen zwischen den Theaterformaten bestehen hinsichtlich der Produktionsweise. Das dokumentarische Theater von Weiss basiert auf einem traditionellen

---

5   Vgl. A. Beise, *Peter Weiss*. Reclam, Stuttgart 2002, S. 124.

Autor-Werk-Verständnis. Der Text entsteht in individueller Arbeitsweise und wird in abgeschlossener Form der Dramaturgie bzw. dem/der Regisseur/in überantwortet, die in Zusammenarbeit mit Bühnen- und Kostümbild sowie Schauspielensemble die theatrale Verwirklichung übernehmen. Die Ästhetik der Inszenierung ist somit durch die Handschrift der jeweiligen Regisseurin/ Regisseurs bzw. das jeweilige Theaterhaus geprägt. Diese Übersetzungsarbeit entfällt bei der kollektiven Arbeitsweise von She She Pop. Von der Idee bis zur Planung und Umsetzung der Performance erarbeiten die Mitglieder die Inszenierung gemeinsam. Sie forcieren damit eine demokratische, kollektive Arbeitsweise, die alle Stimmen, Meinungen, Erfahrungen der Gruppenmitglieder einbezieht und sich so von der Idee des Einzelkunstwerkes abhebt. Die gelebte Erfahrung der einzelnen Gruppenmitglieder wird als künstlerischen Quelle genutzt, wodurch dass autobiografische Material einen dokumentarischen Wert erhält. In der Saarbrücker Poetik Dozentur, die She She Pop 2018 innehatte, formulieren sie ihr Konzept folgendermaßen:

> Wenn wir sagen »Wir sind einige von euch«, dann meinen wir das tatsächlich. Und zwar in dem Sinn, dass wir uns nicht für etwas Besonderes halten. Wir vertreten nicht die Meinung, *dass Kunst nur durch ein Genie* entstehen kann, das seine persönliche Vision verwirklicht. Unsere Kunst besteht darin, eine Frage zu stellen, die man nicht allein beantworten kann. Wir sind uneins und sehen das als Bereicherung.[6]

Mit diesem Bekenntnis zur kollektiven Arbeitsweise stellen sich She She Pop in die Tradition der historischen Avantgarde, welche den Genie-Kult ablehnte und gemeinschaftliche Formen der Kunstherstellung forderte.[7] Nach Peter Bürger hinterfragte die historische Avantgarde insbesondere das bürgerliche Verständnis von Kunst. Individuelle Produktions- und Rezeptionsverfahren, die in Einklang mit dem Begriff der Autonomie stehen, wurden als wirklichkeitsfremd und unzeitgemäß kritisiert. Künstlergruppen etwa des Dadaismus oder des Surrealismus strebten an, dass künstlerische Rezeptions- wie Produktionsverfahren als Gemeinschaftserlebnis Eingang in den Lebensalltag finden. Dieses Ideal einer Entgrenzung von Kunst und Leben bestimmt auch die Kunstvorstellungen von She She Pop. Aus ihrer Sicht erhalte die Kunst durch die kollektive Arbeitsweise Glaubwürdigkeit und Legitimation. Die dadurch erzeugte Stimmenvielfalt demokratisiere das Kunstwerk, da es unterschiedliche Einstellungen zu bestimmten Themen in ihrer Widersprüchlichkeit und Inkongruenz respektiere und aufzeige. Anders als bei Peter Weiss basiert das dokumentarische Material der Inszenierungen nicht allein auf gefundene Zeugnisse der Gegenwart wie „Protokolle, Akten, Briefe, statistische Tabellen, Börsenmeldungen, Regierungserklärungen, Ansprachen, Interviews, Äußerungen bekannter Persönlichkeiten, Zeitungs- und Rundfunkreportagen, Fotos, Journalfilme"[8]. She She

---

6 L. Lucassen, *Wir sind einige von euch. She She Pop und ihr Publikum*. In: She She Pop: *Sich fremd werden: Beiträge zu einer Poetik der Performance*. Saarbrücker Poetdozentur für Dramatik. Alexander Verlag, Berlin 2018, S. 7.
7 Vgl. P. Bürger, *Theorie der Avantgarde*. Suhrkamp, Frankfurt 1988, S. 73–76.
8 P. Weiss, *Notizen zum Dokumentarischen Theater 1968*. Online unter: http://www.lawrenceglatz. com/germ3230/texte/weiss1.htm. (Zugriff am 10.10.2022)

Pop erweitern den Begriff des dokumentarischen Theaters, indem sie den Materialfundus auf den Bereich des Autobiografischen ausweiten und kollektiven Verfahrensweisen zur Hervorbringung dieses Materials entwickeln. In dem bereits besprochenen Beispiel „Schubladen" sind es insbesondere die biografischen Erfahrungen der Darstellerinnen, insbesondere die eigenen Familiengeschichten, die auf der Bühne performt und zu Trägern des kulturellen Gedächtnisses werden. Das autobiografische Material dieser (nicht nur sinnbildlichen, sondern auch realen) Schubladen sind hier Briefe, Tagebuch-Auszüge und andere Textdokumente. Das Konturieren von Identität auf der Bühne kann als Technik She She Pops angesehen werden. Mit dieser Strategie wird Identität vor den Augen der Zuschauer eine „Identitätsfigur" aufgebaut. Autobiografie heißt bei She She Pop das Spiel mit der Fiktion des eigenen Selbst. In dem Spiel des Verhältnisses von Privatem und Öffentlichem wollen sich die Performerinnen zu gegenseitigen Bekenntnissen herausfordern. Anstelle einer Rolle geben sich die Performerinnen Aufgaben und Fragen, bei deren Durchführung sie sie selbst bleiben und von der jeweiligen Aufgabe und Frage real herausgefordert werden.

Nach Norma Köhler lässt sich diese Form der biografischen Theaterarbeit mit produktionsorientierter Theaterpädagogik vergleichen, die ebenfalls Biografien der Darsteller/innen als Material für die Inszenierung nutzt.[9] Der Moment des ‚Authentischen' steigert sich dadurch, dass die Mitglieder des Performancekollektivs ihre autobiografischen Erfahrungen selbst darstellen. Sie bezeugen auf der Bühne ihre Lebenserfahrungen, wodurch das Gefühl von Vertraulichkeit erzeugt wird und sich der Abstand zwischen Autorschaft und Zuschauerschaft verringert. Die Zuschauer fühlen sich durch die autobiografische Ansprache involviert. In den meisten Produktionen von She She Pop ist die aktive Teilnahme bzw. Partizipation des Zuschauers konstitutiver Bestandteil. Überspitzt gesagt, dient bei diesem autobiografisch orientierten Dokumentartheater die subjektive Einstellung der einzelnen Performerinnen – in seiner ganzen verwirrenden Komplexität – als Ausgangspunkt der Produktionen. Die Inszenierungen machen Alltagserfahrungen auf der Bühne transparent und bündeln ganz unterschiedliche autobiografischen Zugänge zu einem bestimmten Themenkomplex.

In She She Pops *Schubladen* steht der Kontrast zwischen Ost- und West-Lebensläufen im Vordergrund: Bereits in der ersten Szene zeigt sich die Verwurzelung der Performerinnen in ihrer Identität mit der DDR und BRD. Es zeichnet sich ab, dass die Schilderungen über die Beziehung und Leben der Mütter mit ihren Ehemännern in der BRD im Vergleich mit den Müttern aus der DDR weniger unabhängig erscheinen. Die Erziehung und Kindheit der Performerinnen sind maßgeblich von den unterschiedlichen Ansichten und zur Verfügung gestellten Strukturen in der DDR und BRD geprägt. Zur Sprache kommt die Krippe in der DDR, Kindergärten, Väter, die sich um den Haushalt kümmerten, Medikamentenmissbrauch und Krankenhausaufenthalte. Aber auch verschiedene Erziehungsmethoden und Einstellungen zur Arbeit der Mütter in beiden deutschen Staaten, der Unterschied zwischen beruflicher Erfüllung und rein materiellen Interes-

---

9   Vgl. N. Köhler, Biografische Theaterarbeit zwischen kollektiver und individueller Darstellung: *ein theaterpädagogisches Modell*. kopaed, München, 2017, S. 16.

sen (Geld verdienen), oder Grundsatzfragen, die diese Ambivalenzen widerspiegeln, wie „Muttermilch oder Flasche?". Dabei spielen auch die Wirtschafts- und Gesellschaftsordnungen eine Rolle. So kommen für die BRD der Kapitalismus und eine dezentrale Lebensgestaltung zur Sprache, in der Geld eine unterschiedliche, von Lebensumständen abhängende Rolle spielte und generell einen Raum für Individualität ließ. Für die DDR wird der Sozialismus, die Leistung und das Geld des Einzelnen für die gemeinsame Ordnung und der Aspekt, dass sich durch Leistung die Gestaltung des eigenen Lebens selbst erarbeiten lässt, diskutiert.[10] Dabei werden für beide Staaten die Besetzungen bestimmter Begriffe, ihre Definitionen sowie subjektive Zuschreibungen herausgearbeitet und somit unterschiedliche politische Weltanschauungen zur Sprache gebracht; der Konsum des Kapitalismus wird kritisch beäugt, gleichzeitig Waren in der DDR in Qualität und Quantität mit denen im Westen verglichen. Ein weiterer Gesichtspunkt ist die Sozialisation der Performerinnen durch ihren unterschiedlichen Alltag, wobei feministische Literatur ihrer Mütter, oder andere popkulturelle Elemente wie Songs oder beliebte Fernsehsendungen thematisiert werden. Die Performerinnen diskutieren dabei über verschiedenen Verständnissen von Feminismus und die Definition von Emanzipation beispielsweise anhand der Frage, warum man sich von der männlichen Form von Begriffen angesprochen fühlt oder nicht. In der Gegenüberstellung west- und ostdeutscher biografischer Erfahrung stellt sich schnell heraus, dass sich Stereotype und Vorurteile gegenüber den Frauen aus dem jeweilig anderen Teil von Deutschland bildeten. Oberflächlichkeit, die Unfähigkeit zum praktischen Denken, angeblicher Mangel in der DDR, die Fähigkeit zur englischen Sprache werden von beiden Seiten an die jeweils andere herangetragen. Die sich nach der Wende vollzogene Annäherung der westdeutsch sozialisierten Frauen an Frauen aus der DDR wird ebenfalls angesprochen; die Westfrauen hätten die DDR immer nur mit Abstand beobachtet und deswegen 20 Jahre gebraucht, um mit ihnen über die DDR zu sprechen. Auch das Verständnis, der in der BRD sozialisierten Performerinnen, über Feminismus wird als merkwürdig empfunden. Ihre Mütter hätten Emanzipationsliteratur gelesen, die sie aber mit dem Geld ihrer Männer gekauft hätten. Die Performerinnen selbst würden sich von männlichen Bezeichnungen nicht angesprochen fühlen und deswegen neue Wörter erfinden. Man kann aus dieser Szene heraussehen, dass die Performerinnen aus der DDR sich auch an der Oberflächlichkeit der Performerinnen aus der BRD aufhängen. Wenn man ihnen sage, sie sollen zwischen den Zeilen lesen, würden sie gleich anfangen zu heulen. Sogar in der Sauna sehe man direkt, welche Frau aus dem Westen sei. Sie würden mit Gummistiefeln durch Berliner Kieze laufen, was daran läge, dass sie früher mal Bäuerin werden wollten.[11] Es zeigt sich zusammenfassend das Bild von Frauen, deren scheinbare Übersensibilität und paradoxe Unfreiheit von Männern und Familie nicht dem Selbstverständnis der Performerinnen aus der DDR

---

10 Vgl. A.-F., Schier, *Wiedervereinigung von Frauen der BRD und DDR. Frauenbilder in She She Pops ‚Schubladen'* 2022 [Unveröfffentlicht], S. 7.
11 Vgl. A.-F., Schier, *Wiedervereinigung von Frauen der BRD und DDR. Frauenbilder in She She Pops ‚Schubladen'* 2022 [Unveröfffentlicht], S. 9.

entspricht.¹² Vorurteile, Stereotype und Zuschreibungen werden in dieser Inszenierung ungefiltert von den Performerinnen aus Ost und West formuliert, wodurch ein theatraler Spannungsraum entsteht und der Einfluss politischer Systeme auf Lebensgestaltung und Selbstwahrnehmung der Frauen verdeutlicht wird.

Das Inszenierungsbeispiel zeigt auf, wie She She Pop autobiografische Erfahrungen auf vielfältige Weise einbringen und so Identitätsfiguren entwerfen, deren Komplexität an die Lebenswirklichkeit heranreicht und ein starkes Gefühl von Authentizität vermittelt. Ähnliche partizipative, auf autobiografisches Material basierende Performance- und Theaterformate sind in den letzten beiden Dekaden des 20. Jahrhunderts mannigfach und zunehmend im Kulturbereich entstanden: In den unterschiedlichsten Formationen werden Zuschauer/innen in die Performance miteinbezogen, etwa indem sie auf eine andere soziale Gruppe treffen oder kollaborative Spielformen angewendet werden.¹³ Solche partizipativen Strategien bzw. immersive Verbundenheit zu einem subjektiven Erfahrungsraum sind in dem dokumentarischen Theater von Weiss nicht zu finden. Die Verfremdungsmechanismen bei Weiss zielen darauf, eine politische Richtung vorzugeben. So war bei der Montage und Bearbeitung der Zeugenaussagen des Auschwitzprozesses nicht die Involvierung des Publikums das Ziel, sondern die Aufklärung über die Verbrechen und die Verbindungsmechanismen zwischen wirtschaftlichen Interessen und der menschenverachtenden nationalsozialistischen Vernichtungspolitik. Entsprechend fordert Weiss vom dokumentarischen Theater eine klare politische Haltung ein und erklärt in seinen Notizen von 1968:

> Eine dokumentarische Dramatik, die vor einer Definition zögert, die nur einen Zustand zeigt, ohne die Gründe seines Entstehens und die Notwendigkeit und die Möglichkeit zu dessen Behebung deutlich zu machen, eine dokumentarische Dramatik, die in der Geste eines desperaten Angriffs verharrt, entwertet sich selbst.¹⁴

Mit dieser Forderung stellt sich Weiss in die Tradition von Brechts Theatermodell und dem dort formulierten Anspruch, die Wirklichkeit der modernen Welt für den Zuschauer erklärbar zu machen. Der politische Anspruch und die linke Weltsicht, die in seinen Dokumentartheater, zum Tragen kommt, sind gleichzeitig auch Zeugnisse gesamtgesellschaftlicher Prozesse der 1960er Jahre, wie der 1968er Bewegung und der damit einhergehenden Politisierung der Gesellschaft. Auch She She Pop lassen sich in diese Tradition des politischen Theaters einordnen, da sie methodisch und inhaltlich auf Brechts Theatermodell zurückgreifen. Dies wird einerseits deutlich in den angewendeten Verfahren der Verfremdung in *Schubladen* – aber auch in Produktionen wie *Oratorium*, das mit klaren Bezügen zum Brecht'schen Theater arbeitet. In diesem Beispiel wird mit Hilfe eines Cho-

---

12 Vgl. *Langfassung: Schubladen*. Regie: She She Pop. Online unter: https://vimeo.com/113084455 (Zugriff am 10.10.2022)
13 Vgl. T. Schütz, *Theater der Vereinnahmung. Publikumsinvolvierung im immersiven Theater*. Transcript, Bielefeld 2022, S. 47.
14 Weiss, Peter: *Notizen zum Dokumentarischen Theater. 1968*. Online unter: http://www.lawrenceglatz.com/germ3230/texte/weiss1.htm. (Zugriff am 8.10.2022)

res ein Schlaglicht auf den Zusammenhang von bürgerlicher Öffentlichkeit, Eigentum und demokratischer Ermächtigung geworfen.[15] In unterschiedlichen Konstellationen und zu ganz verschiedenen Themenfeldern sucht die Performancegruppe gesellschaftliche Entwicklungen zu analysieren und Strukturen bzw. Gesamtzusammenhänge anhand plastischer Beispiele aufzudecken. Zwar liegt nicht wie bei Weiss ein klares Bekenntnis zur Veränderung der Gesellschaft vor, doch definieren beide Künstler(gruppen) Theater als Möglichkeitsraum des öffentlichen Diskurses. Weiss hat als Dramatiker immer wieder neue Formen und Formate ausprobiert und so auch die künstlerischen Grenzen des Theaters erweitert. Sein Konzept des Dokumentartheaters drückt sich durch unterschiedliche Spielarten aus: Während in *Der Ermittlung* mit dem öffentlichen Raum des Gerichts und dem Zuschauer als Zeugen gespielt wird, experimentiert er im *Gesang vom Lusitanischen Popanz* mit Formen des Agitationstheaters, der Revue und des Straßentheaters. In Viet-Nam-Diskurs nutzt er hingegen eine ‚asketische' Dramaturgie, in der im Sinne des armen Theaters auf Kostüm, Dekor und Bühnenausstattung verzichtet wird und stattdessen die Raumchoreografie der Figuren im Mittelpunkt steht. In seinen Ausführungen zur Theaterästhetik unterstreicht Weiss, dass er prinzipiell alle Themen und alle verfügbaren dramatischen Mittel für das Theater für erlaubt hält. Auch dem körperbetonten Theater der Ekstase des Living Theatre hielt Weiss für eine legitime Form des politischen Theaters.[16] Gerade in dieser Offenheit gegenüber unterschiedlichen theatralen Mitteln und künstlerischen Formen sehe ich eine Gemeinsamkeit zwischen dem Dramatiker Weiss und der Performancegruppe She She Pop. Beide engagieren sich auf radikale Weise für ihre Vorstellung eines Theatermodells und entwickeln dieses beständig weiter. Bei She She Pop ist dieses Engagement auch in ihrer Verknüpfung von Arbeits- und Lebensform zu sehen. Man könnte ihr Theater zudem als ein postfeministisches Theater bezeichnen, da die Performerinnen ausdrücklich ihre Erfahrungen als Frauen auf die Bühne bringen und so, um mit Anke Röder zu sprechen, einen weiblichen Blick in das dokumentarische Theater bringen. Blickt man zurück in die Geschichte des Dokumentartheaters seit den 1960er Jahren, so war dieses zunächst von Männern dominiert:

> In der Revolte der 60er Jahre, als das politische Leben in Aufruhr geriet, Herrschaftsverhältnisse angegriffen wurden, die Generation mit nationalsozialistischer Vergangenheit in das Schussfeld der Kritik geriet, reagierten Autoren und Theater hell und wach, scharf- und klarsichtig. Das war die Zeit des Dokumentartheaters. Keine Frau trat dabei künstlerisch oder politisch hervor. Frauen mussten sich ihre Rechte erst erkämpfen.[17]

Während Peter Weiss mit der Inszenierung der *Ermittlung* international Erfolge feierte und sich das Dokumentartheater als politisches Theater etablierte, blieben weibliche

---

15 Vgl. She She Pop: Oratorium. Kollektive Andacht zu einem wohlgehüteten Geheimnis. Online unter: https://sheshepop.de/oratorium/ (Zugriff am 10.10.2022)
16 Vgl. A. Beise, *Peter Weiss*. Reclam, Stuttgart 2002, S.149–157.
17 A. Röder, *Autorinnen: Herausforderungen an das Theater*. Suhrkamp, Frankfurt 1989, S. 9.

Stimmen stumm; fanden in diesem diskursiven, öffentlichkeitswirksamen Theater nicht statt. Eine Ausnahmeerscheinung in den 1960er Jahren war laut Röder das Dokumentarstück *Bambule* von Ulrike Marie Meinhof, welches einen kritischen Blick auf die autoritären Methoden der Heimerziehung legte. Die geplante Ausstrahlung des Fernsehspiels wurde aufgrund ihrer Beteiligung an der Befreiung von Andreas Bader untersagt. 1979 wurde *Bambule* als Theaterstück am Schauspielhaus Bochum inszeniert.[18] Folgt man der sicherlich etwas einleisigen Argumentation Röders so fingen erst ab den 1970er Jahren mehr Frauen an, für das Theater zu schreiben und so die Stimmenvielfalt im öffentlichen Diskurs zu erweitern. Eine der erfolgreichsten Autorinnen war Gerlind Reinshagen mit dem Dokumentarstück *Sonntagskinder*, das 1976 am Staatstheater Stuttgart uraufgeführt und 1981 von Michael Verhoeven verfilmt wurde. Mit diesem Stück beteiligt sich Reinshagen an der kritischen Aufarbeitung deutscher Vergangenheit. Dabei wählt sie eine ungewöhnliche Perspektive und lässt die Vorgänge aus Drittem Reich, Zweiten Weltkrieg und Nachkriegsdeutschland aus der Sicht von Kindern erzählen. Röder fasst zusammen:

> ,Sonntagskinder' erzählt politische Geschichte der jüngsten Vergangenheit aus dem Blickwinkel und der Erlebnisperspektive von Kindern, aus der Innenansicht von Figuren und macht ,objektive' Geschichte subjektiv erfahrbar. Das ist ein Gegenentwurf zum überpersonalen, analytischen Verfahren des Dokumentarstücks.[19]

Folgt man der Argumentation von Röder, so zeichnet sich in den von Frauen geschriebenen Stücken eine Tendenz hinsichtlich Themen und Dramaturgien ab. Röder diagnostiziert einen explizit weiblichen Blick, der auf eine (damals) von Männern dominierte Welt fällt und so die Perspektive erweitert oder auch konterkariert. Mit diesem anderen Blick geht auch eine Dekonstruktion gewohnter Wahrnehmungsweisen und Subjektentwürfen einher, sodass tradierte Männer- und Frauenbilder hinterfragt werden. Gegen diese Argumentation von Röder ließe sich einwenden, dass sich in den 1970er Jahre die Literatur in der BRD insgesamt subjektivierte, d.h. sich viele Autorinnen und Autoren Themen der Innerlichkeit zuwendeten und dies nicht zwingend ein frauentypisches Charakteristikum darstellt.[20] Betrachtet man jedoch die Themenfelder und Bearbeitungen der Performancegruppe She She Pop so ist auffällig, dass sich die von Röder angeführte Auseinandersetzung mit der spezifischen Stellung der Frau in der Gesellschaft bzw. das Thema Mann-Frau-Verhältnis in der Theaterarbeit fortführt. Das weibliche Kollektiv setzt sich in ihrer Theaterarbeit intensiv mit Fragen des Feminismus auseinander; dies wird besonders deutlich in den Inszenierungen „Testament" von 2010 und „Frühlingsopfer" von 2014.[21] In *Testament* treten die Performerinnen zusammen mit ihren Vätern auf der Bühne auf. Auf der Folie von Shakespeares *King Lear* befragen die Töchter die Vä-

---

18 Vgl. Röder, Anke: *Autorinnen: Herausforderungen an das Theater*. Suhrkamp, Frankfurt 1989, S. 13.
19 Ebd.
20 Vgl. Böttiger, Helmut: *Die Jahre der wahren Empfindung: Die 70er – eine wilde Blütezeit der deutschen Literatur*. Wallstein Verlag, Göttingen 2021, S. 9–17.
21 She She Pop: *Frühlingsopfer. Aufgeführt von She She Pop und ihren Müttern*. Online unter https://sheshepop.de/fruhlingsopfer/ (Zugriff am 10.10.2022)

ter hinsichtlich der generationsübergreifenden Themen Macht, Fürsorge, Erbe. Kritisch werden Verhalten und gesellschaftliche Strukturen hinterfragt, diese Dekonstruktion äußert sich auch, wenn die Väter sich auf der Bühne entkleiden, ihre gealterten, versehrten Körper das Bild des souveränen, erfolgreichen Mannes konterkarieren. Das Theater wird zum Verhandlungsraum für einen utopischen Prozess: den Ausgleich zwischen den Generationen. Während die Väter sich selbst spielen und somit auf der Bühne körperlich präsent sind, treten die Mütter in *Frühlingsopfer* (frei nach Strawinsky) auf medialisierte Weise auf – sie sind sozusagen nur marginal anwesend. Dies kann auch sinnbildlich für deren Leben im Hintergrund der Ehemänner stehen. Während diese ihren beruflichen Karrieren nachgingen, übernahmen die Mütter in der klassischen Rollenverteilung die Erziehungsarbeit. Im Mittelpunkt der Performance steht die Frage nach dem weiblichen Opfer in der Familie und in der Gesellschaft.

Im Zuge der Subjektivierung in den 1970er werden autobiografische Erzählweisen zunehmend mit nüchtern, faktischer Darstellung kombiniert und zu surrealen Theaterbildern transformiert. Diese hybride Vermischung der Stilmittel und Ebenen ist in der heutigen Theaterästhetik eine gewohnte Wahrnehmungsweise. In dieser Traditionslinie kombinieren She She Pop authentisches mit dokumentarischem Material, experimentieren mit der Form und nehmen über subjektive Zugänge am politischen Diskurs teil. Trotz der großen Diskrepanzen lassen sich auf inhaltlicher und ästhetischer Ebene Bezüge zu dem dokumentarischen Theater von Peter Weiss herstellen. Während Weiss mit analytischem Blick politisch komplexe Themen wie die Shoa, Kolonialismus und Vietnam Krieg auf Basis realer Dokumente behandelt, werden bei She She Pop gesellschaftliche Themen wie Familie, Generationenkonflikt, Emanzipation, Vermögensverteilung ausgehend von eigenen autobiografischen Erfahrungen dargestellt. In diesem Sinne kann ihr Theater als ein weibliches Dokumentartheaters bezeichnet werden, welches bereits in der Arbeitsweise das Konzept der Vielstimmigkeit verfolgt.

Literatur

Alles über She She Pop, Online unter: https://sheshepop.de/ueber-uns/ (Zugriff am 10.10.2022)
Beise, Arnd: *Peter Weiss*. Reclam, Stuttgart 2002.
Böttiger, Helmut: *Die Jahre der wahren Empfindung: Die 70er – eine wilde Blütezeit der deutschen Literatur*. Wallstein Verlag, Göttingen 2021.
Bürger, Peter: *Theorie der Avantgarde*. Suhrkamp, Frankfurt 1988.
Köhler, Norma: *Biografische Theaterarbeit zwischen kollektiver und individueller Darstellung: ein theaterpädagogisches Modell*. kopaed, München 2017.
Langfassung: Schubladen. Regie: She She Pop. Online unter: https://vimeo.com/113084455 (Zugriff am 10.10.2022)
Logge, Thorsten, Eva Schöck-Quinteros, Nils Steffen: *Geschichte und dokumentarisches Theater. Einleitende Bemerkungen zu Inszenierungen von Zeitzeugnissen*. In: Logge, Thorsten, Eva Schöck-Quinteros, Nils Steffen: *Geschichte im Rampenlicht. Inszenierungen historischer Quellen im Theater*. De Gruyter Oldenbourg, München 2020, S. 3–26.

Lucassen, Lisa: *Wir sind einige von euch. She She Pop und ihr Publikum*. In: She She Pop: *Sich fremd werden: Beiträge zu einer Poetik der Performance*. Saarbrücker Poetdozentur für Dramatik. Alexander Verlag, Berlin 2018.

Röder, Anke: *Autorinnen: Herausforderungen an das Theater*. Suhrkamp, Frankfurt 1989.

Schier, Aiyana-Felica: *Wiedervereinigung von Frauen der BRD und DDR. Frauenbilder in She She Pops ‚Schubladen' 2022* [Unveröfffentlicht].

Schütz, Theresa: *Theater der Vereinnahmung. Publikumsinvolvierung im immersiven Theater*. Transcript, Bielefeld 2022.

She She Pop: *Frühlingsopfer. Aufgeführt von She She Pop und ihren Müttern*. Online unter https://sheshepop.de/fruhlingsopfer/ (Zugriff am 10.10.2022)

She She Pop: Oratorium. Kollektive Andacht zu einem wohlgehüteten Geheimnis. Online unter: https://sheshepop.de/oratorium/ (Zugriff am 10.10.2022)

Weiss, Peter: *Notizen zum Dokumentarischen Theater. 1968*. Online unter: http://www.lawrenceglatz.com/germ3230/texte/weiss1.htm. (Zugriff am 8.10.2022)

Die ‚Störung der Abläufe' und die Einbindung solcher Störung ins System der postmodernen Gesellschaft
Der neue Prozess von Peter Weiss

Agata Mirecka
(Uniwersytet Pedagogiczny im. Komisji Edukacji Narodowej w Krakowie)

The "disruption of processes" and the integration of such disruption into the system of postmodern society - *The New Process* by Peter Weiss

Abstract: Franz Kafka's *Process* depicted the loss of the individual in chaos, or rather bureaucratic order. This simultaneously led to the gradual decline of the individual. The process of the changes shown continued into the 20th century, which would lead to the constitution of a new order. Peter Weiss takes up this theme by rewriting *Process*. His 1970s drama *The New Process* thematises the fate of the individual in the corporate world. Confronted with a new revolution, only possible through lies and manipulation, which is becoming a part of postmodern society. The way in which revolutionary goals, introducing a new order, are realised through the example of corporate life is the subject of this text.

Keywords: Peter Weiss, Franz Kafka, Process, individual, revolution, disruption.

Die postmoderne Gesellschaft lebt im Schatten der tragischen Ereignisse des 20. Jahrhunderts, doch gleichzeitig erschafft sie, während sie diese Ereignisse vergisst, eine neue Realität, die als ein Reset dessen, was war, und die Einführung einer neuen Ordnung gedacht ist, die den modernen Menschen glücklich machen wird. Das Kapital und das Streben nach Kapital in den Mittelpunkt zu stellen, sowie der Wunsch nach grenzenloser Freiheit, die an eine Orgie grenzt, während die Menschlichkeit und die damit verbundenen Werte in den Hintergrund treten, führt zu der Versuchung, manipulative Methoden gegenüber dem Individuum anzuwenden, wobei das Ziel der finanziellen Ergebnisse und des Vergnügens in den Fokus gerückt wird. Die Realität, die den Menschen umgibt, basiert auf gut funktionierenden Prozessen, Prinzipien, Richtlinien, Regeln und Mustern, die die Grundlage einer gut organisierten Gesellschaft in einer Welt mit demokratischen Regeln bilden. Jeder Versuch, den allgemein akzeptierten Rhythmus zu stören, kommt nicht gut an, verängstigt einige und ist für die Mehrheit schädlich, da er den Einzelnen aus einem bestimmten anerkannten Routineverhalten herauswirft, was sich auf das Endergebnis auswirkt. Kann also eine ethische oder moralische Haltung, die manchmal den kapitalistischen Regeln widerspricht, akzeptiert und zum Bestandteil eines intakten postmodernen Systems werden? Eine solche Frage stellt sich nicht selten. Eine Gesellschaft mit aufgezwungenen globalistischen Tendenzen fließt mit dem Strom und hat keinen Einfluss auf ihn.

Jean Baudrillard, ein französischer Kulturphilosoph und Soziologe skizziert „einen postmodernen Horizont der sich globalisierenden Welt, die sich aus einer Reihe neuer Totalitäten zusammensetzt (das Wertgesetz als erster und letzter Kitt der Gesellschaft, die Wirklichkeit als Simulation, der Kollaps der Moderne), die allesamt einen zutiefst ambivalenten Charakter aufweisen."[1] Baudrillards Theorie der Simulation, die seiner Meinung nach den Kern einer funktionierenden postmodernen Gesellschaft bildet, spiegelte sich bereits im Ansatz der kapitalistischen Gesellschaft wider.

Im Folgenden wird der Versuch unternommen, die Störungen der sozialen Prozesse aufzuzeigen, die sich aus dem Kampf gegen die Simulation einer postmodernen Gesellschaft ergeben.

Die Figur des K. in Peter Weiss' *Der neue Prozess* kann als Prototyp des moralisch richtigen Individuums gesehen werden, das ein Problem für eine entwickelte Gesellschaft darstellt, oder als Herausforderung gegenüber dem Versuch, solche Individuen in einer ausbeutungsorientierten postmodernen Gesellschaft zu respektieren.

Franz Kafkas Roman *Der Prozess* wurde trotz seinem Willen 1925 von Max Brod, seinem guten Prager Freund, herausgegeben. Es sollte ursprünglich eine kurze Erzählung über einen Vater-Sohn-Konflikt sein, hat sich zu einem Roman über Josef K.s Probleme entwickelt. Die Hauptfigur des Romans ist erwähnter Josef K., ein Junggeselle, ein Bankangestellter, der in einer Stadt namens ‚Hauptstadt' lebt. Eines Tages wacht er in seiner Wohnung auf und wird von zwei Beamten überrascht, die ihm mitteilen, dass er verhaftet ist, obwohl er nichts verbrochen hat. Trotz seiner Verhaftung kann er ein normales Leben führen, er muss sich nur dem Gericht zur Verfügung stellen. Diese Freiheitbegrenzung sollte auf gewisse Art und Weise für andere und für Josef selbst unberücksichtigt bleiben. Trotz des Anscheins von Normalität ereignet sich in K.s Leben eine Reihe absurder, unverständlicher Ereignisse. Die Nachricht von der Verhaftung erreicht alle Bekannten von Josef, der für sie zum Ausgestoßenen wird. Während der Verhöre protestiert K. unbeholfen gegen seine Inhaftierung durch die Justizbehörden, doch es gelingt ihm nicht, die Situation zu ändern. Infolgedessen sucht er Hilfe bei anderen: bei der Frau des Gerichtsdieners, die sich als Prostituierte entpuppt, bei seinem Onkel Charles, beim Anwalt Huld, beim Hofmaler Titorelli, bei einem anderen Angeklagten - Block - und schließlich beim Gefängniskaplan, der versucht, seine Situation durch ein Gleichnis zu erhellen. Die Informationen, die er erhält, sind jedoch unvollständig und widersprüchlich.

Der Inhalt des Romans wird auf unterschiedliche Art und Weise interpretiert. Es erscheint als eine Geschichte über Schuld und Strafe, ein Werk über die von jedem Men-

---

[1] M. Ziegler, Simulationsmodelle des Politischen – Zum Verhältnis von Politik und Postmoderne. Jean Baudrillard als ein Klassiker der radikalen Demokratietheorie à contre-cœur, in: Unbedingte Demokratie. Fragen an die Klassiker neuzeitlichen politischen Denkens, hrsg. v. R. Heil, A. Hetzel, D. Hommrich, Nomos Verlag, Baden-Baden 2011, S. 237.

schen getragene Verantwortung für eigenes Leben, eine Art Geschichte über die Einsamkeit eines Menschen oder über Totalitarismus. Max Brod läßt auch eine theologische Interpretation zu, man trifft dazu noch Interpretationen, die sich auf die Justizkondition im Allgemeinen beziehen.

Diesen Roman von Franz Kafka hat Peter Weiss 1974 zu einem Drama unter demselben Titel adaptiert.[2] Davon beeinflusst oder eher damit nicht ganz zufrieden hat er ein paar Jahre später, 1982 das neue Drama *Der neue Prozess,* verfasst, wobei er vieles aus dem Roman Kafkas in seinem Drama beibehalten hat. Peter Weiss äußert sich über seine eigene Interpretation des Stoffes folgendermaßen:

> Gide/Barrault haben in ihrer Fassung das Thema in die Gegenwart versetzt, haben K zum „kleinen Mann" gemacht, im Räderwerk der Entfremdung. Orson Welles hat K desgleichen zum Repräsentanten eines ausgelieferten Menschen gemacht, in einer Welt der Technisierung, der Anonymität, der Rüstungsgewalten. So aber wurde K von Kafka selbst nicht gesehen, und so verstehe ich ihn auch nicht.[3]

Die Dramatisierung des *Prozesses* bezeichnete er in seinen *Notizbüchern* als einen Versuch, Kafka vom marxistischen Standpunkt aus gegen den Strich zu lesen.[4]

Indem er die Namen der Figuren aus Kafkas Roman übernimmt, das Drama jedoch nicht in einer bürokratischen, sondern in der Umgebung eines Konzerns ansiedelt, präsentiert Peter Weiss die Maschinerie des unternehmerischen Zusammenlebens mit einem fatalen Ende. Der Autor hat das Drama *Der neue Prozess* Franz Kafka gewidmet. Bekannte Figuren aus dem Roman wie zum Beispiel Josef K., Frau Grubach, Kaminer finden auch in Weiss' Drama ihren Platz. Das Drama ist in drei Akte unterteilt: der Besuch von Willem und Franz und somit die Einführung in die Handlung, die Beförderung von Josef K. und das Aufblühen der Idee eines neuen Systems. Das Drama beginnt mit folgenden maßgeblichen Worten: „K. im Bett. zugedeckt mit einem weißen Laken. Drei Männer gehen umher und lassen die Scheinwerfer ihrer Taschenlampen kreisen."[5]

Josef K., der Hauptprotagonist[6] des Dramas, der Verwaltungsmitarbeiter bei einer Bank spricht oft von einer Störung in seiner Arbeit, so versuchen die entsandten Firmenmitarbeiter Franz und Willy die Ursache des Problems zu finden, aber sie hören oder se-

---

2   Vgl. Brief von Peter Weiss an Herrn Basil, Datum unbekannt, Manuskript, Archiv der Akademie der Künste, Berlin: „Die Idee zur Bearbeitung entstand in einem Gespräch mit Ingmar Bergman, im Januar 1974. Zunächst sprachen wir davon, den Stoff in freier, vom Buch unabhängiger Form zu dramatisieren. Bei der Arbeit sah ich dann, dass für mich die einzige Möglichkeit einer Dramatisierung darin bestand, so nah wie möglich am Original zu bleiben. Kafka selbst hatte die dramatische Handlung, die Personenführung, die Entwicklung des Konflikts gegeben."
3   Brief von Peter Weiss an Herrn Basil, Datum unbekannt, Manuskript, Archiv der Akademie der Künste, Berlin.
4   Vgl. P. Weiss, Notizbücher 1971–1980, Suhrkamp Verlag, Frankfurt am Main 1981, S. 255.
5   P. Weiss, Der neue Prozess. Suhrkamp Verlag, Frankfurt am Main 1984, S. 9.
6   Vgl. Brief von Peter Weiss an Herrn Basil, Datum unbekannt, Manuskript, Archiv der Akademie der Künste, Berlin. „K. ist keineswegs der „kleine Mann" der ins Räderwerk der modernen, technisierten Gesellschaft gerät und dort zermahlen wird. Er nimmt im Berufsleben eine gehobene Stellung

hen in seinem Zimmer in der Pension nichts, was Josef K. stören könnte. „K: Was ist? [...] Franz: [...] Zu hören ist nichts. Wir haben versucht, rauszufinden, was Sie meinen – aber hören können wir gar nichts. K: Was denn? Franz: Die Störung, von der Sie immer reden. Die Firma hat uns geschickt."[7] Es ist gerade der 30. Geburtstag von Josef K., der ein ehrlicher, gewissenhafter und verantwortungsbewusster Firmenmitarbeiter ist und der demnächst befördert werden und sein Büro gegen ein neues tauschen soll. Frau Grubach kennt Josef gut: „Ich weiß, ich weiß. Sie wollen in den Menschen immer das Beste sehn. Das ist das Schönste an Ihnen. [...] Und wenns dann nicht stimmt, dann wollen sies nicht glauben."[8] Josef will unbedingt verstehen, was um ihn herum geschieht, für ihn gibt es keine unerklärlichen oder unverständlichen Dinge. Er hat eine idealistische Einstellung zum Leben und ist bestrebt, alle Zweifel in allen Lebensbereichen zu beseitigen. Der einfältige Josef betrachtet die Zweideutigkeiten und manchmal Widersprüche in seiner Umgebung als Faktoren, die sein ruhiges und geordnetes Leben einfach nur stören. Der einzige Faktor aber, der Josef das Leben wirklich stört, ist der Tod, den er aber vollständig versteht.

Aufdringliche Gedanken am Morgen, schlaflose Nächte aufgrund von Grübeleien über Unternehmensangelegenheiten sind ebenfalls eine Auswirkung der so genannten unternehmerischen Ablenkungen. Diese Verzerrungen bedeuten die Einführung ungewöhnlicher Lösungen, unmoralische Entscheidungen, das Streben nach wirtschaftlichen Ergebnissen, oft mit traurigen Folgen für die Menschen, oder die gegenseitige Beeinflussung von Wirtschaft und Politik, Politik und Militär, die eine vernünftige, rationale Entscheidungsfindung beeinträchtigen.

Diese Wahrnehmung der Realität bleibt jedoch nicht ohne Kritik von Konzernmitarbeiter wie Rebensteiner:

> Mir genügt die Firma. Die ist mehr als eine Partei. [...] Aber was wissen Sie zum Beispiel vom Grundstückmarkt, von den Kapitaltransaktionen, von den internationalen Verflechtungen? [...] Sie halten alles für sicher und geregelt. An die Hauptverwaltung wenden Sie sich nur, wenn es um ihre persönlichen Kleinigkeiten geht.[9]

Gerade die sichersten Elemente der Unternehmenstätigkeit sind es, die Josef die größte Unsicherheit bereiten. Er wird in seiner Arbeit in eine Hauptverwaltungsfunktion befördert, er bekommt ein neues Büro und auch neue Anforderungen. Nach Ansicht des Direktors sind seine früheren Tätigkeiten nutzlos geworden, obwohl es aus dem Text des Dramas nicht wirklich hervorgeht, was Josef während seiner vorherigen Arbeit konkret gemacht hat, und auch nicht, welche Aufgaben er jetzt übernehmen soll. Der Direktor unterstreicht: „je verantwortungsvoller einer ist, desto größer muss seine Verantwortung

---

   ein. Ist erster Prokurist in einer großen Bank. Sein Lebenskonflikt aber ist, dass er kleinbürgerliche
   Ideale anstrebt, alles was er erreichen will entspricht des Werten in einer illusorischen heilen Welt"
7 P. Weiss, Der neue Prozess, S. 10.
8 Ebd., S. 15.
9 Ebd., S. 21.

werden."¹⁰ Während des Gesprächs mit dem Staatsanwalt, der auch Konzernmitarbeiter ist, stellt Josef fest, dass die Interessen verschiedener Personen um ihn herum aufeinanderprallen.

> Ich halte hier so einiges in der Hand. Dem Direktor bleibt gar nichts anderes übrig, als auf meinen Rat zu hören. Später wirst du alles mal verstehen. [...] Fast möchte ich sagen – Sie sind wie Poesie. [...] Dein Idealismus – davon brauchen wir mehr!¹¹

sagte Staatsanwalt zu Josef. Nach Josefs Beförderung bemerkt er, dass sich seine Umgebung verändert. Solche Veränderung hat er vorher nicht gesehen. Sein bis dahin ruhiger zweijähriger Job verwandelt sich in eine Gestalt voller Zweideutigkeiten und Missverständnisse. Seine bisher gepriesene Moral und sein ethisches Verhalten kommen ihm dabei in die Quere. Indem er dem Kuss von Fräulein Bürstner nicht zustimmt, wird seine Moral von ihr verhöhnt.

Er hört eine Stimme aus dem Lautsprecher: „Und deshalb liegt es jetzt an uns, eine Veränderung herbeizuführen. Wir haben genug von der Unfähigkeit der Politiker. Es ist an der Zeit, ganz neu zu beginnen!"¹² Es geht um die Einführung einer neuen Ordnung, nicht im politischen, sondern im ideologischen Sinne, um ein Umdenken, das zum Fortschritt der Völker führen soll. Das Ziel ist es, eine einzige Partei zu gründen, sei es die Partei der Gleichheit oder die Partei der Brüderlichkeit, mit dem Ziel des Friedens zwischen den Völkern. Dabei werden viele Einschränkungen zu berücksichtigen sein, denn ein solches Abkommen kann nicht ohne Einschränkungen für die Menschen bleiben, die dem sogenannten Allgemeinwohl dienen sollen. Im Drama wird darauf hingewiesen, dass die einzig richtige Partei eine revolutionäre Partei sei, weil sie alle Schichten der Gesellschaft umfasse, nicht die Interessen einer sozialen oder beruflichen Gruppe vertrete, sondern sich an alle richte, die mit den bestehenden Verhältnissen nicht mehr einverstanden seien. „Ihr seid es, die ihr die Partei macht. Das ist der Fortschritt. Dort wird nichts für euch gemacht. Ihr müsst es selber machen. Alles kommt von euch. Das ist die Erhebung."¹³ – setzt der Sprecher fort.

Die traditionelle Familie hat beispielsweise in dem neuen System keinen Platz, denn das Aufwachsen in einer Familie mit Eltern und Geschwistern ist ein Leiden, das die Menschen versklavt. Josef selbst verließ das Elternhaus, um seinen eigenen Lebensweg zu suchen. Doch nach einiger Zeit merkt er, dass auch die Arbeit allein nicht für seinen Frieden und sein Glück reicht¹⁴, im Gegenteil: „Eine Sekretärin wird Ihnen zur Verfügung stehn. K: Aber – Rabensteiner: Kein Aber! In der Verwaltung gibt es kein Aber."¹⁵ Es wird Josefs respektvolles Verhalten gegenüber jedem Menschen unterstrichen, indem er die Menschen für sich gewinnt und schätzt. Gleichzeitig ergänzt Rabensteiner: „Doch

---

10 P. Weiss, Peter: Der neue Prozess, S. 29.
11 Ebd., S. 33.
12 Ebd., S. 39.
13 Ebd., S. 42.
14 Vgl. ebd., S. 48.
15 Ebd., S. 50.

dabei haben Sie zu viel Bindendes gesagt. Sie haben sich nicht mit der vorgeschriebenen Freundlichkeit begnügt. Haben zu viele Versprechungen gemacht. Das war der Fehler. [...] Sie reagieren auf den kleinsten Mißton – aber die Verluste – die haben Sie wohl gar nicht gestört?"[16] Der Staatsanwalt erklärt Josef, dass er sein Handeln auf das Hier und Jetzt konzentrieren soll. Es sollte uns egal sein, was in der Ferne geschieht, egal ob es sich um Krieg oder Hungersnot handelt. Er sagt:

> Ja, ja, ja – aber das ist doch nicht hier! Das ist doch alles weit weg von uns. Das ist doch kein Grund zur Beunruhigung für uns. [...] Dass es irgendwo noch Hunger gibt, das braucht uns doch nicht den Appetit zu verderben. Dass es irgendwo Zerstörung gibt, das braucht uns doch nicht die Lust zu nehmen, etwas aufzubauen. [...] Frohsinn, mein Junge! Frohsinn wird jetzt gebraucht. [...] du gehörst doch zu den Pionieren – zu den neuen Kolonisatoren! Ja – eine neue Kolonisation hat begonnen – eine Kolonisation im Geist – nicht mit Gewalt – nein, nie mit Gewalt – eine ökonomische Kolonisation, gepaart mit Geisteskraft – du gehörst zu der neuen Elite![17]

Eine Nation kann sich jedoch nicht selbst erheben, sondern muss von den Wissenschaftlern erhoben werden. Das Paradoxe ist jedoch, dass diese Bewegung gleichzeitig gegen die wissenschaftliche Entwicklung und gegen die wissenschaftliche Elite agiert, weil sie etwas weiß, was der Durchschnittsbürger nicht weiß, und das ist geradezu abstoßend.

> Solch ein Wissen müssen sie doch auf unzulässige Weise erworben haben. Wer anbeißt, ist hungrig und – vor allem – treibt herum, liegt nicht still. Die nicht anbeißen, die keine Unruhe zeigen, nach denen braucht nicht gefischt zu werden. [...] Und da lernen sie zuerst, die Bildung, von der sie ausgeschlossen waren, zu verachten.[18]

Denn Aufklärung wird nicht erwartet, nur die Freundlichkeit. Es ist auch notwendig, das Denken derjenigen zu stören, die selbst denken. Und dabei ist es nicht so entscheidend, dass sie nicht denken, sondern dass sie anders denken. Leni, die Sekretärin von Josef K., erklärt ihm, dass die Systemsprecher die Absicht haben, den Menschen etwas beizubringen, wovon diese keine Ahnung haben oder woran sie auch gar nicht interessiert sind. Leni zufolge ist das Revolutionärste im Moment das, was sich auf den Menschen als Individuum, auf jeden Einzelnen selbst bezieht.

Demokratie bedeutet Freiheit von Knechtschaft. Dies ist auch das Ziel des Unternehmenssystems der Korporationen, das darauf ausgerichtet ist, finanzielle Gewinne zu erzielen und die Arbeitnehmer *gut* zu behandeln, indem ihnen Gesundheits- und Sportpakete angeboten werden. Der Autor stellt die neue Situation folgendermaßen dar:

---

16 P. Weiss, Peter: Der neue Prozess, S. 53.
17 Ebd., S. 57.
18 Ebd., S. 63.

Die ‚Störung der Abläufe'   101

Es beginnt das Wachstum im internationalen Maßstab. Was denn – Kartell! Was denn – Trust! Es geht um die Führung der Wirtschaft. Um die Führung in der Politik! [...] Die Menschen werden von sich selbst abgebracht, werden zum willenlosen Werkzeug in unsrer Hand – [...] [Staatsanwalt zu K.] Jetzt verwirklichst du einen Traum. Mit dem Lebensstoff arbeitest du. Mit der widerspruchsvollen Materie. Du bist der geniale, neue Mensch![19]

Josef K. fängt mit der Zeit an, schon anders zu denken, aber in ihm kämpfen zwei *Ichs*. Er merkt, dass Fräulein Bürsten nicht mehr die Wahrheit sagen kann:

Ich bemühe mich bis zur Verzweiflung, etwas Wahres von Ihnen zu hören. Fräulein Bürsten, wir sind beide in etwas hineingeraten, was uns feindlich gesinnt ist, was uns vernichten will, und für das wir doch tätig sind, unermüdlich, als wollten wir nur noch schneller zu unserm Untergang kommen –[20]

und wenn Leni vom Glück spricht, findet Josef das sehr beunruhigend: „K.: Sprechen Sie das Wort nicht mehr aus! Leni: Glück. K.: Still. Leni: Was können Sie daran nicht ertragen? K.: dass es furchtbar fremdartig dasteht. Dass es uns nur an unsre Erniedrigung erinnert –"[21]

Josef K. hört von dem neuen System und es beginnt ihm Angst zu machen, es bedeutet die Störung seines *Selbst*. Je mehr Verantwortung in seine Hände gelegt wird, desto mehr wird der Humanismus als Ausdruck seines Kampfes betont. Alle Behauptungen müssen so überzeugend sein, dass die Zuhörer wissen, dass die Wahrheit auf seiner Seite liegt. Die etablierte Ordnung bietet einen Anschein von Frieden und Sicherheit und gibt Sicherheit in der *Moral* und *Ethik*, die etabliert wurden. Leni bemerkt:

Inzwischen ist das meiste von dem, was sie noch ausgeführt haben, in die Propagandaabteilung gekommen. In den amerikanischen Festschriften, in den Broschüren für Südafrika wird Ihr Bild groß gebracht. Ihre Auslassungen sind in alle Weltsprachen übersetzt worden.[22]

Für Josef K. wird es unvorstellbar, wie er so viel Zeit in diesem Konzern verbringen konnte. Er wird durch ein Gespräch mit Leni wachgerüttelt, die ihm klarmacht, dass seine anfänglich tadellose ethische und humanitäre Haltung es ermöglichte, das Unternehmen mit Gerechtigkeit zu verkörpern. Josef K. wurde stets als rechtschaffender Mensch mit einem hohen moralischen Faktor bezeichnet. Als er fragt, warum Leni ihm das alles erzählt und damit gewissermaßen die Propagandabemühungen offenlegt, sagt sie ihm, dass sie gerade entlassen worden ist.

---

19 P. Weiss, Peter: Der neue Prozess, S. 68.
20 Ebd., S. 80.
21 Ebd., S. 82.
22 Ebd., S. 94.

Propagandamarxistische Slogans sind die Essenz des Endes des Dramas von Peter Weiss, was am folgenden Zitat klar zu sehen ist:

> Nie vergessen, dass unsre Stärke in der Toleranz liegt. Es darf kein Anschein von Meinungsunterdrückung entstehen! Vielmehr die Freiheit der Presse fordern! [...] Wir haben uns hier mit den großen Strategien zu beschäftigen. Es geht um die Ersetzung des veralteten Begriffs von Gleichheit durch eine neue – legalisierte – Auffassung. [...] Nur hier, hier sind wir sicher! [...] Hier bleiben – das ist unser Tod! [...][23]

Die Leitung des Konzerns führt ihren zweifelhaften Erfolg auf zwei Faktoren zurück: Geduld und Freundlichkeit, ohne die nichts gelingen würde.

> Ach – diese Geduld! Die uns in Fleisch und Blut übergangen ist. Was wären wir ohne diese Geduld – [...] Durch Ausdauer und – Freundlichkeit! [...] Wir können warten – sie gehn am Warten kaputt! Wir lassen Industrien eingehen – machen Monopole bankrott! [...] Auf unsern Gewinn kommt es längst nicht mehr an. Worauf es ankommt, das ist – andern den Gewinn zu zerstören – [...] Deshalb zeigen wir dem Feind keine Gnade! [...] Wie schade – dass Josef nicht mehr dabei ist –[24]

Josef wollte am Ende mit Leni fliehen. Der brutale Mord an Josef hat jedoch ihre Pläne durchkreuzt. Es war nicht bekannt, wer den Mord verübte, aber im Hintergrund dieser Szene erscheinen Willem und Franz, die Mitarbeiter der Bank. Sie repräsentieren Muskeln, Stärke und Gewalt. Sie sprechen zueinander und nicht zu denen, die sie ansprechen. „Beide stellen den Grundstock der paramilitärischen Organisation dar – des Faschismus."[25], kommentiert Weiss selbst.

Peter Weiss bemerkte in seinem Brief an Herrn Basil, dass Josef K. unaufhörlich Truggebilden nachläuft, „er will sich bewähren, er will anerkannt werden und weiter aufsteigen. Da erlebt er dann, dass diese schöne Welt brüchig geworden ist, dass es sich dort nur noch leben läßt, wenn man sich seine Blindheit erhält. Das kann er nicht. So geht er zugrunde."[26] Als Josef aber zu entdecken beginnt, auf welche Weise er in den multinationalen Konzern hineingezogen wird, ist es schon zu spät. Er gab sein Letztes, er war sehr ehrgeizig und anschließend wurde er liquidiert, nachdem er gezeigt hat, dass er das alles durchschaute. Der Mord an ihm ereignet sich irgendwie nebenbei. Ein Richter oder Mörder ist nicht zu sehen. Der moralische Tod, die Ausbeutung, die Ablehnung, die Abstoßung, all das ist weder ein Scheitern noch eine Katastrophe, aber es führt zu einer menschlichen Tragödie, die in Wirklichkeit keine Tragödie ist, sondern nur eine weitere Etappe in einem Leben, das sich an den Richtlinien der Konzernwelt orientiert. Nur eine

---

23   P. Weiss, Peter: Der neue Prozess, S. 96–100.
24   Ebd., S. 103–104.
25   Ebd., S. 128.
26   Brief von Peter Weiss an Herrn Basil, Datum unbekannt, Manuskript, Archiv der Akademie der Künste, Berlin.

Änderung oder Abschaffung der bestehenden Regeln kann den Menschen vor der moralischen Katastrophe bewahren.

> Man hört ein paar Schüsse und er legt sich hin. Nichts Dramatisches. Er legt sich nur hin wie um zu schlafen – in Embryonalstellung. Er ist kein Held und kein Opfer – er ist eine Nebenfigur, die für die Zwecke anderer benutzt und weggeworfen wird, wenn man sie nicht länger braucht. Er ist *keine tragische Figur*. [...] Ich erhoffe die Einsicht des Zuschauers, dass K bei seiner Suche nach Lösungen auf halbem Weg stecken bleibt. Er vermag nicht, seine Situation zu durchschauen, er gibt sich Illusionen hin, er versteht nicht, die Zeichen seiner Gefangenschaft, die sich ihm wieder erbieten, richtig zu deuten. Der aufmerksame Zuschauer wird einsehen, dass die Welt, in der K hoffnungslos gefangen bleibt, sich verändern lässt. Dass die Befreiung, die K erstrebt, erst zu erreichen ist, wenn die Mechanismen, die ihn in allen seinen Regungen niederhalten, zerschlagen sind.²⁷

Die Vertreter der Gesellschaft in diesem Drama ist die erwähnte arme Familie, die eine Zeit lang in Josefs Zimmer verweilt. Sie wurde dann brutal aus dem Raum hinausgeworfen. Zu der Familie gehören ein Mann, eine Frau, die beiden Alten und die beiden Kinder – sie bilden eigentlich den Kern der Gesellschaft und stellen den Mittelpunkt der politischen Versammlungen dar.

> Die Familie repräsentiert all jene Menschen, die von den Parteien ständig hinter das Licht geführt werden. [...] Wenn die Familie, der von den Machthabern unterjochte Teil der Gesellschaft, aus Josef K. Zimmer vertrieben wird, wird sie erniedrigt. Durch ihren starken Widerstand, der von den Ausführenden der Machthaber gebrochen wird, wird anschaulich, wie die Ungerechtigkeit und die Gewalt wieder und wieder auf die Menschen einschlagen, sie in die Flucht oder in den Untergang jagen...²⁸

In einem Brief an Manfred Haiduk, den Professoren in Rostock schrieb Peter Weiss am 12.04.1981:

> [...] diese Welt ist durchschaubar – für das Publikum – nicht aber für die darin Agierenden, sie bleiben Gefangene. Wieder: mit Ausnahme von Leni. Sie ist wohl offen, kritisch – und doch kein richtig revolutionärer Mensch. Sie kann ihre Erkenntnisse formulieren, und sie müssen doch nur in einem Ansatz bleiben, denn die Situation, in der sie zu wirklichen Gegenhandlungen umschlagen könnten, ist noch nicht gegeben. [...] Deine Vorliebe für Leni teile ich. [...] Dass sie nur selten und dann auch nur recht kurz in Erscheinung tritt, ist vielleicht auch notwendig.

---

27 Brief von Peter Weiss an Herrn Basil, Datum unbekannt, Manuskript, Archiv der Akademie der Künste, Berlin.
28 P. Weiss, Der neue Prozess, S. 128.

> Sie verkörpert ja eine Hoffnung, die noch fragmentarisch, nur eine Art Ahnung ist. Käme sie öfters vor, hätte sie ja wohl auch K mehr prägen, beeinflussen müssen. K. aber ist ein *Untergehender*. Dass er sie überhaupt traf, in seiner fürchterlichen Geschäftswelt, ist ja schon fast ein Wunder. Als ein solches müsste es dargestellt werden! [...] Mir schien, dass ich der gegenwärtigen Situation in unserm Teil der Welt am nächsten kommen könnte, wenn ich die Figuren mit ihren Unklarheiten und Unbegreiflichkeiten schilderte, so wie wir sie hier täglich antreffen: von schauerlichem Zwiespalt, von bodenloser Unerfülltheit, und von panischer Gier nach irgendeiner Erklärung, Erleichterung, einem Trost, einer ‚Freundlichkeit'.[29]

Der *Prozess* von Josef K. ist der einer steilen Karriere-, Beförderung- und schließlich Entmachtung. Die Chefs sind teils Militärs, teils Direktorentypen, die im Namen des Kapitalismus und der gedämpften Meinungsfreiheit Reichtum zu produzieren versuchen (vor allem für sich selbst).[30] In der Mitteldeutschen Zeitung konnte man 1983 über dieses Drama lesen: „das effektvolle Märchen vom guten Menschen Josef K. in einem bösen futuristischen Verwaltungs- und Überwachungsstaat."[31] Jochen Ziller schreibt dagegen in seinem Beitrag *Prozeßmaterial* 1984, dass Peter Weiss in seinem Drama *Der neue Prozeß* die Figur des Josef K. im Zentrum entwirft und somit einen Text über gesellschaftliche und individuelle Entwicklungsprozesse des 20. Jahrhunderts verfasst. So verknüpft er die Entwicklung des imperialistischen Weltsystems im 20. Jahrhundert mit dem Aufstieg und Fall des Josef K.[32] Im Drama wird die Hierarchie der Geschäftswelt gezeigt, vom kleinen Betrieb bis zum multinationalen Monopol, mit dem Mechanismus des rücksichtslosen Kletterns und Profitdenkens, der gradweisen Entfaltung der Macht. Je näher wir an die offene Machtsprache herankommen, an die Entwicklung der leitenden Figuren zum Imperialismus hin, desto deutlicher wird der Bezug auf die ungeheuren Gefahren, die unser Leben heute überschatten – notiert Peter Weiss in einem Text für die Theaterbroschüre im Jahre 1984. „Mit seinen Idealen, seinem Streben nach Verbesserungen, seinen Einsichten von den großen, überall stattfindenden Ungerechtigkeiten und Ausbeutungen, ist er von seinen Arbeitgebern ausgenutzt worden: sie haben seinen Humanismus [einfach] zu ihrem Alibi gemacht."[33]

Peter Weiss wählt einen Wirtschaftskonzern, um die kapitalistische Gesellschaft auf der Bühne vorzuführen. Anhand dieses Modells behandelt er aktuelle gesellschaftliche Probleme, wie: Aufrüstung, Ausbeutung, Demokratieverständnis, Arbeitslosigkeit, Sanierung und Wohnungsnot, Frauenemanzipation, Selbstverwirklichung, Entfremdung, Anpassung, Bildung, Stellung der Kunst. Ulrike Zimmermann bemerkt, dass das Fazit eindeutig ist, Selbstverwirklichung und moralisch-ethisches Handeln haben keinen Platz

---

29 Der Brief von Peter Weiss an Prof. Manfred Haiduk, Wilhelm-Pieck-Universität Rostock, 12.04.1981, Manuskript, Archiv der Akademie der Künste, Berlin.
30 Vgl. J. Kaiser, Glanzvolles Nummerntheater im Gruselkabinet, in: Süddeutsche Zeitung, 15./16.10.83.
31 MZ, Kammerspiele: Der neue Prozess von Peter Weiss, in: Nachtkritik, 14.10.83.
32 Vgl. J. Ziller, Prozessmaterial, Berliner Ensemble 1984.
33 Vgl. P. Weiss, Der neue Prozess, in: Theaterbroschüre Berliner Ensemble 1984.

in der vorgeführten Welt. Die Stellung von Josef ist nur ein Störfaktor in der Welt, die hinter der Fassade von Humanität und Friedensliebe von Macht und Gewinnstreben, von Lüge und Korruption regiert wird.[34] Die postmoderne Gesellschaft, die sich in der zweiten Hälfte des 20. Jahrhunderts etabliert hat und die vielfältigen Wahlmöglichkeiten für den Einzelnen gebracht hat aber zugleich auch das Dilemma des Sich-Entscheiden-Müssens. Eine Individualisierung ist für den postmodernen Menschen nur noch in sehr eingeschränktem Maße möglich. Theoretisch hat man die Wahlmöglichkeit, man kann aber seine Entscheidung nicht individuell treffen.

Peter Weiss beabsichtigt nicht, ein äußerliches Abbild der Wirklichkeit zu liefern, sondern die Gesetzmäßigkeiten aufzuzeigen, nach denen ein solches System funktioniert und worauf es möglicherweise hinausläuft. Das Stück lässt sich ja nicht nur als Parabel über die Entwicklung des Kapitalismus, sondern gleichfalls als Parabel genereller Anpassung interpretieren. Die Dramenfiguren im *Neuen Prozess* leben in einem autoritären und Selbstverleugnung fordernden System und scheitern an ihm. Widerstand, wie es im Falle von Josef war, scheint nur um den Preis der Isolation und des Todes möglich zu sein. Jeder, der widerspenstig dem System gegenüber ist und seinen eigenen Weg gehen will, stört nur bei der Durchführung der sogenannten Revolution. Die Selbstverwirklichung stört die gesellschaftliche Anpassung. Die dargestellten Verhältnisse der postmodernen Gesellschaft führen zu der Herauslösung des Subjekts aus traditionell vorgegebenen Sozialformen und Sozialbindungen, wie zum Beispiel der Familie. Josef K. geht hier gegen den Strom, was auch darin sichtbar ist, dass er die Pluralität der Lebensformen der postmodernen Gesellschaft nicht nachvollziehen kann und so die traditionelle Sicherheit verliert. Ulrich Beck bemerkt, dass der Mensch eine neue Art der sozialen Einbindung durch Institutionen erhält, die ihn gleichzeitig einer Außensteuerung und Standarisierung aussetzt.[35] Welche Bedeutung haben dann solche Figuren, wie Josef K.?

> K.'s auffälligste Eigenschaften sind seine überaus soziale und humane Einstellung, seine Sensibilität für das Leiden anderer, sein anfangs fast grenzenloser Idealismus und Optimismus bezüglich der Errichtung einer 'besseren Welt' sowie seine Gutgläubigkeit, mit der er seinen Mitmenschen und der Kraft des moralischen Ethos vertraut. [...] K. zweifelt an der bestehenden gesellschaftlichen Ordnung, weil er die Ungerechtigkeiten und das soziale Elend um sich herum sieht.[36]

Wie aktuell scheint der Inhalt des Dramas heutzutage zu sein? Wie gegenwärtig sind die Verhältnisse aus dem Drama? Es ist durchaus möglich, dass der totalitäre Horizont der postmodernen Welt selbst brüchiger ist, als Baudrillards Diagnosen vermuten lassen. Es ist möglich, dass Baudrillard selbst dem Phantasma des von ihm beschworenen ‚perfekten Mordes' erliegt, d.h. der spurlosen Beseitigung der Realität, die von der Technolo-

---

[34] Vgl. U. Zimmermann, Die dramatische Bearbeitung von Kafkas ‚Prozess' durch Peter Weiss. Peter Lang, Frankfurt am Main 1990, S. 188.

[35] Vgl. U. Beck, Risikogesellschaft. Auf dem Weg in eine andere Moderne. Suhrkamp, Frankfurt am Main 1986, S. 206.

[36] U. Zimmermann, Die dramatische Bearbeitung von Kafkas ‚Prozess' durch Peter Weiss, S. 173.

gie, den Massenmedien und der korporativen Welt erzwungen wird. Die Schwäche der Simulation könnte in den konkreten Formen von Konflikten und politischen Kämpfen sichtbar werden, die sowohl global, regional als auch lokal ausgetragen werden. Postmoderne Einsichten in die Dimensionen des technokratischen und medialen Codes, die sich unmittelbar auf Wahrnehmung und Realität auswirken, lösen sicher nicht einfach gesellschaftliche Antagonismen auf.[37]

Obwohl Peter Weiss in seinem dramatischen Aufbau keine neuen Impulse für das heutige Theater gibt, ist er für den Leser sehr überzeugend und präsent. Das aktuelle Thema des Dramas ist schnell zugänglich. Weiss wählt im *Neuen Prozess* ein Gestaltungsverfahren, das inhaltlich adäquat ist und dem Leser schnelles Begreifen ermöglicht. Es ist bedeutend, wenn der Autor die Störung der Abläufe im Organismus der postmodernen Gesellschaft dieser Gesellschaft offensichtlich machen will und zum Nachdenken veranlasst.

Laut Baudrillard ist die Störung der gesellschaftlichen Welt in der Postmoderne nicht beseitigt, sondern ins Unberechenbare vertieft worden. Zahlreiche moderne Versuche, das Negative zu verdrängen, wie z.B. die Verdrängung des Todes, der Arbeit, des Anderen, der Undurchsichtigkeit und des Widerstands des Realen, haben es nicht ausgelöscht. Die Negativität kehrt in Form einer neuen immanenten und transzendenten Ungewissheit und Unbestimmtheit zurück. Wie der Philosoph betont, löst sich das Reale nicht in der Simulation auf, sondern die Simulation wird zum Realen; es gibt kein Ende der Geschichte, sondern nur ihre potenziell unendliche Fortschreibung.[38]

Eine postmoderne Gesellschaft, die sich auf starre Regeln beschränkt, den menschlichen Faktor ignoriert und nur auf das Kapitalergebnis abzielt, wird zunehmend an die Grenzen des Möglichen stoßen, ihre eigenen exorbitanten Ziele zu verwirklichen, obwohl sie sich in einer Welt der Simulation, wie es Jean Baudrillard konzipierte, und in der Hypokrisie bewegt; wie es Peter Weiss vor fast einem halben Jahrhundert in seinem Drama *Der neue Prozess* zutreffend schilderte.

Literatur

Brief von Peter Weiss an Herrn Basil, Datum unbekannt, Manuskript, Archiv der Akademie der Künste, Berlin.
Der Brief von Peter Weiss an Prof. Manfred Haiduk, Wilhelm-Pieck-Universität Rostock, 12.04.1981, Manuskript, Archiv der Akademie der Künste, Berlin.
Ziller, Jochen, *Prozessmaterial*, Berliner Ensemble 1984.
MZ, Nachtkritik, *Kammerspiele: Der neue Prozess von Peter Weiss*. 14.10.1983.
Weiss, Peter, *Der neue Prozess* in Theaterbroschüre Berliner Ensemble 1984.

---

37 Vgl. M. Ziegler, Simulationsmodelle des Politischen – Zum Verhältnis von Politik und Postmoderne. Jean Baudrillard als ein Klassiker der radikalen Demokratietheorie à contre-cœur. In: R. Heil, A. Hetzel, D. Hommrich (Hrsg.), Unbedingte Demokratie. Fragen an die Klassiker neuzeitlichen politischen Denkens. Nomos Verlag, Baden-Baden 2011, S. 237.
38 Vgl. M. Ziegler, Simulationsmodelle des Politischen – Zum Verhältnis von Politik und Postmoderne. Jean Baudrillard als ein Klassiker der radikalen Demokratietheorie à contre-cœur, S. 237.

Süddeutsche Zeitung, 15./16.10.83, Joachim Kaiser *Glanzvolles Nummerntheater im Gruselkabinett.*

Beck, Ulrich, *Risikogesellschaft. Auf dem Weg in eine andere Moderne.* Frankfurt am Main 1986.

Weiss, Peter: *Der neue Prozess*, Suhrkamp Verlag, Frankfurt am Main 1984.

Weiss, Peter: *Notizbücher 1971–1980*, Frankfurt am Main 1981.

Ziegler, Marc: *Simulationsmodelle des Politischen – Zum Verhältnis von Politik und Postmoderne. Jean Baudrillard als ein Klassiker der radikalen Demokratietheorie à contre-cœur*, in: *Unbedingte Demokratie. Fragen an die Klassiker neuzeitlichen politischen Denkens*, hrsg. v. R. Heil, A. Hetzel, D. Hommrich, Nomos Verlag, Baden-Baden 2011.

Zimmermann, Ulrike, *Die dramatische Bearbeitung von Kafkas* Prozess *durch Peter Weiss.* Peter Lang, Frankfurt am Main 1990.

Peter Weiss' Störfälle autobiographisch betrachtet

Karol Sauerland
(Uniwersytet Warszawski)

An autobiographical view of Peter Weiss's "Störfälle" (incidents)
Abstract: The author has been studying the work of Peter Weiss since the 1960s, especially in classes at the Warsaw Institute of German Studies. The first part of his remarks is devoted to the Polish translation of the *Marat de Sade* drama and its staging by Artur Swinarski in the Warsaw theatre. In the second part, he deals with the Trotsky play. In the third, he looks at the political context of the novel *Ästhetik des Widerstands* and wonders why it was not translated into Polish.

Keywords: Peter Weiss, „Störfälle", autobiographical, *Marat, de Sade*.

1967 hatte ich das Glück, die polnische Uraufführung des *Marat* in der Regie von Konrad Swinarski im Warschauer Theater Ateneum zu sehen.[1] Erwartet hatte ich eine Kopie der berühmten Berliner Uraufführung im Schiller-Theater, aber schließlich handelte es sich um eine Übersetzung und um ein Publikum mit einer ganz anderen historischen Erfahrung als das deutsche in Westberlin. Das Stück hatte ich am Vortag auf Deutsch gelesen und fragte mich, wie man den Bänkelsang übertragen könne. Man muss sagen, dass es Andrzej Wirth glänzend gelungen ist! Aber das Überraschende war, dass dieses Stück den Eindruck hinterließ, hier werde der aus der kommunistischen und vor allem bolschewistischen Geschichte bekannte Revolutionspatriotismus auf die Schippe genommen, was zum Teil der Übersetzung von Andrzej Wirth geschuldet ist. Ich habe dies einmal sehr detailliert in dem Artikel „Was eine Übersetzung politisch vermag. Zur Übertragung des ‚Marat' von Peter Weiss ins Polnische" analysiert.[2] Es gibt im polnischen Text eine ganze Reihe von Abweichungen und sogar Einfügungen, die als Anspielungen auf das herrschende politische System, realer Sozialismus genannt, verstanden werden konnten und während der Aufführung auch so verstanden wurden, was an den sehr lebhaften Publikumsreaktionen zu erkennen war.

---

1   Es war nicht die erste polnische Inszenierung des Stücks. Die polnische Uraufführung fand im April 1966 im Teatr ósmego dnia (Theater des achten Tags) in Posen statt. Und ein Jahr später, am 18. März, wurde das Stück in der gleichen Stadt, im Teatr Polski, in der Regie von Jan Tomaszewski präsentiert. Siehe hierzu den Beitrag von Artur Pełka in dem vorliegenden Band.
2   „Was eine Übersetzung politisch vermag. Zur Übertragung des »Marat« von Peter Weiss ins Polnische", in: Literatur und Theater. Tradition und Konvention als Problem der Dramenübersetzung, hrsg. v. B. Schultze, E. Fischer-Lichte, F. Paul und H. Turk, Tübingen 1990, S. 261–271.

Gleich zu Beginn des polnischen Textes wurde auf die Zeit des Stalinismus angespielt, als Coulmier von „błędy i wypaczenia" (Irrtümer und Deformationen) spricht, die bereits überwunden seien. Mit dieser einst gut bekannten Wendung aus der Zeit des Tauwetters (Odwilż/³ хрущёвская оттепель), die sofort ein Lächeln hervorrief, wurden in Polen die stalinistischen Verbrechen verharmlost. Im Weiss'schen Text steht an dieser Stelle das Wort „Mißstände", das, wenn es wörtlich übersetzt worden wäre, nicht als eindeutiger Verweis auf den blutigen Sozialismus hätte empfunden werden müssen. Ich erinnere mich, dass bei der Warschauer Aufführung bei „błędy i wypaczenia" laut geklatscht wurde. Gehörte es doch zur Rhetorik Gomułkas, des damaligen Ersten Sekretärs der Partei,⁴ zu betonen, dass die Zeit der Irrtümer und Deformationen („błędy i wypaczenia") für immer überwunden sei. Er schien zu dieser Behauptung sogar ein gewisses Recht gehabt zu haben, denn immerhin konnte er sich auf sein für diese Zeit mutiges und kluges Referat auf dem VIII. Plenum der Vereinigten Arbeiterpartei Polens im Oktober 1956 berufen.

Als Anspielung, obgleich ironische, auf die polnischen Verhältnisse musste auch das Wort „nowa demokracja" verstanden werden, das Wirth im zweiten, vierten und letzten Bild einführt, obwohl es im deutschen Text nicht vorkommt (dort steht die „Ordnungsbewahrer in unserer Zeit").

Im vierten Bild sagt der Ausrufer:

> Leider hat die Zensur sehr viel
> gestrichen von seinen Aussagen im Spiel
> denn sie gingen in ihrem Ton zu weit
> für die Ordnungsbewahrer in unserer Zeit.⁵

---

3   Das Tauwetter setzte in Polen 1955 ein. Ein Symbol dafür war das *Poemat dla dorosłych* (Poem für Erwachsene) von Adam Ważyk, das im August 1955 in dem Wochenblatt Nowa Kultura erschien. Die Folge war, dass der Chefredakteur Paweł Hoffman abberufen wurde. Es handelte sich um den ersten frontalen Angriff nicht nur gegen die herrschende Doktrin des sozialistischen Realismus im Bereich der Literatur und Kunst, sondern auch gegen das Lügengebäude insgesamt, das der Autor u.a. am Beispiel der Propaganda rund um das bei Krakau nach dem Krieg erbaute Eisenhüttenkombinat Nowa Huta im. Lenina entlarvte. Damals noch getreue Verteidiger der Machthaber attackierten Ważyk sofort auf das Heftigste, aber gleichzeitig berief die Parteiführung aufgrund des Gedichts eine Kommission ein, deren Aufgabe es war, die sozialen Bedingungen der Arbeiter in Nowa Huta zu untersuchen. Es kam daraufhin zu allerlei Veränderungen, die sowohl das Leitungspersonal als auch Soziales betrafen. (Zur Reaktion in der DDR auf das Gedicht siehe Marion Brandt *Für eure und unsere Freiheit? Der Polnische Oktober und die Solidarność-Revolution in der Wahrnehmung von Schriftstellern aus der DDR*, Berlin 2002, S. 126–128. Sie geht hier auch auf Brechts Reaktion auf das Gedicht ein, welches er aus einer Übersetzung von Konrad Swinarski kannte und das er zu überarbeiten suchte).

4   Władysław Gomułka (1905–1982), von 1944 bis 1948 Erster Sekretär der Polnischen Arbeiterpartei, wurde 1951 er im Rahmen der sogenannten stalinistischen Säuberungen verhaftet. Gute drei Jahre verbrachte er in Isolierhaft. Im Sommer 1956 wurde er rehabilitiert. In der Bevölkerung galt er in dieser Zeit als großer Hoffnungsträger, doch die Enttäuschung trat schnell ein. 1967 war man seiner allgemein überdrüssig.

5   Peter Weiss, Die Verfolgung und Ermordung Jean Paul Marats dargestellt durch die Schauspie-

was Wirth in die Verse überträgt:

> Niestety cenzor bardzo wiele
> wykreślił z jego kwestii w naszym dziele
> bo się wydawały za ostre w tonacji
> z punktu widzenia nowej demokracji.[6]

Wichtig ist hier auch das Adjektiv neu (nowa), denn die sozialistische Demokratie wurde als eine neue angepriesen, es gehe in ihr nicht um formale, sondern um soziale Rechte, um soziale Gleichheit, etwas, was Weiss immer wieder forderte.

Mit dem Wort Zensor/cenzor verband das Publikum selbstredend die real existierende Zensur, deren Zentrale sich gegenüber dem ZK-Gebäude in der ul. Mysia 3 befand. Polen war das einzige realsozialistische Land, das über eine Zensurbehörde verfügte, was im gewissen Sinn von Vorteil war, man konnte eine konkrete Stelle für die Streichungen verantwortlich machen, während man in anderen Staaten des realen Sozialismus nicht wusste, ob etwas erlaubt war oder nicht. In Polen erkannte man diesen Vorteil kaum. Die Einrichtung der Zensur wurde gerade in den 1960er Jahren immer wieder von den Schriftstellern und Schriftstellerinnen heftig angegriffen.[7]

Interessant war auch das Spiel von Jan Świderski in der Rolle von de Sade. Dieser schaute immer wieder auf den Anstaltsleiter, ob er auch mit der Anordnung des Stücks einverstanden sei.[8] Autoritätsgläubigkeit hatte ja im Sozialismus zum A und O des Verhaltens zu gehören. Świderski dominierte in der Warschauer Aufführung eindeutig.

Unerhört eindrucksvoll sprangen die vier Sänger, sich gegenseitig breitarmig an den Schultern haltend, im Tanzschritt an den Bühnenrand, im Sprechgesang vortragend:

---

lergruppe des Hospizes zu Charenton unter Anleitung des Herrn de Sade. Drama in zwei Akten, Frankfurt am Main 1964, S. 16 (in der Folge abgekürzt V).

6   Peter Weiss, Męczeństwo i śmierć Jean Paul Marata przedstawione przez zespół aktorski przytułku w Charenton pod kierownictwem Pana de Sade. Dramat w 2 aktach, übersetzt von Andrzej Wirth, in: Dialog, 10, 1965, 1, S. 40–92 (in der Folge abgekürzt M), hier S. 43.

7   Am bekanntesten ist der Brief der 34 (list 34) an den Ministerpräsidenten Józef Cyrankiewicz, den vierunddreißig führende polnische Intellektuelle im März 1964 unterschrieben.

8   Darauf verweist auch der Warschauer Theaterkritiker Wojciech Natanson in seinem Essay „List od nieznanego reżysera" (Brief von einem unbekannten Regisseur) in der Wochenzeitschrift Kultura vom 9.7.1967. Der Autor vergleicht die Marat-Aufführungen in Rostock, Paris und Warschau miteinander. Er schreibt hierzu: „Świderski, grający rolę Sade'a kilkakrotnie spogląda, jakby z niepokojem, w stronę górującej nad sceną, loży dyrektora szpitala. Przepuści czy nie przepuści tej sceny? Zauważy, czy nie zauważy jakiegoś odcienia, który dla twórcy spektaklu jest ważny i cenny, a władzom wyda się niepożądany? Odbywa się tu cicha walka między Sadem a dyrektorem szpitala" (Świderski, der die Rolle des Sade's spielt, schaut, wie mit Unruhe, auf die über der Bühne ragenden Loge des Direktors des Spitals. Wird er die Szene zulassen oder nicht? Bemerkt er gewisse Schattierungen, die für den Autor des Stücks wichtig und wertvoll sind, die aber den Machthabern unerwünscht sind, oder bemerkt er es nicht? Es findet hier ein stiller Kampf zwischen de Sade und dem Direktor des Spitals statt").

> Marat, was ist aus unserer Revolution geworden?
> Wir wollen nicht warten bis morgen
> Marat wir sind immer noch arme Leute
> Und die versprochenen Änderungen wollen wir heute.[9]

Marat fiel dagegen schauspielerisch blass aus – im Gegensatz zum Rostocker Marat, dessen Stimme so durchdrang, dass Weiss glaubte, „er müsse aufgeben"[10] –, aber es passte in die Rolle, die er in Swinarskis Inszenierung zu spielen hatte. In der polnischen Version wird Marat mit dem in den Vorlagen (Wirth hat wahrscheinlich die sogenannte zweite und vielleicht auch die dritte Fassung oder nur einen Regietext von Swinarski benutzt) nicht vorhandenen Adjektiv „krwawy" (blutig) versehen:

> bo sztuka nasza opowiada
> o ostatniej godzinie krwawego Marata. (M, 42)
> [denn unser Stück erzählt
> von der letzten Stunde des blutigen Marats][11]

In den Vorlagen sagt dagegen Coulmier:

> denn in unserem Spiel geben wir
> Ihnen Kunde
> Von Jean Paul Marats
> Letzter Stunde. (V, 13)

Und die zweite Stelle lautet im Polnischen:

> W tej wannie widzicie Państwo krwawego Marata
> co był postrachem dla całego świata (M, 42)
> [In dieser Wanne seht Ihr meine Herrschaften den blutigen Marat
> der ein Schrecken für die ganze Welt war],

während in den Vorlagen der Ausrufer erklärt:

> Marat erkennen Sie dagegen in diesem Manne
> der bereits Platz genommen in der Wanne (V, 14).

---

9 Peter Weiss, Die Verfolgung und Ermordung Jean Paul Marats dargestellt durch die Schauspielergruppe des Hospizes zu Charenton unter Anleitung des Herrn de Sade. Drama in zwei Akten, Frankfurt am Main 1964, S. 22 und anderswo.
10 Siehe: Peter Weiss, Notizbücher 1960–1971, Bd. 2, Frankfurt am Main 1982, S. 354.
11 Die Rückübersetzungen ins Deutsche sind von mir. Sie werden durch eckige Klammern kenntlich gemacht.

Wahrscheinlich hat sich Wirth von der sich bietenden Möglichkeit des Reims „odpowiada/Marata" und „Marata/świata" leiten lassen sowie davon, dass man mit der Blutmetapher den bänkelsängerischen Charakter des Stücks stärker hervorheben kann. Blutige, blutdürstige Herrscher passen ja ausgezeichnet in den Bänkelsang, noch dazu, wenn sie selber förmlich im Blut baden. Dass das rote Wasser in der Wanne durch Kratzen zustande gekommen ist, spielt dabei keine Rolle.

In Polen der späten sechziger Jahre klangen die Argumente Marats wie die eines Marxisten-Leninisten. Diese erklärten ja auch, dass sie so viel Blut nicht vergießen wollten, jedoch durch die objektiven Bedingungen, die der „Klassenfeind" geschaffen hatte, zur Gewaltanwendung gezwungen worden waren. Und sie empfanden es als natürlich, dass jeder sein Machtmonopol bis zuletzt verteidigen wird. Man müsse daher Gewalt anwenden. Wenn Marat in der polnischen Fassung sagt:

> Nie łudźcie się
> że dacie im radę bez użycia sił (M, 67),

was eine recht genaue Übertragung der Stelle im deutschen Text ist:

> Glaubt nicht
> daß ihnen ohne Gewalt beizukommen ist (V, 78),

meint man, einen der herrschenden Marxisten-Leninisten zu hören. Diese stellten sich, wie wir wissen, als die Erfinder der proletarischen Revolution hin und bekannten, dass sie noch Schwierigkeiten zu überwinden hätten, denn immer würden einzelne an den „verbürgten Menschenrechten" hängen, worunter sie fälschlicherweise die Rechte auf Privateigentum und individuelle Bereicherung verstanden. Doch – werfen sie ein – was bringen solche Rechte, wenn es den Armen nach wie vor schlecht geht. Genau in diese Richtung argumentiert der Marat von Peter Weiss. Andrzej Wirth überträgt Marats Worte so, dass man eindeutig einen Gegenwartsbezug heraushört. So verwandelt sich Marats Erwiderung auf de Sade:

> Es geht nicht um Bagatellen
> es geht um einen Grundsatz
> und es gehört zum Lauf der Revolution
> daß die Halbherzigen die Mitläufer
> ausgestoßen werden müssen (V, 81f.)

in:

> Nie chodzi o błahostki
> ważne są pryncypia
> każda rewolucja
> musi bezlitośnie wyrzucać ze swoich szeregów

małodusznych i tych, którzy liczą na karierę (M, 69)
[Es geht nicht um Bagatellen
wichtig sind die Prinzipien
jede Revolution
muss mitleidlos die Halbherzigen
und diejenigen, die mit einer Karriere rechnen, aus ihren Reihen stoßen]

Gerade so wurde damals in der polnischen kommunistischen Partei, die als Verkörperung der Revolution galt, argumentiert: es gehe um Prinzipien, die Unentschlossenen und Karrieristen – das waren diejenigen, die unbequem geworden waren, und nicht die Aufsteiger überhaupt, denn ein solcher war ja fast jeder Parteifunktionär – müssten aus den eigenen Reihen ausgestoßen werden. Marat sagt im deutschen Text weiter: „Es gibt für uns nur ein Niederreißen bis zum Grunde (V, 82)." Im polnischen Text wird daraus:

Możemy się uratować tylko obalając przeciwnika
i tratując go nogami (M, 69)
[Wir können uns nur retten, indem wir den Gegner entmachten
und ihn mit Füßen treten].

Hier weicht Wirth eindeutig vom Ausgangstext ab, denn in diesem ist keine Rede von einem Sich-Retten der neuen Machthaber durch eine totale Entmachtung der Gegner. Aber gerade in diesem Sinne der Wirth'schen Übersetzung begannen viele nach 1956, d. h. nach dem polnischen Oktober, die Taktik der Machthaber zu sehen, was jedoch so direkt nicht ausgesprochen werden konnte, es sei denn durch den Mund eines Marat.

Es gab in den 1960er Jahren noch keinen Samisdat, keinen zweiten Umlauf, wie die im Untergrund gedruckten Flugblätter, Broschüren und Bücher in den 1980er Jahren in Polen genannt wurden. Dort wäre auf das Regimekritische der Aufführung verwiesen worden. Im offiziellen Umlauf war dies nicht möglich. Heute ist es üblich, die Aufführung vom Juni 1967 nur im Vergleich mit anderen späteren Inszenierungen zu interpretieren und zu meinen, dass Swinarski mehr oder weniger eine Kopie seiner Westberliner Einstudierung geliefert hätte.

In den 1970er Jahren interpretierte ich im Rahmen meiner Vorlesungen an der Warschauer Germanistik immer wieder die Dramen von Peter Weiss, neben der *Ermittlung* und dem *Marat/de Sade* vor allem *Hölderlin* sowie *Trotzki im Exil*.

Ich unterrichtete in einer Zeit, in der der Name Trotzki in Druckschriften von der Zensur regelmäßig gestrichen wurde.[12] Kaum jemand verstand, warum die polnische Parteiführung so bemüht war, auf sowjetische Empfindlichkeiten in einem derartigen Maße Rücksicht zu nehmen. Bei der Lektüre des Stücks fühlte ich mich an die ewigen

---

12 Es gab im Gegensatz zu anderen realsozialistischen Ländern in Polen eine Zensurbehörde, was den Vorteil hatte, dass man es mit einer konkreten Instanz zu tun hatte. Es war bekannt, wo man Einspruch erheben konnte (siehe hierzu u.a. meine Artikel: „Zensur im realen Sozialismus", The Germanic Review, New York 1990, Number 3, 130–131 und „Der Kampf mit der Zensur in Volkspolen", in: Leipziger Jahrbuch zur Buchgeschichte, 5, 1995, S. 303–113).

Gespräche im Elternhaus – vor allem wenn Gäste kamen – über die von Weiss in Dialogform dargestellten Probleme erinnert. Man wusste über Trotzki, den Revolutionär, Kriegskommissar und Gejagten, glänzend Bescheid, insbesondere über Lenins sogenanntes Testament, in dem er seine sehr prinzipiellen Vorbehalte gegenüber Stalin, seit 1922 Generalsekretär des ZK der KPdSU, geäußert, sich aber auch nicht eindeutig für Trotzki ausgesprochen hatte. Oft wurde auch im Kreis der Eltern gefragt, wie die Sowjetunion ausgesehen hätte, wenn nicht Stalin, sondern Trotzki die Führung übernommen hätte.[13]

Meine Studenten und Studentinnen reagierten auf das Stück und meine Ausführungen über Trotzki als historische Figur relativ gleichgültig. Die Verbrechen Stalins waren in Polen zu Beginn der 1970er Jahre kein besonderes Thema mehr. Hätte ein deutschsprachiger Autor ein Stück über Katyn verfasst, hätte er größte Aufmerksamkeit auf sich gezogen, auch wenn es zu keiner Aufführung gekommen wäre.

Die Sprache des Stücks klang in jenen Zeiten für polnisches Ohr wie Funktionärssprache, von der sich das intellektuelle Polen seit 1956 zu befreien suchte, noch dazu waren die historischen Gestalten, die im Stück auftraten, in ihrer Charakterisierung kaum unterscheidbar. Es ist, als riefen sie Losungen aus, was beim Lesen oder Hören bei in der Materie nicht Bewanderten den Eindruck eines Stimmengewirrs erweckt. Irritierend ist die ständige Unterstreichung der Notwendigkeit von Gewalt gegen konterrevolutionäre Kräfte. So argumentierten in Polen die Parteifunktionäre. Bei der Charakterisierung der Debatte über den Kronstädter Matrosenaufstand von 1921 musste ich an das denken, was in Danzig kurz zuvor im Dezember 1970 geschehen war: die blutige Niederschlagung des Streiks der Werftarbeiter. Der Forderung nach einer unabhängigen Gewerkschaft wurde nur scheinbar nachgegeben. Die Parteiführung versprach, dass sie sich in die Gewerkschaftswahlen nicht mehr einmischen werde. Immerhin sollte zehn Jahre später *Solidarność* als unabhängige, sich selbst verwaltende Gewerkschaft in Danzig ins Leben gerufen werden. Diese Bewegung stand im bewussten Gegensatz zu dem, was einst Lenin und Trotzki verkündigt hatten, indem sie jeglicher Anwendung von physischer Gewalt eine Absage erteilte. Und tatsächlich hielten sich die Protestierenden in den sechzehn Monaten vom 31. August 1980 bis zum 13. Dezember 1981, als die Einführung des Kriegsrechts von Jaruzelski ausgerufen wurde, zurück; nicht einmal eine Fensterscheibe war zerschlagen worden. Als die Machthaber fast neun Monate zuvor in Bydgoszcz (Bromberg) gegen die prostierenden Bauern, die um eine eigene Berufsvertretung rangen, Gewalt anwandten, blieben die vielen Zeugen, die die Schreie aus dem Inneren des Ratsgebäudes vernahmen, still, obwohl sie, wie mir einer von ihnen erzählte, Lust hatten, einzuschreiten. Sie sagten sich „mit Tränen in den Augen und mit in den Hosentaschen gepreßten Fäusten, nein, wir dürfen es nicht, gerade das wollen sie. Und auf diesem Nichthandeln beruht unser Heldentum".[14]

---

13 In Polen begegnete ich einer solchen Frage niemals. Es war ausgemachte Sache, dass von keinem der Bolschewiki etwas Gutes zu erwarten war. Peter Weiss entzieht sich in den Notizbüchern dieser Frage geschickt: Trotzki habe sich ja nicht beweisen müssen, er konnte dadurch, dass er aus der Sowjetunion ausgewiesen worden war, sogar zum „Besserwisser" werden (Peter Weiss, Notizbücher 1971–1980, Bd, 2, Frankfurt am Main 1981, S. 602).

14 Karol Sauerland, Tagebuch eines engagierten Beobachters, Dresden 2021, S. 92.

Trotzki im Exil ist wie *Marat/de Sade* ein Debattendrama, aber der wirkliche Gegner, Stalin, ist sprachlos. Er tritt nur einmal mit einem Satz auf. Seine Litaneien gegen Trotzki mag der Autor offenbar nicht zitieren. Einzig Lenin erscheint als Trotzkis Widerpart,[15] aber nur streckenweise und ohne wirkliche Gegnerschaft. Auf die Weise kann keine Spannung entstehen. Im *Marat/de Sade* ging es dagegen so weit, dass in der einen Aufführung Marat und in einer anderen de Sade im Mittelpunkt der Aufmerksamkeit standen.

Erstaunt war ich, dass Peter Weiss auf den Angriff seines russischen Übersetzers Lew Ginsburg mit der tiefen Überzeugung antwortete, dass ihm auf sowjetischer Seite Verständnis entgegengebracht werde. Die Ablehnungen, die Weiss sowohl aus Moskau als auch aus der DDR erfuhr, überraschten ihn. Ich nahm erst unlängst seine Versuche wahr, mit solchen Funktionären wie Kurt Hager, Alexander Abusch, Wilhelm Girnus und Klaus Gysi offen zu sprechen und zu erwarten, dass sie die Parteilinie zu überschreiten vermögen. Sie waren mir gut bekannt, entweder durch das Elternhaus oder durch direkte Begegnung. Als ich 1968 als Stipendiat des polnischen Wissenschaftsministeriums in Ostberlin weilte, um meine Diltheystudien vertiefen zu können, wurde mir Girnus als Betreuer zugeteilt. Wir trafen uns zu einem Gespräch, bei dem ich ihm meine Beobachtungen zu Dilthey mitteilte. Die steife belehrende Art, wie er mit mir diskutierte, führte dazu, dass ich in der Folge einen Kontakt mit ihm maximal vermied. Ich hatte ja schon 1956/57 begriffen, dass diese Menschen unreformierbar sind, wie man es in Polen zu nennen pflegte.[16]

Aber wenn man mit dem ersten Mann im Staat, Erich Honecker, vier Stunden sprechen durfte und es zuvor, am 19. Oktober 1965, zur Uraufführung der *Ermittlung* im Saal der Volkskammer gemeinsam mit fünfzehn meist westlichen Bühnen gekommen war, konnte man erwarten, mit der gut gemeinten Kritik des realen Sozialismus in der DDR und UdSSR Anerkennung zu finden. Schließlich hatte schon Lenin nicht nur vor Stalin gewarnt, sondern auch die zunehmende Bürokratisierung der Partei kritisiert; warum sollte da der Name Trotzki nicht wieder genannt werden dürfen, zumal er, wie Weiss in seinem Stück gleichsam unterstreicht, nie die Existenz der Sowjetunion als solche in Frage gestellt habe?

Manfred Haiduk meinte im Gespräch mit den Herausgebern des Peter-Weiss-Jahrbuchs, der Ärger, den Weiss mit dem Trotzki-Stück in der SU und der DDR bekam, rühre nicht daher, „daß er sich überhaupt mit Trotzki beschäftigte, sondern daß er es ausgerechnet im Leninjahr, zum 100. Geburtstag, tat." Im Grunde sei Trotzki eine bereits unbekannte Gestalt gewesen. „Kaum jemand" hätte gewusst, „was Trotzki geschrieben hatte, worin seine Verdienste während der Revolution bestanden hatten."[17] Haiduk verkennt die Sprengkraft der Ideen Trotzkis für die Ideologie der Sowjets. Diese hatten den

---

15 So schrieb er am 31.5.1969 Manfred Haiduk, dass es sich um „ein Stück über Lenin und Trotzki" handle (Siehe PWJ 3, Opladen 1994, S. 10).
16 Siehe hierzu meinen Artikel „Mein Jahr 1956", in: Erinnern für die Zukunft. Griechenland, Polen und Deutschland im Gespräch, hrsg. zusammen mit Sieghild Bogumil-Notz, Aglaia Blioumi, Berlin 2016, S. 21–38, und vor allem Peter Ruben, Camilla Warnke, Aktenzeichen I/176/58, Strafsache gegen Langer u.a. Ein dunkles Kapitel aus der Geschichte der DDR-Philosophie, Leipzig 2021.
17 PWJ 3, S. 49.

Ein-Staaten-Weg eingeschlagen, wonach alles akzeptierbar ist, was der Stärkung der Sowjetunion dient. Dazu gehörte auch der Stalin-Hitler-Pakt. Sich auf eine Diskussion mit Trotzkis Thesen einzulassen, bedeutete, über das zu debattieren, was Marx und Engels ursprünglich vor Augen schwebte. Man hätte alles erneut aufrollen müssen.

Peter Weiss war im gewissen Sinne Trotzkist, was nicht verwerflich gemeint ist, denn auch er hing der Idee einer Weltrevolution nach, die sich für ihn vor allem in der Dritten Welt, in den Befreiungsbewegungen abspielte. Es war logisch, dass er, nachdem er den *Gesang vom Lusitanischen Popanz* und den *Viet Nam Diskurs* verfasst hatte, nach jenen Kräften fragte, die den Unterdrückten – quasi interesselos – Hilfe leisten müssten. Gerade im Leninjahr hielt er es für angebracht, daran zu erinnern, was die Bolschewiki einst angestrebt hatten. Noch in den 1960er Jahren war es in Gesprächen der Kommunisten unter sich üblich zu erklären, Lenin, Trotzki, Radek und andere seien überzeugt gewesen, dass der revolutionäre Funken auch auf Deutschland (und von da aus in die Welt) überspringen werde.

Weiss' Enttäuschung über die allseitigen Angriffe gegen ihn sowohl im Westen als auch im Osten waren so groß, dass er krank wurde. Sein Herzinfarkt im Juni 1970 schrieb er bekanntlich ihnen zu. Ernest Mandel, der so wichtige Berater in Fragen Trotzki, hatte dem Ehepaar mit gutem Einfühlungsvermögen zu Recht geschrieben: „Bitte nehmt Urlaub! Ihr habt es bitter nötig!"[18] Selbst habe ich Mandel als einen Unermüdlichen erlebt.

Die Enttäuschung lässt auch zum Teil verstehen, warum Weiss auf die von Abusch und Hager gestellte Bedingung eingegangen war, keine weiteren Aufführungen des Trotzki-Stücks zu genehmigen.[19] Hätte er sich dem entgegengesetzt, wäre ihm so gut wie die ganze DDR-Umgebung für noch mehr Jahre verloren gegangen. Wie wichtig sie ihm war, hat u. a. Michael F. Scholz in dem Referat *Der schwierige Genosse - Peter Weiss recherchiert in der DDR* über das KPD-Exil in Schweden während der Hitlerdiktatur, das er im September 2005 auf der Konferenz *Kontakt och konflikt: Sverige – DDR. Retorik och politik kring Östersjön* in Stallmästaregården/Stockholm hielt, zeigen können.[20]

*

Es war in den 1960er und 1970er Jahren natürlich nicht leicht, in Polen an westdeutsche Literatur heranzukommen. Die polnische Post pflegte Buchsendungen aus der Bundesrepublik und dem Westen überhaupt zu konfiszieren. Österreichische Literatur konnten wir wenigstens im Österreichischen Kulturinstitut (Österreichischer Lesesaal hieß es damals offiziell), das schon 1965 in Warschau eröffnet worden war, einsehen.[21] Immerhin schuf die alljährliche Internationale Buchmesse in Warschau eine gewisse Möglichkeit,

---

18 Zitiert nach Jan Willem Stutje, „Die Bühne als Schiedsgericht. Peter Weiss' Trotzki im Exil, PWJ, 21, St. Ingbert 2012, S. 133.
19 Siehe Birgitta Almgren, „Peter Weiss im Spannungsfeld zwischen Kunst und Politik. Rhetorik im Kalten Krieg am Beispiel von Berichten der DDR-Kulturbehörden", in: Studia Neophilologica, 79, Jg. 2007, S. 225.
20 Er gewährte mir dankenswerter Weise Einsicht in sein unveröffentlichtes Manuskript.
21 Siehe hierzu: Markus Eberharter, Grundlagen und Entwicklungen der österreichischen Kulturpolitik in Polen, in: Kunicki W., Zybura M. (Hg.), *Geschichte der literaturwissenschaftlichen Germanistik in Polen*, Teil 2., *Kulturpolitik und Kulturtransfer*, Leipzig 2016, S. 39-80.

westdeutsche Bücher mitgehen zu lassen, was die Aussteller insgeheim erlaubten, wenn man einigermaßen zivilisiert aussah. Als Autor des Suhrkamp-Verlags bekam ich bei dieser Gelegenheit auch einiges geschenkt.[22] An einen Kauf war nicht zu denken, dazu fehlten die Devisen, wie man damals sagte. Der Erwerb eines Buchs mit Trotzki im Titel war doppelt schwierig. Auf der Messe durfte es nicht gezeigt, ausgestellt werden. Wie ich zu dem Büchlein *Trotzki im Exil* gekommen war, weiß ich leider nicht mehr. Bei meiner Vorlesung über dieses Stück war ich mir selbstredend nicht sicher, ob ich nicht anschließend von höherer Stelle verwarnt werde.

*

Ende der 1970er und vor allem zu Beginn der 1980er Jahre war die Ästhetik des Widerstands in aller Germanisten/Germanistinnen-Munde, auch in der DDR, als sie 1983 im Henschelverlag erschienen war. Ich behandelte im Seminar die beiden ersten Bände laut meinem Tagebuch im Mai 1981, wobei ich mich studentengerecht auf die Bildbeschreibungen konzentrierte. Wir gingen der klassischen Frage nach, warum im ersten Band der Pergamonaltar und im zweiten Gericaults *Das Floß der Medusa* beschrieben wird.

Es war das *Solidarność*-Jahr. Mich beunruhigte, dass Peter Weiss zu der Revolution, die ich gerade in Polen als Beteiligter zutiefst erlebte, keinen Kommentar abgab. Ich erfuhr dann von Adam Krzemiński, dass er im Sommer Peter Weiss in Stockholm gefragt habe, warum er sich nicht für die polnische Revolution interessiere. Überall suche er sie, jetzt wo sie da ist, übersehe er sie. Er habe sich, sagte Adam, mit den Worten verteidigt, ihn störe der Katholizismus an dieser Bewegung[23]. Und als ich in Göttingen war, bat ich Heinz Ludwig Arnold, der gerade zu Weiss fuhr, ihm zu sagen, dass er sich einmal für die Revolution in Polen interessieren sollte. Ich weiß nicht, ob Arnold es getan hat; als ich ihn nach Jahren wiedertraf, hatte ich die Bitte schon längst vergessen. Er wohl auch.

*

In den 1980er Jahren beschäftigte ich mich zusammen mit meinen damaligen Doktorandinnen und Doktoranden intensiv mit dem Anarchismus – Gustav Landauer stand im Zentrum des Interesses –, was zur Folge hatte, dass ich auch immer wieder auf die Auslassungen von Peter Weiss über den Spanienkrieg zurückkam. Mein kritisches Verhältnis dazu brachte ich im Mai 1985 im südschlesischen Karpacz auf einer Konferenz mit DDR-Germanisten zum Ausdruck, die mich sogleich eines Besseren zu belehren suchten, und einer, dessen Namen ich leider nicht aufgezeichnet habe, meinte: „Peter Weiss ist unser." Ich habe diesen Satz heute noch im Ohr.

Im gewissen Sinne hatte dieser Germanist aus Halle oder Jena Recht. Wenn ich mir die Partien im zweiten Band, die von Münzenberg, Wehner oder Mewis handeln, ansehe, meine ich, die Erzählungen in meinem Elternhaus zu hören. Meine Mutter, die im sogenannten Münzenbergkonzern arbeitete und sich in Paris, bevor sie sich mit meinem Vater nach Moskau begab, immer wieder mit Münzenberg und seiner Gefährtin Babette

---

22 Suhrkamp-Autor war ich durch die Übersetzung des Bands *Weltanschauung, Metaphysik, Entfremdung. Philosophische Versuche von Bronisław Baczko* aus dem Polnischen, der 1969 in der edition suhrkamp erschienen war.
23 Siehe Adam Krzemiński, „Deutsch-Polnische Verspiegelungen" in: Bloch-Jahrbuch 2005, S. 81.

Gross traf, erzählte ähnliche Geschichten über dessen Begeisterung für Lenin, über die Zimmerwalder Konferenz und vor allem die Aktivitäten in der von Peter Weiss angeführten IAH (Internationalen Arbeiterhilfe) und IAZ (Internationale Arbeiterzeitung), in der meine Eltern tätig waren. Meine Mutter erzählte aber auch, wie Münzenberg 1936, als er sich das letzte Mal nach Moskau beordern ließ, welches er, wie Babette Gross in *Willi Münzenberg. Eine politische Biographie* (von Arthur Koestler bevorwortet) beschreibt,[24] wieder glücklich verlassen konnte, meinen Vater zu überreden suchte, er möge sich zur Internationalen Brigade in Spanien melden, um aus Sowjetrussland rauszukommen. Er tat es nicht, wahrscheinlich wollte er seine Frau, meine Mutter, nicht allein mit dem Söhnchen zurücklassen. Einige Monate später wurde er verhaftet.

Münzenbergs Enttäuschungen und seine Abwendung von der KPD werden in der *Ästhetik des Widerstands* angedeutet, aber man muss die Geschichte der kommunistischen Bewegung sehr gut kennen, um es herauslesen zu können. Münzenbergs Ende fällt in die Zeit, in der sich der Protagonist der *Ästhetik des Widerstands* bereits in Schweden befindet, wo – und dies ist wiederum ein autobiografischer Bezug – mein Stiefvater Paul Friedländer und die Schwester meiner Mutter seit 1934 als deutsche Emigranten/Exilanten sich durchs Leben schlugen, wobei Paul Friedländer als deutscher Kommunist längere Zeit im schwedischen Internierungslager, im Gefängnis und manchmal auch im Krankenhaus verbringen musste. Er hatte Schweden trotzdem in guter Erinnerung, liebte das Schwedische. So manche Person in dem zweiten und dritten Band der *Ästhetik des Widerstands* kannte ich daher ebenfalls aus Erzählungen, etwa Herbert Wehner und Karl Mewis. Wehner spielte eine mehrfache Rolle im Leben meiner Väter. Er bekämpfte recht leidenschaftlich Kurt Sauerland, insbesondere sein Buch *Der dialektische Materialismus*, das 1932 erschienen war. In Moskau bewirkte er als Mitglied der Parteikontrollkommission den Ausschluss von Kurt Sauerland aus der Partei. Ich erfuhr davon in den 1970er Jahren aus dem *Stern*, der in einem Artikel über Wehners Tätigkeit in der Komintern berichtete. Der Name meines Vaters war dort genannt worden. Peter Weiss wird diesen Artikel auch gelesen haben und über Wehners Eifer nicht gerade erfreut gewesen sein. Aber er lässt ihn im dritten Band der Ästhetik des Widerstands mit Schrecken an seine Untaten denken.

Auch in Schweden griff Wehner in meine Familiengeschichte ein, als er bei einem Polizeiverhör über Erika Friedländer, der damaligen Ehefrau meines Stiefvaters, genaueste Auskunft gab.[25] Beide wurden parallel, aber getrennt verhört. Am ersten Tag des Verhörs hatte sie als Genossin vorgegeben, Wehner nicht zu kennen. Doch am nächsten Tag erriet sie, dass er alles ausgeplaudert hatte, selbst ihre Korrespondenz musste er offengelegt haben, so dass sie zugeben musste, sich mit ihm kurz zuvor in Stockholm getroffen zu haben. Peter Weiss wird in dem relativ kleinen kommunistischen Emigrantenkreis davon gehört haben. Aber wie sollte er solches in sein Geschichtsbild einbauen? Es sollte ja auch

---

24 Stuttgart 1968.
25 Michael R. Scholz, Herbert Wehner in Schweden. 1941–1946, Berlin 1997, S. 75.

einen gewissen Optimismus ausstrahlen, auf den linken Widerstand gegen den Faschismus verweisen, wie schwach er auch war.[26]

*

Als ich mich im Januar 2022 nach meiner Rückenoperation zu einer Physiotherapeutin begab und sie erfuhr, dass ich in Moskau geboren bin und in Deutschland in die Schule ging, sagte sie, wissen Sie meine Großmutter wurde 1940 nach Sibirien verschleppt, mein Großvater als Zwangsarbeiter nach Deutschland, sie wohnten bei Kriegsbeginn nur dreißig Kilometer voneinander entfernt, zwischen ihnen lag die deutsch-russische Grenze bei Małkinia. Es war die Grenze, die im Stalin-Hitler-Pakt festgelegt wurde. Ich reagierte lebhaft. Małkinia, sagte ich, spielt in der Erzählung *Chłopiec z Biblią* (*Der Junge mit der Bibel*) von Tadeusz Borowski eine Rolle. Die Physiotherapeutin, eine Dreißigjährige, erklärte dann: Wissen Sie, man muss auf beide Opfergeschichten schauen. Gott sei Dank hat meine Großmutter so etwas wie Tagebuch geführt. Es ist jetzt veröffentlicht worden.

Und mein Augenarzt kam, als er meinen Geburtsort Moskau hörte, sogleich auf seinen Großvater zu sprechen, der im Herbst 1939 von den Sowjets nach Sibirien deportiert wurde, 1941 jedoch mit Gründung der Andersarmee Sibirien verlassen konnte,[27] dann bei der Schlacht um Monte Casino verwundet, in London geheilt wurde und nach dem Krieg nach Polen zurückkehrte, was er bedauerte, denn er wurde erst einmal ins Gefängnis gesteckt, weil er sich für die polnische Exilregierung engagiert hatte.

Zu gleicher Zeit las ich den dritten Band der Ästhetik des Widerstands. Auf den ersten Seiten wird die Flucht der Eltern des Protagonisten vor dem deutschen Vormarsch zu Beginn des Zweiten Weltkriegs gen Osten durch Polen geschildert. Sie erleben das, was der Vater in Warnsdorf gesehen hatte, als jüdische Fabrikanten von den Arbeitern an die Pferde ihrer Kutschen gebunden, und begleitet von Grölen und Johlen, übers Pflaster geschleift oder Händler aus ihren Läden geschleppt und mit Schildern um dem Hals, auf dem Marktplatz zur Schau gestellt worden waren [...][28]

Und als die fliehende Gruppe, in der sich auch die Eltern befanden, in der Nähe Krakaus in einer „katholischen Kirche nächtigen" wollten, sagte der Vater später dem Sohn:

> der Pfaffe verwehrte es uns, mit Schaum vor dem Mund, die Kinder warfen sich flehend an ihn, er schlug mit dem Kruzifix auf sie ein. Nur Juden, die in der Gegend von Krakau noch ansässig waren, konnten zuweilen das wenige teilen, das sie besaßen, auch sie wollten aufbrechen nach Osten der Roten Armee entgegen.[29]

---

26 Lisa und Wolfgang Abendroth sahen in der *Ästhetik des Widerstands* einen wertvollen Beitrag zur Erhellung der Geschichte der Arbeiterbewegung, der auch ein Gegengewicht zu den Versuchen in der Bundesrepublik war, den Widerstand gegen den Nationalsozialismus auf den bürgerlichen zu reduzieren, (siehe deren Beitrag in Die *Ästhetik des Widerstands lesen*, hrsg. v. Karl-Heinz Götze u. Klaus R. Scherpe, Berlin 1981, S. 18–28).
27 Nach dem deutschen Überfall auf die Sowjetunion wurde eine Armee aus zuvor deportierten Polen gebildet, die dem General Władysław Anders unterstand. Im Frühjahr 1942 verließen ihre Einheiten die UdSSR in Richtung Teheran. Später zeichneten sie sich in Italien, besonders in der Schlacht um Monte Cassino im Mai 1944 aus.
28 P. Weiss, *Die Ästhetik des Widerstands*, Bd. 3, Berlin 1987, S. 16.
29 Ebd., S. 17.

Schließlich fanden sie Ende Oktober Unterkunft an einem Seitenfluß des Dniestr, ein jüdischer Bäcker nahm sie auf, hier könnt ihr wohnen, sagte er, bald kommen die Russen, die schützen uns.³⁰

Die Rote Armee war am 17. September in Polen eingefallen, Ende Oktober waren die Grenzen zwischen dem Dritten Reich und der Sowjetunion bereits markiert. Die letzten sowjetisch-polnischen Kämpfe fanden am 30. September 1939 im Lubliner Gebiet statt.

Für die Tragödie Polens, die Invasion von West und Ost, scheint Peter Weiss keinen Blick gehabt zu haben. Vom Widerstand der polnischen Armee gegen den deutschen Überfall kein Wort. Die hier zitierten Stellen aus dem dritten Band der Ästhetik des Widerstands klingen noch dazu so, als wäre der sich anbahnende Holocaust ein polnisch-deutsches Werk gewesen. Ich kann in Verbindung damit nicht umhin, auf mein Buch *Polen und Juden zwischen 1939 und 1968* aus dem Jahr 2004 zu verweisen.³¹ Dort bin ich auch auf die ersten Kriegswochen und die anschließenden zwanzig Monate der doppelten Besatzung Polens in West und Ost eingegangen.

*

Es fällt mir schwer als Kind deutscher Antifaschisten, meine Enttäuschung über den mangelnden Widerstand im Dritten Reich in der Weise zu überwinden, wie es Peter Weiss tut, indem er seinen Erzähler sagen lässt:

> Dennoch war das Wesentliche nicht, daß da Mächte am Werk waren, Menschen in gewaltigen Mengen niederzumetzeln, sondern daß einige sich daran gemacht hatten, diesen Taten entgegenzuwirken, und das Denkwürdige daran war wiederum nicht, daß sie kaum vernehmbar, daß sie so unscheinbar waren, sondern daß es sie überhaupt gab, daß sie den Verfolgungen entgangen, daß sie nicht in die Fallen geraten waren, daß sie sich miteinander verständigten und geheime Wege zueinander fanden, um gemeinsam zu planen.

Und es folgt der Satz:

> Und das Ausschlaggebende war nicht, daß in diesem Augenblick Hunderte in eine Grube stürzten, denn damit waren sie nutzlos geworden, sondern daß einige wenige eine Organisation besaßen, und kleine Zellen, die nun ausgebaut werden sollen.³²

Die Worte vom Nutzlos-Werden und den in gewaltigen Mengen Niedergemetzelten haben mich immer wieder in der Lektüre innehalten lassen, zumal es sich um eine Einführung zu dem Herbert-Wehner-Teil handelt. Die deutsch-russische bzw. deutsch-sowjetische Geschichte, an der man nur verzweifeln kann, soll damit verdaulich gemacht werden. Das ist der tiefere Grund, warum die SED-Funktionäre so sehr an dem Schriftsteller Peter

---

30 Ebd., S. 18.
31 K. Sauerland, *Polen und Juden zwischen 1939 und 1968. Jedwabne und die Folgen*, Berlin 2004.
32 P. Weiss, *Die Ästhetik des Widerstands*, Bd. 3, S. 50.

Weiss interessiert waren und warum sie ihm, dem so Verständigungswilligen, breiteren Zugang zu ihren Archiven gewährten.

*

Man kann all dem entgegenhalten, Peter Weiss habe in seinen *Notizbüchern* gezeigt, dass ihm die sowjetischen Repressionen nicht unbekannt waren. Diese drei Bände ließ er aber im Suhrkamp-Verlag erst veröffentlichen, nachdem er die *Ästhetik des Widerstands* in der DDR unter Dach und Fach gebracht hatte. Wahrscheinlich identifizierte er sich mit Künstlern wie Eisenstein, der es verstand, seine großartigen Neuerungen im Bereich des Films, immer wieder, der Doktrin des sozialistischen Realismus zum Trotz, zu realisieren. Weiss lebte aber nicht wie Eisenstein in einem geschlossenen Staat. Er war nicht auf Kompromisse angewiesen. Doch es drängte ihn, seine Auffassungen wider aller Hindernisse im östlichen Teil Deutschlands öffentlich zu machen.

Wenn man die Eisensteincharakteristik in den *Notizbüchern* liest, meint man, Weiss gebe ein Selbstporträt wieder:

> Er ist ein Individualist, der versucht, Teil einer kollektiven Gesellschaft zu werden, doch wußte nicht wie. Glaubte an die Zukunft der sowjetischen Gesellschaft, u ist doch nicht mehr als einem Dutzend Menschen nahe gekommen. Hat es nicht gewagt seit der Kindheit und hat an seinem Wesen gelitten: Furcht vor Nähe der anderen. Immer dieses tragische Alleinleben, sehnt sich danach als normaler Mensch akzeptiert zu werden.[33]

Eisenstein hatte immer wieder nachgegeben und sich immer wieder in die Politik einspannen lassen, so auch in den deutsch-sowjetischen Pakt. Weiss notiert in den *Tagebüchern*:

> 18 Februar 40 spricht Eisenstein über den Rundfunk an die Deutschen: der Pakt ist eine solide Basis für kulturelle Zusammenarbeit zwischen unsern beiden großen Völkern!!![34]

Sind die drei Ausrufezeichen ironisch gemeint oder steckt dahinter der Wunsch nach einer solchen Zusammenarbeit? Die Frage wird wohl schwer zu beantworten sein.

---

33 Notizbücher 1960–1971, Bd. 2, S. 638.
34 Ebd. S. 641. Eisenstein saß zu dieser Zeit im Bolschoi-Theater, wo er im Auftrag von Stalin Wagners Walküre einstudierte. Die Premiere fand am 21.11.1940 statt. Kurz zuvor war sein erfolgreicher Alexander-Newski-Film aus dem Verkehr gezogen worden, da dort die Deutschordensritter eindeutig als Nazis charakterisiert sind, was selbstredend dem Geist des Pakts widersprach.

Literatur

Almgren Birgitta, *Peter Weiss im Spannungsfeld zwischen Kunst und Politik. Rhetorik im Kalten Krieg am Beispiel von Berichten der DDR-Kulturbehörden*, in: Studia Neophilologica, 79, Jg. 2007, S. 225.

Brandt Marion, *Für eure und unsere Freiheit? Der Polnische Oktober und die Solidarność-Revolution in der Wahrnehmung von Schriftstellern aus der DDR*, Weidler Buchverlag, Berlin 2002.

Eberharter Markus, *Grundlagen und Entwicklungen der österreichischen Kulturpolitik in Polen*, in: *Geschichte der literaturwissenschaftlichen Germanistik in Polen*, Teil 2., Kulturpolitik und Kulturtransfer, hrsg. v. W. Kunicki und M. Zybura, Leipzig 2016, S. 39–80.

Ruben Peter, Warnke Camilla, *Aktenzeichen I/176/58, Strafsache gegen Langer u.a. Ein dunkles Kapitel aus der Geschichte der DDR-Philosophie*, Universitätsverlag, Leipzig 2021.

Sauerland Karol, *Mein Jahr 1956*, in: *Erinnern für die Zukunft. Griechenland, Polen und Deutschland im Gespräch*, hrsg. mit Sieghild Bogumil-Notz, Aglaia Blioumi, Berlin 2016, S. 21–38.

Sauerland Karol, *Polen und Juden zwischen 1939 und 1968. Jedwabne und die Folgen*, Philo Verlag, Berlin 2004.

Sauerland Karol, *Tagebuch eines engagierten Beobachters*, Neisse Verlag, Dresden 2021.

Sauerland Karol, *Zensur im realen Sozialismus*, in: The Germanic Review, New York 1990, Number 3, 130–131

Sauerland Karol, *Der Kampf mit der Zensur in Volkspolen*, in: Leipziger Jahrbuch zur Buchgeschichte, 5, 1995, S. 303–113.

Scholz Michael F., *Herbert Wehner in Schweden. 1941–1946*, in: Schriftenreihe der Vierteljahrshefte für Zeitgeschichte, Berlin 1997.

Schultze Brigitte, Fischer-Lichte Erika, Paul Fritz, Turk Horst (Hrsg.), *Literatur und Theater. Tradition und Konvention als Problem der Dramenübersetzung*, Narr, Tübingen 1990.

Stutje Jan Willem, *Die Bühne als Schiedsgericht. Peter Weiss' 'Trotzki im Exil'*, PWJ, 21, St. Ingbert 2012, S. 111–140.

Weiss Peter, *Die Ästhetik des Widerstands*, Bd. 3, Henschelverlag, Berlin 1987.

Weiss Peter, *Die Verfolgung und Ermordung Jean Paul Marats dargestellt durch die Schauspielergruppe des Hospizes zu Charenton unter Anleitung des Herrn de Sade. Drama in zwei Akten*, Suhrkamp, Frankfurt am Main 1964.

Weiss Peter, *Męczeństwo i śmierć Jean Paul Marata przedstawione przez zespół aktorski przytułku w Charenton pod kierownictwem Pana de Sade. Dramat w 2 aktach*, übers. von Andrzej Wirth, in: Dialog, 1965, 10, 1, S. 40–92.

Weiss Peter, *Notizbücher 1960–1971*, Bd. 2, Suhrkamp, Frankfurt am Main 1982.

Weiss Peter, *Notizbücher 1971–1980*, Bd, 2, Suhrkamp, Frankfurt am Main 1981.

Autorinnen- und Autorenverzeichnis

ARND BEISE, Prof., Studium der Germanistik, Kunstgeschichte, Philosophie und Grafik & Malerei in Marburg. 1989 Magister Artium, 1998 Promotion, 2007 Habilitation im Fachgebiet: Neuere deutschsprachige Literatur. Seit 2011 Professor für Germanistische Literaturwissenschaft und Literaturgeschichte an der Universität Freiburg (Schweiz). Publikationen zur Literatur- und Kulturgeschichte seit der Antike. Zum Werk von Peter Weiss (Auswahl): *Peter Weiss*, Stuttgart 2002; 2. A. 2016; *Peter Weiss, Marat/Sade*, Frankfurt/M. 2004; *Diese bebende, zähe, kühne Hoffnung. 25 Jahre Peter Weiss, ‚Die Ästhetik des Widerstands'*, St. Ingbert 2008; *Dreimal Waldarbeit. Anmerkungen zu drei Texten von Peter Weiss*, PWJ 23/2014; *Wir kannten alle die Gesellschaft aus der das Regime hervorgegangen war. Der Auschwitzprozess und ‚Die Ermittlung' als dokumentarisches Theaterstück*, PWJ 25/2016; mit M. Raemy; *Herausforderung Film. Peter Weiss zwischen den Künsten, Projektion & Reflexion. Das Medium Film in Kunst und Literatur*, 2018.

ZBIGNIEW FELISZEWSKI, Prof. Univ. Dr. habil., Schlesische Universität in Katowice, Literaturwissenschaftler, Germanist; Studium der Germanistik, Promotion mit *Literarizität der Filmszenarien von Rainer Werner Fassbinder* (Katowice 2001). Habilitation zu den Dramen von Franz Xaver Kroetz in der Konsumtheorie (Kraków 2015). Gastvorträge und -professuren u. a. an der Staatlichen Iwan-Franco Universität Zhytomir und der Universität des Saarlandes in Saarbrücken. Leiter der Forschungsgruppe *Interdisziplinäre Studien zum deutschen Gegenwartsdrama und -theater* an der Schlesischen Universität Katowice. Forschungsschwerpunkte: Drama und Theater Bertolt Brechts, deutschsprachiges Gegenwartstheater, Kulturtransfer und Kulturmobilität (insbesondere zwischen der DDR und Volkspolen). Letzte Publikationen: *»...Manches mal fragt man sich welchen tieferen Sinn es hat hier zu bleiben...« Caspar Neher und Bertolt Brecht.* In: Zbigniew Feliszewski (Hrsg.), *Bertolt Brecht in Systemkonflikten. Produktion – Rezeption – Wirkung*, Vanderhoeck & Ruprecht, Göttingen 2023, S. 289–311; Zbigniew Feliszewski/Aneta Głowacka, *Der Kampf um Kultur*, in: Theater heute, Nr. 4, 2022, S. 50–53; Zbigniew Feliszewski, *Roland Schimmelpfennigs poetische Annäherungen an das Reale*, in: Nina Nowara-Matusik (Hrsg.), *Unter dem Signum der Grenze. Literarische Reflexe einer (aktuellen) Denkfigur*. V&R Unipress, Göttingen 2022, S. 117–130.

GERHARD FRIEDRICH, Prof. für Deutsche Literatur an der Universität Turin 1993–2018. 1980 Promotion an der Philipps-Universität, Marburg/Lahn. Zentrale Forschungsgebiete: Jakob Michael Reinhold Lenz, Prosawerk und Theater; Georg Büchner, Leben und Werk; Arbeiterliteratur in der Weimarer Republik; Peter Weiss, *Die Ästhetik des Widerstands*; die ‚neuen deutschen Familienromane' (1990–2010). Letzte Publikationen: *‚... was von der doppelten Natur.' Zur Ambivalenz des Büchnerschen Naturbegriffs zwischen*

Daseinsethos und Subjektvernichtung, in: Burghard Dedner e. a. (Hrsg.), Georg-Büchner-Jahrbuch 14, de Gruyter, Berlin 2020, S. 245–255.

MICHAEL HOFMANN, Prof. für neuere deutsche Literaturwissenschaft und Literaturdidaktik an der Universität Paderborn, Studium der Germanistik, Romanistik und Philosophie an den Universitäten Bonn und Poitiers, Promotion 1990 zu Peter Weiss' *Ästhetik des Widerstands,* Habilitation 1997 zu Christoph Martin Wielands Versepen, Lehrtätigkeiten an den Universitäten Bonn, Nancy und Lüttich; Forschungsschwerpunkte: Aufklärung, Weimarer Klassik, Literatur nach Auschwitz, interkulturelle Literaturwissenschaft, kritische Literaturdidaktik; Herausgeber des Peter Weiss Jahrbuchs und des Jahrbuchs Türkisch-deutsche Studien; Publikationen (Auswahl): *Interkulturelle Literaturwissenschaft,* Paderborn, Fink UTB 2006; *Afrika-Diskurse in der deutschen Literatur und Kultur* (Hrsg. mit Rita Morrien), Amsterdam, Rodopi 2011; *Einführung in die interkulturelle Literatur,* Darmstadt, WBG 2015 (mit Iulia-Karin Patrut).

JULIA LIND, Dr. phil., seit 2016 als Wissenschaftliche Mitarbeiterin am Institut für Theaterwissenschaft an der Johannes-Gutenberg-Universität Mainz tätig, studierte Theaterwissenschaft und Germanistik an der Johannes-Gutenberg-Universität Mainz und der Universität Wien. 2017 schloss sie ihre Promotion *Alfred Matusche und Lothar Trolle – Grenzgänger des DDR-Theaters* (gefördert von der Stiftung Aufarbeitung der SED-Diktatur) ab. Sie forscht, publiziert und hält Seminare zu *Theater in der DDR, Theater des Absurden in Ost und West, (Post-)Feministisches Theater* und *Biografisches Theater* (Auswahl). Publikationen: Clara-Franziska Petry, Julia Lind, Laura Brechmann (Hrsg.), *Partizipation, Vermittlung und Ästhetik im (Musik-)Theater für Kinder und Jugendliche. Diskurse zwischen Wissenschaft und Praxis. (Kinder-, Schul- und Jugendtheater - Beiträge zu Theorie und Praxis 17)* Peter Lang Verlag, Frankfurt am Main 2022; ‚Kinder brauchen keine Unterhaltung, sondern Poesie' Die Kindermärchen von Peter Hacks diskutiert am Beispiel ‚Die Kinder', in: Kai Köhler (Hrsg.), Hacks Jahrbuch 2019, Berlin, 2019, S. 93–106.

AGATA MIRECKA, Dr. phil., seit 2005 wissenschaftliche Mitarbeiterin an der Pädagogischen Universität Krakau; Studium der Deutschen Philologie in Krakau, Wien und Brünn; vereidigte Dolmetscherin der deutschen Sprache am polnischen Justizministerium; Gutachterin für die Deutschlehrbücher am polnischen Bildungsministerium; Projekte, Forschungen und Publikationen zum gegenwärtigen, deutschsprachigen Drama und Literaturtheorie. Wissenschaftliche Interessen: gegenwärtiges Drama und Theater, Literaturtheorie des 20.–21. Jahrhunderts, vergleichende Literaturwissenschaft mit der sozial-ästhetischen Forschungsperspektive im Hintergrund. Aktuelle Publikationen: *Krise oder Liberalisierung der dramatischen Natur am Beispiel von Roland Schimmelpfennig,* in: Marta Famula; Verena Witschel (Hrsg.), *Theater und Krise: Paradigmen der Störung in Dramentexten und Bühnenkonzepten nach 2000,* Brill, Paderborn 2022; *Schreiben auf der Bühne bei Roland Schimmelpfennig. Rezeptionsästhetische Aspekte und New Philology als Metapher der Dokumentation der deutschen dramatischen Gegenwartsliteratur,* Brill, Paderborn 2022.

ARTUR PEŁKA, Prof. Univ. Dr. habil. am Institut für Germanistik der Universität Łódź, Leiter der Abteilung für Deutschsprachige Medien und österreichische Kultur, Germanist und Theaterwissenschaftler, Humboldt-Stipendiat. 2017 Habilitation an der Universität Łódź mit der Studie *Das Spektakel der Gewalt – die Gewalt des Spektakels Deutschsprachige Theatertexte zwischen 9/11 und Flüchtlingsdrama* (transcript, Bielefeld 2016). Dissertation über den Körperdiskurs in Theatertexten von Elfriede Jelinek und Werner Schwab (Lang u. a., Frankfurt am Main 2005). Publikations- und Forschungsschwerpunkte: Drama im 20./21. Jahrhundert, deutschsprachiges Theater in Polen, österreichische Gegenwartsliteratur, Körperlichkeit und Gewalt, gender- und queer-studies. Letztens erschienen: Artur Pełka, Christian Poik (Hrsg.), *Joseph Roth unterwegs in Europa*, Brill, Paderborn 2021; *Von ‚Eldorado' zu ‚Mars'. (Familiäre) Mikro- und (gesellschaftliche) Makro-Dystopien in Theatertexten Marius von Mayenburgs*, in: Marta Famula, Verena Witschel (Hrsg.), *Theater und Krise. Paradigmen der Störung in Dramentexten und Bühnenkonzepten nach 2000*, Brill, Paderborn 2022, S. 134–144; *Vom (epischen) Requiem zum Theatertext. Winklers Vater-Sohn-Performanzen, in:* Anke Bosse, Christina Glinik, Elmar Lenhart (Hrsg.), *Inter- und transmediale Ästhetik bei Josef Winkler*, Springer Nature (Metzler), Stuttgart 2022, S. 177–188.

KAROL SAUERLAND, Prof., Studium der Philosophie (Humboldt-Universität), abgebrochen aus politischen Gründen, Arbeit im Betrieb als Hilfsdrahtzieher, 1958 Übersiedlung nach Polen, zeitweise staatenlos, 1958–1963 Mathematikstudium, Mathematikassistent bei Prof. A. Mostowski, 1960–1965 Germanistikstudium, 1970 Dissertation, 1975 Habilitation, 1977–2006 Leiter der Literaturwissenschaftlichen Abteilung an der Warschauer Germanistik, zugleich Lehrstuhlinhaber an der Germanistik der Nicolaus-Copernicus-Universität in Toruń (1979–2006 mit Unterbrechung wegen Zugehörigkeit zur *Solidarność*), 1980–1990 Vorstandsmitglied der IVG, 1992–2000 Vorsitzender der Philosophischen Gesellschaft in Warschau, 1993–2003 Mitglied der Jury *Europäischer Buchpreis*, Leipzig, 1994–2003 und 2007–2016 Mitglied der Jury des Hannah-Arendt-Preises (Bremen), 1994 Wissenschaftskolleg zu Berlin, 1995 Preis der Alexander von Humboldt-Stiftung. 2015 Petöfi-Preis, Budapest. Gastprofessuren ETH-Zürich (1988) Universität Mainz (1988/89, 1997), FU Berlin (1994), Amiens (2000), Fritz Bauer Institut, Frankfurt am Main (2003/4), Universität Hamburg, (2005/6), Franz-Rosenzweig-Professur Kassel (2008), Professuren an der Universität in Ústí (2009–2011), Częstochowa (2011/12), Akademia Pomorska in Słupsk (2013–2018). *Über 300 wissenschaftliche Artikel in verschiedenen Sprachen (vorherrschend Deutsch und Polnisch), Herausgeber bzw. Mitherausgeber von 20 Sammelbänden, 60 Rezensionen, über 100 politische Artikel und Essays* (u. a. in der NZZ, FAZ, SZ sowie in polnischen Publikationsorganen). Letzte Publikationen: *Mut zum Privaten*, e-book, 2016; *Tagebuch eines engagierten Beobachters*, Dresden 2021; *Mariopol. Reflexionen über die russische Invasion gegen die Ukraine* (zusammen mit Detlef Krell), Dresden 2022.

MONIKA TOKARZEWSKA, Prof. Univ. Dr. habil. am Lehrstuhl für Literatur, Kultur und Medien des Deutschen Sprachgebiets an der Nicolaus-Copernicus-Universität in Toruń in Polen (Leiterin des Lehrstuhls). Studium der germanischen sowie polnischen Philologie an der Universität Warschau, 2006 Promotion über Verschränkungen zwischen Literatur und Soziologie bei Georg Simmel. Dezember 2016: Habilitation über kosmologische Metaphern in der Philosophie und Literatur um 1800. Wiss. Schwerpunkte: Metaphern- und Begriffsgeschichte, Beziehungen zwischen Literatur und Philosophie sowie zwischen Literatur und Wissenschaft, darüber hinaus Shoah-Literatur und deutschpolnische Komparatistik. Längere Auslandaufenthalte: einjähriges DAAD-Promotionsstudium an der Universität Hamburg, Stipendium der Klassik-Stiftung Weimar, 2013–14 Fellow am Alfried-Krupp- Wissenschaftskolleg Greifswald. Letzte Publikationen: *Literary practice and immanent literary theory*, in: The Routledge international handbook of Simmel studies, ed. Gregor Fitzi, Routledge International Handbook, New York, Routledge, 213–224; *Ästhetische Form und ostmitteleuropäische Geschichte : die Konstruktion des dramatischen Raumes in den Stücken von Stanisław Ignacy Witkiewicz als immanente Historiosophie*, in: Majkiewicz Anna, Mirecka Agata (Hrsg.): Hier ist mein Zuhause. Gegenwartsdrama in Mitteleuropa, Gegenwartsliteratur in Mitteleuropa. Kulturwissenschaftliche und komparatistische Studien, Bd. 1, 2021, Wiesbaden, Harrassowitz Verlag, IX, 4–22; *Der Streit um den Oberst Miassojedow und der Fall des Sergeanten Grischa : Jozef Mackiewiczs und Arnold Zweigs literarische Spionageaffären im Ersten Weltkrieg*, in: Krieg in der Literatur, Literatur im Krieg. Studien, hrsg. von Karsten Dahlmanns, Matthias Freise und Grzegorz Kowal, 2020, Göttingen, Vandenhoeck & Ruprecht Verlag, 265–280.

Gegenwartsliteratur in Mitteleuropa
Kulturwissenschaftliche und komparatistische Studien

Herausgegeben von Anna Majkiewicz und Agata Mirecka

1: Anna Majkiewicz, Agata Mirecka (Hg.)

Hier ist mein Zuhause: Gegenwartsdrama in Mitteleuropa

2021. X, 192 Seiten, 3 Abb., 8 Tabellen, gb
170x240 mm
ISBN 978-3-447-11749-4
⊙E-Book-ISBN 978-3-447-39221-1   je € 48,– (D)

Das Thema dieses Bandes ist die verinnerlichte Sehnsucht nach dem Beheimatetsein, nach dem Gefühl des Eingebettetseins in eine Lebensordnung, frei von diversem „In-Besitz-Nehmen", und dessen Manifestation im Gegenwartsdrama Mitteleuropas. Die Komplexität des Sujets wird anhand der Werke polnischer, deutscher und österreichischer Dramaturgen veranschaulicht. Zu den analysierten Stücken des 20. und 21. Jahrhunderts gehören Werke von Stanisław Ignacy Witkiewicz, Sławomir Mrożek, Andrzej Stasiuk, Jarosław Jakubowski, Christoph Hein, Kay Voges, Ewald Palmetshofer, Nuran David Calis, Elfriede Jelinek, Roland Schimmelpfennig, Jens Hillje, Lidia Amejko, Grigori Gorin, Vadim Levanov, Igor Juzjuk, Olga Tokarczuk und anderer. Die Beiträge des Bandes zeigen, dass das Gefühl des Zuhauseseins, begleitet von Empfindungen der Geborgenheit und Ruhe, der Sicherheit und des erfüllten Daseins, im Gegenwartsdrama verschiedene Formen des Habitats annehmen und ganz unterschiedlich dargestellt werden kann.

2: Joanna Ławnikowska-Koper, Anna Majkiewicz (Hg.)

Intermediale Verortung der Gegenwartsliteratur Mitteleuropas

2021. X, 230 Seiten, 15 Abb., 1 Tabelle, gb
170x240 mm
ISBN 978-3-447-11750-0
⊙E-Book-ISBN 978-3-447-39222-8   je € 58,– (D)

Die in diesem Band präsentierten Fallstudien und Einzelanalysen polnischer Germanisten, Polonisten und Kulturwissenschaftler bringen verschiedene Aspekte intermedialer Verortung deutschsprachiger und polnischer Gegenwartsliteratur zum Vorschein. Alle Beiträge verstehen sich als Versuche der intermedialen Methode nahezukommen, indem die Herangehensweisen und narrativen Strategien in literarischen Texten einzelner Autorinnen und Autoren exemplifiziert und ermittelt werden. Ersichtlich wird dabei, dass die Gegenwartsliteratur auf den intermedialen Ansatz gewissermaßen angewiesen ist, um der Komplexität der Gegenwartserfahrung des Menschen entgegenzukommen und diese zu literarisieren. Die möglichen Figurationen von Medien in einem Kunstwerk erweitern aufgrund einer neu gewonnenen Vieldimensionalität dessen Aufnahmepotenzial und dienen der Aktualisierung der Fragestellungen im Bereich der Medien-, Kommunikations- und Literaturwissenschaft.

Gegenwartsliteratur in Mitteleuropa
Kulturwissenschaftliche und komparatistische Studien
Herausgegeben von Anna Majkiewicz und Agata Mirecka

3: Anna Majkiewicz, Agata Mirecka, Joanna Ławnikowska-Koper (Hg.)

Transkulturelle Durchdringungen in der Gegenwartsliteratur Mitteleuropas

2021. XIV, 176 Seiten, 1 Tabelle, gb
170x240 mm
ISBN 978-3-447-11751-7
⊙E-Book-ISBN 978-3-447-39223-5
je € 39,– (D)

Transkulturalität als wesentlicher Bestandteil der gegenwärtigen Prozesse der Globalisierung und Lokalisierung, der Verwischung der Grenzen des Subjekts und der Suche nach den Determinanten eigener Identität, bildet den Kern dieser Publikation. Die polnischen Literaturwissenschaftler*innen setzen sich mit dieser Thematik kritisch auseinander, indem sie verschiedene Aspekte transkultureller Durchdringungen in der Literatur Mitteleuropas exemplarisch darstellen mit dem Fokus auf Grenzerfahrungen, der Problematik der Desintegration des Subjekts, der Diskriminierung von Minderheiten innerhalb der Gesellschaften sowie der Probleme multikultureller Regionen.

4: Agata Mirecka, Paul M. Langner (Hg.)

Das Phänomen der Liminalität
Masken zwischen Theater- und Literaturwissenschaft

2023. Ca. 130 Seiten, gb
170x240 mm
ISBN 978-3-447-12010-4
⊙E-Book: ISBN 978-3-447-39392-8
In Vorbereitung
je ca. € 38,– (D)

Anders als die Geste ist die Maske ein dem Darsteller von außen gegebenes Element. Wenn auch die Wirkung der Entpersönlichung der Darsteller*innen im Theater noch deutlich sichtbar ist, changiert ihre Funktion und Bedeutung im sozialen Rahmen eher im Sinne von Verbergen oder Verhüllen. Das Persönliche der Spieler*innen wird durch die Maske verstellt bzw. aus der Sicht genommen. Masken verbinden Zeichen- und Referenzräume. In den Zeichenräumen kann die Maske durch ihr Aussehen, entsprechend der Rolle, die sie realisiert, und durch Übereinstimmung in den Kostümen charakterisiert werden. Davon abweichend lassen sich Bedeutungszuschreibungen sowie wirkungsorientierte Funktionen von Masken differenzieren, die ihren Gebrauch, ihre Gestaltung und die an sie gebundene Gestik bestimmen. Mit dieser Vielschichtigkeit von Bezügen signalisiert die Maske einen Rollenwechsel der Darsteller*innen.

Die Beiträger*innen von *Das Phänomen der Liminalität* untersuchen anhand dramatischer Texte seit 1945 und Inszenierungen der Gegenwart, inwieweit Masken Schnittstellen oder Übergangspunkte zwischen Dramentexten und ihren Aufführungen schaffen können. Ausgehend von zeitgenössischen Interpretationen antiker Dramen bis hin zu Aufführungen gegenwärtiger Stücke bietet der Band eine neue Perspektive auf die Funktion der Maske und skizziert ihre innovative Intention am Kreuzpunkt von Literatur- und Theaterwissenschaft.